· 地学文库丛书

地大印记

陈文武　李国昌　刘　翔　主编

图书在版编目(CIP)数据

地大印记/陈文武,李国昌,刘翔主编.—武汉:中国地质大学出版社,2022.12
ISBN 978-7-5625-5425-7

Ⅰ.①地… Ⅱ.①陈… ②李… ③刘… Ⅲ.①中国地质大学-教师-回忆录 Ⅳ.①K825.89

中国版本图书馆 CIP 数据核字(2022)第 194497 号

地大印记		陈文武 李国昌 刘 翔 主编
责任编辑:郑济飞	选题策划:李国昌 段 勇 张 旭	责任校对:何澍语
出版发行:中国地质大学出版社(武汉市洪山区鲁磨路388号)		邮编:430074
电 话:(027)67883511	传 真:(027)67883580	E-mail:cbb@cug.edu.cn
经 销:全国新华书店		http://cugp.cug.edu.cn
开本:787 毫米×960 毫米 1/16	字数:311 千字	印张:18
版次:2022 年 12 月第 1 版	印次:2022 年 12 月第 1 次印刷	
印刷:武汉中远印务有限公司		
ISBN 978-7-5625-5425-7		定价:98.00 元

如有印装质量问题请与印刷厂联系调换

《地大印记》
编撰委员会

顾　问	杨巍然　凌敬升　胡燕生
	朱有光　周汉明　王方正
主　编	陈文武　李国昌　刘　翔
编　委	李门楼　王新钢　张志毅
	刘素芳　张信军

序

中国地质大学（北京）校内住着一批特殊的老同志：他们大多是原北京地质学院的教职员工，20世纪70年代南迁到武汉，离退休后回到北京居住。

他们是原北京地质学院演变为中国地质大学的亲历者和见证者，是学校从这段复杂、曲折历史中走向辉煌的当事人。他们最有资格回忆和总结这段历史。

出版这部文集的目的，就是希望这些大多已年近古稀甚至达茶寿之年的老同志，从那些过往的年代中挖掘出可供后人得到启示和经验的珍贵史事。这些老同志在学校发展历史中，在不同的岗位、不同的时间段做出了自己的贡献。他们的成绩在平凡中铸就了学校的再次辉煌。

本文集正如无色的光，可以折射出七色的彩霓，汇聚成了中国地质大学永恒的光芒，存在于中华大地。

本文集与读者见面之时，正是中国地质大学建校70周年之际。我作为同事，向各位作者及编者致以敬意和谢意。

是为序。

赵鹏大

二〇二二年六月

自序

2017年12月,习近平总书记对西安交通大学15位老教授的来信作出重要指示,希望西安交通大学师生传承好"西迁精神",为西部发展、国家建设奉献智慧和力量。2020年4月22日,习近平总书记在陕西省考察期间于西安交通大学指出:"西迁精神"的核心是爱国主义,精髓是听党指挥跟党走,与党和国家、与民族和人民同呼吸、共命运,具有深刻现实意义和历史意义。

在中国地质大学,也有一大批教职工像西安交通大学西迁的老教授们那样,为了培养地质人才,舍小家、顾大家,放弃熟悉的北京生活,义无反顾地奔赴湖北,从江陵到武汉,栉风沐雨,一往无前,开启了中国地质教育事业南迁的新篇章。多年来,他们扎根湖北,刚毅坚卓,弦歌不辍,在荆楚大地上谱写如诗如歌的奋斗故事,把最宝贵的青春奉献给了地质教育事业,为地质教育事业的发展奉献了毕生的智慧和心血。

时光流逝,四季更迭。当年风华正茂的青年,已度过叱咤风云的峥嵘岁月,他们的名字永远镌刻在中国地质大学的光荣史册上,成为不可磨灭的丰碑。如今的他们都已是两鬓染霜,年逾古稀,还有一部分已离开人世。夕阳无限好,人间重晚晴。我们怀着崇敬的心情,在为"五老"(老干部、老战士、老专家、老教师、老模范)服务的工作岗位上,殚精竭虑地为他们的养老保驾护航。

为了再现当年动人的历史画卷,让后人牢记这一段重要的历史,充分发挥校史"资政、存史、育人"的作用,离退休干部处(现为离退休工作处)于2019年2月发出关于编撰"老有所归"专题文集的征稿启事。征文通知发出后,在京的耄耋老人们积极响应,纷纷撰写文章参与活动,他们围绕着迁校经历、艰苦创业、院系建设、教学科研等方面展开回忆、进行总结。有的老师,如游振东、章锦统、凌敬升等,提供多篇稿件,表现出了对学校教育事业的高度热爱和对学校历史的充分尊重。文章内容拓展至迁校前和退休后，体现了中国地质大学的前辈们那种坚忍不拔、甘于奉献、乐观向上的精神，令编者深受感动。

梁定益教授因眼睛黄斑病变几近失明，又恰遇视网膜脱落，几次手术。在这期间他忍痛坚持完成文章的写作工作，其夫人宋志敏老师协助誊抄整理。梁定益教授把他和郭铁鹰教授几十年西藏科考的细节展示在读者面前，给后人留下珍贵的历史资料。我校旅游系创始人辛建荣教授刚做完放疗手术，在身体极度虚弱的状况下，依然把旅游系创办的经过进行了回忆和梳理，给后人留下宝贵的经验。陈崇希教授退休不退志，继续发挥余热，一直奋斗在科研的第一线。他在展示多彩多姿的晚年生活的同时，对退休后所做的科研工作进行回顾整理，使自己的人生价值继续升华，青春光彩再次焕发。

时光的流逝没有抹掉先辈们的风采，南迁的精神也因他们历久弥新。穿越历史的时空，饱览前辈们再现的历史画卷，我们深深感受到其中所蕴含的家国情怀和使命担当，这正是我校在过去几十年取得快速发展的源泉所在。回首这段光辉的历程，前辈们艰苦朴素、求真务实的精神风貌依然让人热血沸腾，催人奋进。伟大时代赋予伟大精神新内涵，站在两个一百年奋斗目标的历史交汇点上，我们年轻的一代更应发扬爱国主义精神，勇于担当，为中华民族伟大复兴而奋斗，做新时代南迁精神的传承者、践行者，把爱国情、报国志落实到行动中，撸起袖子加油干，为我国地质教育事业的发展再创卓越功绩。

本文集共收录文章42篇，分上篇、中篇、下篇共三篇，上篇为"北地南迁——地大的新长征"，中篇为"武汉创业——地大的新辉煌"，下篇为"'南望'难忘——地大的新家园"。已过米寿之年的赵鹏大院士为本书写序，高度赞扬了前辈们无私无畏、砥砺奋斗的奉献精神。值此文集付梓之际，谨对所有参加此次征文活动的老同志表示衷心的感谢！

在编辑过程中，刘翔、王新钢、杨巍然、凌敬升、胡燕生、朱有光、周汉明、王方正、李门楼、张志毅、张信军、刘素芳、陈文武等同志认真阅读每一篇文章，提出细致、详尽的修改意见。本书得到了学校2020年中央高校建设世界一流大学（学科）和特色发展引导专项资金项目"德之山——中国地质大学'三全育人'文化创新出版工程"的大力资助，时任出版社党总支部书记兼总编辑、现任计算机学院党委书记李国昌多次统稿，郑济飞、马严、段勇等编辑用心编校，张宏飞、程永进、李铁平等老师提出了修改建议,在此一并感谢!

  鉴于老同志们年事已高,仅凭记忆来书写所经历事情的来龙去脉,文中难免存在些许与史实不一致的地方。因年代久远,时间紧迫,无从细细考量,敬请大家批评指正!愿以此书纪念那些为中国地质大学的发展奋斗终身的前辈们,也愿此书如鲜花一般陪伴健在的老人,守护他们,让他们健康、快乐地安度晚年。

  谨以此书向中国地质大学建校 70 周年献礼!

本书编撰委员会

二〇二二年六月

目录

上篇：北地南迁——地大的新长征

迁校记事	王方正(2)
凤凰涅槃　浴火重生	游振东(8)
五七干校的记忆　江西峡江的经历	朱新国(13)
五七干校生活点滴	章锦统(24)
北京地质学院南迁回忆：丹江口五七地质队	胡旺亮(33)
忆湖北地质学院为空军代培的工程地质班	凌敬升(49)
在湖北地质学院从事教学的那些日子	喻学惠(53)
迁校建校杂记	梁定伟(62)
北京地质学院南迁的点滴回忆	王仁铎(66)
湖北地质学院五七干校风情	傅昭仁(69)
七里湖夕阳	章锦统(73)
迁校已过四十年	万静萍(78)

中篇：武汉创业——地大的新辉煌

迁校期间的古生物教研室	徐桂荣 何心一	(82)
我校六十年代至九十年代的地球化学专业	朱有光 赵仑山	(89)
"流体包裹体地质学"教学与研究的历史回顾与展望	张文淮 陈紫英	(96)
艰辛建校 科教创业	沈继方	(102)
忆我们获得的国家级优秀教学成果奖	罗延钟 潘玉玲	(107)
我心目中的物理教研室（续）	周汉明	(112)
政治教研室在迁校中艰难前行	凌敬升	(119)
政治师资班延安行	凌敬升	(126)
地矿部高校第一个安全工程专业的创建与发展	魏伴云	(130)
地大特色旅游专业创办经历与社会影响	辛建荣	(138)
地院西藏队1973—1985年团结奋斗的事迹	梁定益	(146)
弘扬北地体育精神，谋求武汉新的崛起	胡燕生	(168)
见证武汉地质学院成为全国体育强校	凌敬升	(191)
北极地质考察追忆	吴瑞棠	(197)
登山科考活动追记	纪克诚	(209)
在中国地质大学（武汉）创建的日子里	黄伯裔	(213)
地大校医院变迁	邵器行	(216)
剖析我校校风的形成和特征	杨巍然	(221)

下篇:"南望"难忘——地大的新家园

难忘的岁月	李紫金(228)
南望山下的非常岁月	高建华(231)
情系地大武汉	姚今淑(234)
白云山之恋	朱有光(237)
我校第一个外籍硕士研究生	林　敏(241)
我们的地大越办越好	冯肇全(245)
我从"熟悉教材"中得到了欣喜	杜淑兰(249)
基层医院的医生应该是全科医生	罗先凤(252)
一副对联	吕新媛(256)
黄卷青灯觅新知	游振东(258)
我的退休生活	陈崇希(266)
缅怀恩师池际尚院士组歌	邱家骧(271)
后记	(274)

上 篇

北地南迁

——地大的新长征

迁校记事

王方正

中国地质大学（武汉）、中国地质大学（北京）的前身是闻名全国的北京学院路八大学院之一的北京地质学院①。北京地质学院演变成中国地质大学经过了一段复杂、艰辛、曲折的历程。其实1969年，学校南迁就开始了，转眼已过50年了，这一历程可谓令人永世难忘。

迁校前奏：江西峡江五七干校

1969年秋，在京中央机关、大专院校、科研院所纷纷行动，大办五七干校，去"接受工农兵的再教育"。北京地质学院大部分干部、教授，部分后勤职工近千人，扶老携幼迁往江西峡江，创办五七干校。只有少部分师生在湖北丹江、河北遵化等地办五七地质队和教改小分队。实际上这已开始了学校大规模南迁的历程，同时也启动了学校迁校的选址工作。

北京地质学院在江西峡江仁和公社龙陂五七干校的校址是一处废旧的农场，只有不到二十间房舍，要安置近千名人员，根本不可想象，但在"有条件要上、没条件创造条件也要上"的思想的指导下，不可能的事就成了现实。

我因爱人要生孩子，获批可以等孩子生完安顿好后，再去干校。因此，1970年1月我到江西峡江干校时，看到的情况是：教职工分男女各自睡在用树桩和木

---

① 为规范用语、贴近实际，"中国地质大学"简称为"地大"，"中国地质大学（武汉）""中国地质大学（北京）"分别简称为"地大（武汉）""地大（北京）"；"北京地质学院""湖北地质学院""武汉地质学校""武汉地质学院"一律用全称。

板搭成的大通铺上,每人仅有 50cm 宽的铺位。而我连一个 50cm 宽的铺位也没有,只好把木板架到房梁之上搭了一个 70cm 宽的铺位。我得到了这样一个特殊的床铺,每天可以通过瓦与瓦之间的缝隙直接仰望天空。那一年下起十年不遇的大雪,夜间一觉醒来,被子上盖了一层雪,脸上也落满了雪。因为南方建房的木板条上直接放瓦,房顶是挡雨不挡风雪的。

当时干校为了解决教职工的住宿问题,自己动手盖房,石头是山上采的,木头是上山砍的,砖是自己烧的。到干校后,第一项任务是烧砖。我每天住在砖窑上,省掉了每天爬梁头睡觉的麻烦,也暖和很多。直到春天,建成了五排房屋,共计 100 多间,才初步解决了住宿问题。但仍有部分教职工住在当地老乡家。

江西老乡确实是非常好的革命老区人民,他们具有优良的道德品质。听说我们来自北京,对我们非常热情,尽一切可能帮我们解决吃住难题。有一件事至今难忘:刚到干校,有人曾丢失了一辆自行车,过几天就看到一老乡用绳子绑了一个青年,肩上架着自行车,来到了干校。原来,这个年轻人就是老乡的儿子,老乡发现儿子的错误行为,带着儿子亲自来道歉。这是多么朴实的老区人民啊!

当时的干校生活总是晴天一身汗,雨天一身泥,一天工作十几个小时。那时的口号是:苦不苦,想想长征二万五;累不累,学学烈士董存瑞。大家最爱唱的歌是肖华将军的《长征组歌》。流传最广的故事是老教授私下讲述的西南联大从长沙到昆明的南迁历程。老教授乐观幽默的故事,也激励了我们这些年轻教职工。正是长征精神和西南联大报国的献身精神,为我们度过干校艰苦岁月提供了精神食粮。当时的老教授很多都是西南联大的教师或学生。

在干校,除了有参加劳动与政治运动的辛苦外,也有些有趣的事情让人永生难忘。例如,在春天翻地插秧劳动中,也会顺便抓稻田里的鱼虾,自己动手改善一下伙食,有一次竟然抓了一只 5 斤多的甲鱼。有时砍柴也会抓几条蛇,有眼镜蛇,也有金环蛇,大多是白花草蛇。回到干校就可以煲一锅甲鱼汤、蛇肉汤,真是让人感到很幸福的一顿美餐了。

冬天洗澡是件不易的事,一是天冷,二是没有热水。但到了夏天洗澡就是一种享受了,干校附近有一条小河,河岸长满茂密的竹林,形成多处天然浴场。劳作一天洗个天然河水浴也是一件美事。

这样的干校生活不到一年,到了 1971 年初,干校刚刚安定下来,又要从江西峡江迁往湖北沙洋。

湖北沙洋的干校校址原来是一个关押犯人的劳改农场,是为了安置我们特意腾退出来的。这里的条件与江西干校相比更恶劣一些,房子主要是用泥草及木头搭建的,比牛棚好不了多少的油毛毡房,虽然能挡风遮雨,但冬天房内能结冰,夏天热似蒸笼。附近也没有河流,洗澡就更难了。在湖北沙洋的日子不到一年,很多人以各种理由纷纷离开了沙洋,回到了北京。1972年冬,除部分人员到江陵筹建学校外,大部分人回到了北京,我也是此时回到了北京。

1973—1975年北京短暂的休整

从湖北沙洋回到北京地质学院大院,大院已不是原来的模样。校园很多建筑已被外单位占据,地质部航测大队占据了学校的教三楼、教四楼、东一楼、东二楼及东三楼的一部分。中国科学院社会科学部语言研究所占据了物探楼的大部分。家属区除被上述单位职工占有一部分外,不少房子被学院附近的居民占有,我们的家已经没有了。学院的职工只能见缝插针,分别居住在还未被占据的学生宿舍、医院病房及部分实验室和办公用房。图书馆被封,图书装箱待运,实验室仪器早已装箱,要开展正常的教学、科研工作是非常困难的。

在这样的困难环境下,学校开始办一些如空军工程地质班、湖北省工人"七二一"大学等。一部分教师投入其中,更多的教师则参加了由学校举办的英语学习班。例如,地质勘探系的英语班教师就是游振东老师,我们四五十人都是学员,因为我们当时大学学的是俄语,英语学习从头开始。每次上课我还要带着三岁左右的儿子。父子同堂学习,也蛮有意思。儿子也很听话,上课时从不吵闹,自己玩自己的,有时也跟着学。

1970年前后毕业的一部分学生,有少数人留在学校工作,大多数人分配到校外其他单位,他们大学期间专业知识基本没学什么。这时学校也开办了"回炉班",对这些人进行专业知识的再教育,以便他们能更快地接手专业任务。这段时间,大部分教师已发现我国地质学研究与国际上地质学研究的巨大差距,便开始学习国外的先进地质理论及方法。学校图书馆不能用,一有国外新的专业期刊,老师们就到中关村科学院图书馆借阅。我就是在那个时期学习了物理、化学、热力学在地质中应用的一些新理论和新方法,为之后到武汉开设岩石物理化学课打下了基础。这期间也找到了在干校时认识的化学教研室张昌明先生、孙作为先生,他们两位对我学习物理、化学帮助非常大,我至今仍非常怀念跟他们学习交流的日子。张昌明先生是杨振宁在西南联大的同班同学,他们同住一个宿舍且上下床。

1973—1975年,老师们大多自发参加国家地质勘查中的科研工作。我参加了由於崇文先生组织的陕西煎茶岭矿床找矿及评价的科研任务。参加这次任务的除地化教研室的於崇文、张本仁先生外,还有沈镛立、吴悦斌等,岩石教研室的有莫宣学、陈敬斋和我。在这次科研工作中,我从上述老师身上学到了很多研究矿床学的工作方法,终身受益,也在热力学在矿床中的应用中小试身手,积累了之后发表论文的基础资料,取得了工作后的第一份研究成果。同时还有以郭铁鹰为代表的不少老师参加西藏地质调查及石油系老师们的找油科研工作。

建校初期武汉的游击式教学及工作回忆

1975年,几经周折,在高元贵院长的努力下,最后学校定址由江陵改为武汉。1975年7月,河南信阳—漯河一带洪水冲垮了京广铁路。铁路经修复后的第一趟列车就是北京地质学院迁汉的专列。因为国家下达武汉地质学院招收五百名工农兵学员的任务,北京地质学院火速迁汉准备招生。

我们从北京到武汉后,学校房无一间、地无一垄,怎么办学? 湖北省有关部门和地质局协商,将原武汉地质学校合并到武汉地质学院。同时借用华中工学院(简称华工,今华中科技大学)、华中农学院(简称华农,今华中农业大学)、湖北教师进修学院(胭脂路)校舍给武汉地质学院办学。后来又从汉口的湖北省委党校借到了一些宿舍,供我们在汉口办学的教师居住,这样基本上满足了招生办学的要求。

此时老师们戏称,武汉有多大,武汉地质学院就有多大。地质系大本营在武昌胭脂路湖北教师进修学院(原中华大学旧址)。上课的地点分别还有华中农学院和武汉地质学校。早晨,我们一般五点起床,吃完早饭,背上标本、教具,搭乘早班公交车赶往汉口的武汉地质学校和华中农学院。上完课,下午再乘公交车回到胭脂路住处,真是名副其实的游击式教学。这样的生活一直持续到新校址初步建成的20世纪80年代初才结束。

这段时间,因为图书资料、标本仪器的缺乏,老师们想尽一切办法克服困难。大家发现湖北省地质局图书馆的地质类图书和期刊比较丰富,特别是一些国际学术期刊,在困难时期还没有断档,因而这里成了地质类教师学习国外新理论、新技术的好去处。一般到汉口上课,就有半天到湖北省地质局图书馆去查阅期刊资料,大家从中获益良多。此外,老师们还在野外教学实习及科研时,自发收集标本以弥补教学标本之不足。现在学校的不少教学标本都是当初老师们自发收集的,一直还在使用。

这段时间,学校领导为了解决教职工迁汉时的一些具体困难,出台了一些政策。印象最深的有这几项政策:其一叫作"二丁抽一",即夫妻均在校内工作的双职工,由于上有老下有小,要求全家迁汉根本不实际,故决定二人中一人先到汉工作,等条件具备后双职工再全家迁汉,这项政策受到职工欢迎。对于家属在外地的单职工,加大工作力度,尽快促使另一方调入校内工作,解决了不少单职工长期夫妻分居的困难,也解决了学校迁汉后一部分人才缺失的问题。

现提供一些我所接触的事实,供以后校史研究者参考。地质学岩石教研室迁校前的教师及实验员共计47人:

池际尚	苏良赫	张瑞锡	何镜宇	游振东	邱家骧	孙善平	郑伯让
马志先	李文祥	罗正华	刘金钊	王仁民	陈珍珍	鄂莫岚	周询若
贺书严	路凤香	李家振	乐昌硕	邓晋福	张德全	赵崇贺	翁润生
莫宣学	吴国忠	杨慕华	陈敬斋	林培英	张 狮	黄家庭	洪玉英
莫 珉	王方正	李昌年	田 成	李明哲	王人镜	叶德隆	孙桂英
邰道乾	朱广玲	张元奇	刘如民	杜文源	黄思骥	余素玉	

他们或先或后都在迁汉过程中为中国地质大学(武汉)工作过几个月或几年、几十年不等。

在武汉工作退休的有池际尚、游振东、邱家骧、郑伯让、路凤香、余素玉、王人镜、叶德隆、王方正、李昌年、黄思骥、刘如民12人。

调出中国地质大学(武汉)的有李文祥、马志光、罗正华、刘金钊、王仁民、张德全、张狮、黄家庭、洪玉英、莫珉、鄂莫岚、张元奇、杜文远、孙桂英14人。

最后在武汉定居的只有王人镜、叶德隆、黄思骥、刘如民4人。

在历经困难、曲折、复杂的学校迁汉过程中,北京地质学院演变为今天的地大(武汉)及地大(北京),仍然是国内颇有实力的重点大学,办学规模比原来扩大了数倍之多,为国家培养了数以万计的专业人才。这是怎么达到的呢?我认为其重要原因之一是学校有一种精神力量,这就是:西南联大苦难兴邦、报效国家的爱国主义精神;中国共产党领导工农红军的长征精神;一不怕苦、二不怕累、求真务实的科学精神。

作者简介:

王方正,1942年1月出生,山东青州人。1965年北京地质学院毕业后留校,2006年从地大(武汉)地球科学学院退休。教授,博士生导师。曾任岩石教研室主任,地质系副主任,学校科技处处长,校党委委员,校科技与发展研究所所长等职务。发表论文68篇,主编或参编教材5部,出版专著7部。曾任7种科技期刊的副主编或编委。

凤凰涅槃　浴火重生
——北京地质学院迁校一瞥
游振东

1966—1978年,学校教职员工克服迁校过程的困难,坚持教学、科研工作并重,使学校逐步走上正轨,真可谓"凤凰涅槃,浴火重生"。本文主要回忆迁校时期个人的一些经历和感受,将自己在教学科研方面的点滴收获与大家共享。不当之处,请批评指正。

一、干校劳动

1969年冬,大部分教职工去了干校劳动。我是第一批从北京到江西峡江仁和公社龙陂干校的,那里没有通电。我们在工人师傅的带领下,竖起几十根水泥电线杆,从仁和公社接电到龙陂干校,干校才有了照明。原来有一些砖木结构的房子不够住,我们于是自己动手烧砖,另盖了两排宿舍,勉强让拖家带口的员工安顿下来。

1970年春,因学校迁校到湖北江陵,成立湖北地质学院,我们干校1972年春随迁到湖北钟祥的沙洋,据说那里原先是个劳改农场,大家分住在农场留下的平房里。我是二连的炊事班班长,在那里我跟多位老师学会了烧火做饭。

1971年夏天,因为工作需要,我被借调去湖北省区域地质调查队,帮助他们完成罗田幅变质岩区的填图、横穿罗田穹窿测制地质剖面,另外还在区调队实验室帮助做岩矿薄片鉴定等工作。有意思的是,经观察薄片发现大别山最南面浅变质带出现蓝闪石,这就为后来大别碰撞造山带的建立埋下了伏笔。到了冬天,我才结束工作回到北京待命。

二、嵩山的科研

学校虽然处于动荡不安的状况,但是原有的科研项目并未停止。到京以后,在马杏垣教授的指导下,索书田、闻立峰等老师在河南嵩山继续做地质研究。河南嵩山地区是研究前寒武纪地质的胜地,西北大学张伯声教授在那里建立嵩阳运动、中岳运动等大地构造格局,但是还缺少详细的解析构造学分析。他们邀我去协助研究古老的登封群的变质地质,我欣然同意。1972年夏,我和张吉顺参加野外工作。我们从登封城西做起,逐步向西跑到君召镇北的马鞍山,历时约两个月,主要考察登封杂岩的组成及其地质演化过程。

从干校回来后,我在北京接触到了西方国家在地质科学方面的新进展,得知板块构造理论已经在国内地学界开始传播。变质岩方面,我注意到变质变形史研究方面的新成果。登封杂岩主要是嵩阳运动的产物,但是后期中岳运动的叠加亦不容忽视。登封西面的挡(阳)山以西的老羊沟,嵩山石英岩与登封群上部草庙沟十字石片岩带的接触,最清楚地显示出二者的叠加关系。回到室内,镜下工作清楚显示草庙沟组明显的退变质;石榴石-十字石片岩中的十字石变斑晶,已经完全被绢云母-绿泥石集合体假象取代。而与之相邻的嵩山群石英岩就是中岳运动造成的绿片岩相变质。显微构造分析、岩组学分析方法是揭示这种叠加的有利方法。

当年,岩组分析主要依靠费氏台。我在岩石教研室学过费德洛夫法,可是没有做过岩组分析。池际尚教授是这方面的专家,那时她正在为石油部门以及铀矿地质所等单位讲授岩组学。她亲自教我如何利用费氏台将定向薄片里石英光轴立起来,并如何将数据投绘到乌氏网。做岩组分析,工作量特别大,一个薄片要求做100颗粒以上的石英,另外还要做云母极点图。那时我们操作又不熟练,所以一个薄片做下来要2~3天。在池先生的指导下,韩郁菁老师和我对挡山石英岩、千糜岩、登封群各类片麻岩都进行岩组分析。结果表明登封群各类长英片麻岩岩组图都比较复杂,以三斜对称为主,罕见单斜对称,而嵩山石英岩组明显比较简单,具单斜对称组构,仅少量见三斜对称。两个岩群岩组图的差别,说明登封群经历了比嵩山群更复杂的变形历史,为嵩阳运动的存在提供了有力证据。

后来，在索书田等老师的努力下，《嵩山构造变形——重力构造、构造解析》一书终于在1981年由地质出版社出版。

三、迁校

1970年开始，北京的一些高校奉命外迁，北京地质学院自不例外。先是准备迁往湖南石门，后又改为迁往湖北江陵，校名也改为"湖北地质学院"。1972年撤销"军管"，高元贵（院长）担任校革命委员会主任，开始在原武汉地校成立"湖北地质学院武汉分院"并开始招生，那时我们都还在北京。到了1974年，经过努力，湖北省革命委员会决定将校址定在武汉，并更名为"武汉地质学院"。

1975年夏，上级决定在京职工全部迁往武汉。那年河南发大水，京汉铁路被大水冲断。不久铁路通车，中华人民共和国铁道部用一趟专列就把我们送到武汉。当年的党委书记王焕在做动员报告时说："我们大家熟悉五道口，那边有四道口。"

为了迁校，家家户户做了很详尽的安排。首先是户口，我们当时都上交户口本了，后来学校又考虑将来，就将户口本给退了回来。其次是子女，我的两个孩子都在北京读小学。学校专门组织教师来管理这批"寄读班"的学生，孩子们在学校食堂吃饭，过着独立生活，还是蛮高兴的。苦的是一些单身职工，他们就得离家独自一人去武汉。

四、初到武汉

到了武汉，我们被分配到华中农学院（简称华农）居住。我们地质系的办公室却在武昌司门口附近胭脂路的湖北教师进修学院（简称"进修学院"，今湖北第二师范学院），许多单身来汉工作的老师也住在那里，教学用的岩石标本也放在进修学院。给工农兵学员上课则在汉口地校，办一点事情都得坐公交车来回跑。

住在华农的多是双职工。我们到汉后，华农校方提供两栋学生宿舍楼给我们住。记得我家右侧邻居是化学教研室的郑雪禾，左侧邻居是数学教研室的墙芳镯，对面是熊维纲，斜对门右边是水文的李智毅。做饭就在楼道里，所以一到中午做饭,邻居们就能见到面,聊一些生活上的事情。

迁校牵动家家户户,校领导都很关心。我们到华农不久,高元贵院长还专门来看望。华农环境不错,宿舍的南面就是南湖,西北面是运动场。虽然图书馆、实验室都还没能正常运转,但环境幽静,有利于备课。我们在那里住了两年,后来南望山新校舍建成,才搬了过去。

五、"七二一"工人大学

1975年6月,教育部在上海召开"七二一"工人大学教育革命经验交流会,从那以后,"七二一"工人大学开始在国内普及。迁到武汉后,湖北省地质局就找池际尚教授要求合办"七二一"工人大学。1975年冬就开始在蒲圻(属咸宁地区,今咸宁市的赤壁市)的羊楼洞镇开办"七二一"工人大学。去咸宁之前,我在进修学院从地质系借出8箱各类岩石标本,运去供"七二一"工人大学教学之用。我的教学任务是讲"变质岩",因为时间短,不可能用上显微镜,所以要求教"不用显微镜的变质岩石学"。

王良忱、郭颖老师住在羊楼洞办学点,协助池先生料理一些事情。1976年春,记得有一次讲变质岩的原岩恢复,这个工作本来主要依靠显微结构来判别,不用显微镜,那就主要介绍手标本。很多岩石经过变质重结晶,原来岩石面目改变,然而变形也会改变岩石面貌。我恰好带了一块由湖北大悟东北一个隧道口采的变形花岗岩,上面黑云母定向集结,线理发育,从表面看是个黑云母片麻岩,但是从垂直线理的横断面去看,却保留着原来石英+长石的粒状花岗结构。所以有时肉眼仔细观察也可以辨别原岩。那天池先生也来听课,她马上插话,"那就是b-构造岩",引起大家极大兴趣,课堂十分活跃。

作为"七二一"工人大学的负责人,池先生长期住在羊楼洞,教学安排和学生生活一把抓。有一天我看见她扶着一位生病的女生向女生宿舍走去,好像是刚看了医生,才扶着回宿舍。

羊楼洞的教学,给湖北省地质局培养了近百名地球化学方面的人才。不久,湖北省地质局很细心,把我们支援的那8箱教学标本都如数归还到南望山新校址。1977年夏,恢复高考,学校开始招生。

改革开放 40 余年来,学校蒸蒸日上,现正朝着"双一流"的目标向前迈进。回忆往事,历历在目,引发许多感慨。敬祝母校,在教学科研等方面为国争光。

作者简介:

游振东,男,1928 年 9 月生,1948 年 11 月参加工作,2000 年从地大(武汉)地球科学学院退休。教授,博士生导师,中共党员。曾任地大(武汉)岩石教研室副主任、区域研究所所长,长期从事变质岩石学教学及科学研究,1991 年获李四光地质科学(教学)奖。

五七干校的记忆　江西峡江的经历
——一个先遣队员的回忆
朱新国

1969年11月19日,在北京冬季凛冽的寒风来临之前,党中央一声号令,北京地质学院去五七干校的先遣队出发了。转眼已经50余年了。

半个世纪的岁月,斗转星移,时过境迁。当年的情景虽有些不堪,但不能不回首;当年的经历虽有些无奈,但也不能被忘却。这段经过50余年沉淀的历史记忆,也不应被永远尘封于历史的尘埃中。因为,它毕竟是一段无法跳过而又令人难以忘却的历史经历。

我们与当年地质部的五七干校同饮一江水,他们在赣江边的水边公社,我们在赣江边的仁和公社,原"共大"农场技校旧址——龙陂,隔江彼此遥遥相望。

龙陂,背靠"291"高地,山峰虽不高,但山色翠绿,一年四季郁郁葱葱;春风化雨,杜鹃花开满山遍野,映山红艳,令人向往,顶峰远眺,四周景色尽收眼底;遥望仁和码头,云雾茫茫,赣江水景,荡漾天际(图1、图2)。

龙陂,西临橡水河畔,水势不大,却一年四季绿水常流。夏季,让人难抑下水野泳的冲动,过把渴望中的泳瘾。

图1　北京地质学院五七干校全景

图 2　北京地质学院五七干校全景素描图

一、军宣队的领导与总体安排

1968年9月,中国人民解放军毛泽东思想宣传队(军宣队)进驻北京高校后就领导一切了。1969年下半年,军宣队就紧锣密鼓地开始了学校外迁的筹划工作,前后相继组织了三套工作班子:负责江西干校的工作班子,负责丹江口校办队的工作班子,负责校本部搬迁的工作班子。

干校的选址,先遣队人员的选定,如何以军事化的组织形式安排各系处的连排组织结构,各连连长、指导员人选等均在出发前已有安排,各连到干校后的基本任务也已初步确定。至于哪些人去干校、哪些人去丹江、哪些人迁校本部等,军宣队均有具体的安排与部署,一切行动听从军宣队的安排和指挥。

二、先遣队人员的构成与任务

先遣队总人数约有36人,由三部分人员构成。

军宣队领导:

学宣队副指挥长：　　　高运安(少将)　邹玉柱

工作人员：　　　　　　吴自力

学校行政工作人员:

王　焕　侯力平　王岷山　刘家齐　黄光复　刘耀武　马林台　张鹏远

曾繁治　张振川　柴文全　朱新国

学校后勤工作人员：

胡守安　程道钦　姚克昶　李慧章　李德峰　赵锦标　赵岭兴　董荣珍

朱玉惠　林忠阁　李仕廉　许国三　黄　英　王凤鸣　李国安　周德海

张好善　金　柱　宁谦驹　任继存　郭笃义

"兵马未动，粮草先行"。先遣队的主要任务有：①与当地政府取得联系，以得到政府的支持，保证粮油、副食品和建设物资的计划供应。②做好大批人员到来之前的吃住安排。首先要为拖家带口、扶老携幼的大家庭人员在干校周边农村找好房子，安排住处；同时要为在校本部居住的男女职工分别搭建男女集体宿舍的大通铺，以保证各连队大批人员一到即能各就各位，各有住处。③做好食堂、伙房的修缮，粮食、蔬菜、肉蛋等副食品的采买及储备工作，保证大队人马到来时有饭吃、有水喝。④做好大批人员到来时，所有行李等各类物品及时转运、各归其主的各项准备工作。⑤校部各办事机构及工作人员各环节的工作衔接好，不脱节、不出错、不出事，保证安全。

三、五七干校的组织编制与职责任务

在"领导一元化，组织军事化，机构精简化"的总原则指导下，设置校本部的办事机构。

军宣队领导

副指挥长：高运安（少将）

工作人员：吴自力

学校总负责：王焕、侯力平

办事组成员：朱新国、刘耀武、张鹏远、曾繁治

职责：行政管理、行政服务、后勤管理、生活服务

分管

会计：何绍英、昌继芬

出纳：王葆瑜、朱广玲、刘明霞

食堂：董荣珍、宋耀章、朱玉惠、林忠阁、李凤麟、董绍玉、李国安

医务室：洪　力、柯国均，等等

小卖部：吴复芝

锅炉工：郭笃义、张　福

政工组成员：柴文全、王岷山、张振川

广播台：苏民生、史清琪

中小学、幼儿园：顾荣起、毕先梅

男篮女篮代表队

总教练：胡燕生

男篮：王智济、罗延钟、冯国良、王志强、胡燕生、刘崧、崔新省，等等

女篮：马丽芬、熊慕侠、吴伯宣、黄迺和、张雪琴、史毅虹，等等

我们当中的"活学活用毛主席著作"先进人物崔新省同志，曾出席江西省"活学活用毛主席著作"积极分子代表大会并发言，男篮、女篮代表峡江县参加江西省比赛，双双获得冠军。

基建组

成员：刘家齐

职责：基本建设、建房架高压电等

分管

木工组：李会章、李德峰、赵岭兴、王贻伦

泥瓦工组：姚克昶、骞来友

司机班：胡守安、周德海、程道钦、张好善、刘俊生、宁保庆

电工组：赵锦标、刘世洪

铁工组：许国三、李仕廉、金　柱

采购班子：王凤鸣、宁谦驹、黄　英、任继存

农业组：黄光复、马林台、冯国良

负责规划管理农田水利等基本建设及副业生产，还招用原农厂技校的两位农工，负责农耕及技术指导。后来，又购买了拖拉机，培养了自己的拖拉机手。

四、连领导班子及主要任务

依照"组织军事化"的原则,全干校编制为十个连,每个连设连长和指导员,承担相应的农业生产、农副业种植及养殖等多项任务。而且,在干校建设的初期,还要根据需要承担不同的紧急突击任务等。有些连还设有副连长或副指导员,分管生活服务。由于学校其他任务的需要,干校成员随时都会有变动,任务也随时会有变化。

各连领导及成员的任务安排表:

连队	连长	指导员	组成及承担任务
一连	徐钰麟	吴春海	由地质系古生物教研室、区地教研室与系办、总支等组成,除承担农田等农副业生产任务之外,在干校建设初期还承担了大量的建房任务,如打土坯、砌墙、架房梁等紧急任务
二连	吴国忠	张建洪	由地质系岩石教研室、矿物教研室等组成,除承担农田水稻等农副业生产任务外,与一连一样还承担了繁重的建房等基建任务
三连	胡燕生	翟裕生	由勘探系各教研室和系办、系总支及体育教研室等组成。由于体育教研室的加入,人们称三连为干校的"猛虎连",重活累活多由他们承担,除承担农田水稻等农副业生产外,运水泥、电杆上山、架高压电线的重任也落在了三连的肩上
四连	高明忠	李建民	由物探系各教研室和系办、系总支、物理教研室、无线电教研室等组成,除承担农田水稻等农副业生产外,还承担了上山砍柴的任务

续表

连队	连长	指导员	组成及承担任务
五连	黄永昭	赵壁媛	由探工系各教研室及系办、系总支和数学教研室组成。除承担农田水稻等农副业生产外,还充分发挥专业的优势,承担了爆破开山采石、铁工加工等任务,支持房屋建设
六连	刘 尧	朱广乾	由原总务系统的科室办组成。除承担农田水稻种植和副业生产外,还抽调部分班组人员参与一些生活服务等
七连	于新洲	郗征云	由原教辅处的科室办组成,除承担农田水稻种植和副业生产外,还抽调部分班组人员参与打土坯等住房建设工作
八连	周志培	曹文满	由原党办、院办系统、教务处各科室和政治教研室组成。除承担农田水稻生产和其他副业生产外,还参与了建房的木工加工、制作门窗房梁等工作
九连	李永升	刘存富	由水文系各教研室及系办、系总支的人员组成。除承担农田水稻的生产任务外,还抽调人员参与了建房的打土坯等工作
十连	朱新国	吴力文	由军宣队、校部领导小组、各办事机构及食堂、会计室、广播台等全体人员组成。完成各自服务工作任务的同时,还承担着种植农田水稻的任务等

为了实现"艰苦奋斗,自力更生,力争粮食蔬菜自给自足"的目标,我们在劳动着,学习着,思考着。同时,民间也流传着一些趣事。

——谁是鸭司令?

李荣涛原是教务处教材科科长,原本教务人员应属于八连,他负责养鸭放鸭,被人们誉为鸭司令。傅昭仁先生在《竹枝词·湖北地质学院五七干校风情》中写道:科长爱鸭宿鸭房,天亮赶鸭下池塘。光吃粮食不下蛋,最怕屠宰送食堂。

——牛官儿的美称

地质力学老师王维襄先生,在五七干校养牛,他用哨声驯练牛群的故事吸引了不少人的关注。傅昭仁先生在《竹枝词·湖北地质学院五七干校风情》中也写道:地力学家是书生,钻研吹哨驯牛群。水牛出圈胡乱跑,书上章法怎不灵?

——精心调养的猪官儿

王暄堂、陈秀琴作为班长,在五七干校办猪场的一段经历,令不少人称赞。正如傅昭仁先生在《竹枝词·湖北地质学院五七干校风情》中写道:干校猪场最吃香,四乡来配猪坚强。一次彩礼十个蛋,经常喂它能壮阳。

——种菜班的贡献

吴春海作为种菜班的班长,在五七战士们心中也留下了不可磨灭的记忆。他们辛勤地耕作,专心地栽培,科学地施肥,细心地浇灌,为探索五七干校的粮菜自给自足,为食堂补充时令小菜,调节食堂菜肴等,作出了令人难忘的贡献。

——蚂蟥沟的恐惧

在凹下村旁的稻田,山坡上下来的水比较充足。每逢插秧,尤其到踩田时,这里的蚂蟥特别多,而且个头还大。人们一下水田,脚上、腿上就爬满了蚂蟥。对于初次接触插秧踩田的人们,简直是一种恐惧。当然接触的次数多了,时间久了,人们就习惯了,知道该如何处置了。三连还在这里举办过插秧比赛,刘坤英老师获得了"插秧能手"称号。

——找煤小分队

为干校长远计,应峡江当地政府要求,杨士恭老师率煤田教研室部分老师,在峡江地区普查找煤。经过一段时间的反复勘查,最后在赣江对岸发现一处有储煤迹象,后又做进一步详查,证明此处确有煤层,但由于煤层深入江底,受技术条件限制,向政府报告后只好作罢。

——谁的黄檀制件精美

四连的重要任务除种水稻外,就是负责上山砍柴,保障食堂烧柴的供应。结果发现山上的黄檀木、樟木很多,而且木质很结实,色泽又很美。后来,当北京、湖北江陵兴起煤油炉热时,龙陂闲暇时也兴起了黄檀热。人们上山挑选最满意的黄檀木或樟木料,回到宿舍先用柴刀修理再用其他工具,做成擀面棍、小方凳、小椅子等,或做成刨子、躺椅等。那时候,几乎家家都有非常称手的擀面棍。有的老师还制作成一套漂亮的木工工具,练就了一手木工好手艺。人们争相参观、比较,看谁做的实物最精美,好向他学习。傅昭仁先生在《竹枝词·湖北地质学院五七干校风情》中称赞道:地质儿郎上山岗,不执铁锤挎砍刀。砍得樟檀打家具,枯枝杂木一并烧。

五、经历情景的回忆

在江西峡江五七干校近九个月的时间里,由于工作原因,我曾多次去仁和码头接人,搬运行李物品、建材等,同时又在校部参与了一些行政、后期生活服务工作,接触面相对广一些,借此回忆点滴经历,供指正参考。

(一)先遣队刚到龙陂的感觉

刚到龙陂时,这里是一片原始的荒野,而非现代人所说的原生态的美。仅有几排厂房模样的旧房,荒无人烟,野草丛生,想上山顶俯瞰干校全貌必须用柴刀砍出一条小路,江西老乡还警告说:"山里不时有野豹、野鹿、狍子、野猪、毒蛇等出没。"晚上我们从仁和码头回龙陂,不宽的土石路上,总会有两三只野兔从车前的灯光下急速横穿而过,路旁的野草丛中不时有野鸡尖叫着腾空飞起。

龙陂的美,需要我们自己付出艰辛的劳动去创造:创造性地打土坯、吊线砌墙、吊线架大梁,盖新房自己入住,那种感觉很美;自己造推车、造滑轮,将水泥高压电杆运向山顶,建设成功后自豪的感觉也很美;为建房奠基而爆破,开山采石,解决近百户两地分居兄弟姐妹的住房而付出劳动后的那种幸福感觉更美。

(二)俯视仁和码头情景的感慨

大批扶老携幼的人到来了,大批的行李物品下船了,建设用的木材等物资也从上游漂到了仁和码头上。我站在岸边的高地上看到,人们不慌不忙地相互照看着下船上岸,江边缠绕着草绳的大木箱堆积如山,还有怀抱吃奶婴儿或怀有身孕的妈妈们,以及随父母离京,没见过外面世界的儿童们,他们不同的眼神、不同的表情,惊奇地观察着码头的情景,都不禁令人顿生感慨。

(三)抢运物资的精神力量

建房用的大梁及架电线用的杉木大料,长7~8 m,截面直径40~50 cm,上游放排漂至仁和,正赶上下雨,而且有越下越大的趋势,江水还在不断地上涨,如不能及时将木料抢运回龙陂,就有被冲往下游而丢失的危险。

干校决定冒雨抢运,一声召唤,全校各连的壮劳力全体出动,有的两人抬一根,有的甚至一个人独扛一根,由仁和码头步行两三公里运回龙陂校部。这就是北京地院人刚到干校就迸发出的伟大精神力量!

(四)一个早晨的情景

干校的第一个冬天,一个早晨,大家一起来都在说,昨晚冻得够呛,蒙着头睡也很冷,而且被子上和头上都是冰碴儿,这冬天怎么过呀?

刚从北京有暖气的楼房,来到南方这四面通风、八面透气的大厂房,住大通铺,好像昨夜有风还飘了点小雪花,能不冷、能没有冰碴儿吗?如此之大的反差,反应能不强烈吗?这种无奈的情景只能慢慢地去适应。

(五)"五七战士们"的风貌

春节过后,万物复苏,五七干校的各项建设和农副业生产开始了。大家挖土、采石、砌墙、运土和打泥土坯,在泥瓦工师傅的指挥下奋力地忙碌着;向山上运送水泥高压电线杆,在电工师傅的指导下接通变压器,解决了干校的电锯等动力用电问题;做门窗架大梁,在木工师傅的指导下,在震耳欲聋的电锯旁,细心紧张地按图下料;养猪、养鸭、种菜、培育秧苗等也都样样熟悉,"在干中学"的精神激励着大家,人人都不惜力气,埋头苦干,期盼能有好收成。

我们在五七干校的土地上春耕春种,一派热火朝天的繁忙景象。这引来周边江西老乡们的议论:都是高个子,穿着旧衣服,人人腰间拴个粗稻草绳,挺精神的,个个都不怕苦不怕累,不怕雨淋不怕日晒,干起活来都挺像个样的。

(六)冒大雨上山担柴

一天上午,天正下着大雨,炊事班的排长跑过来着急地说:"食堂没柴了,如果不立即上山运柴,中午的米饭、馒头恐怕蒸不熟,近千口人的饭可咋办?"广播台立即播报紧急通知:"现在食堂即将断柴,影响中午开饭,请全体'五七战士'立即上山,去四连储柴基地运柴。"听此消息,大家不顾大雨倾盆,立即上山,直奔四连砍柴山坡,不多时,食堂灶旁一捆捆木柴堆积如山,炊事排的同志们高兴地说:"中午保证按时开饭,让大家吃好。"

(七)自主分房的兴奋

在泥瓦工、木工师傅们的帮助和指导下,经过几个月的艰苦奋战,在"五一"前夕,两排既有前门前窗,也有后门后窗的新房盖好了,可以研究如何入住了。经过反复酝酿,与各连领导多次协商,考虑目前的困难情况,最后大家一致决定,解决 96 对夫妻的分居问题。每间房中间的隔断由两家住户自己协商,上山打毛竹解决。

"五一"节前后,96 对夫妻住进新房。虽然不大,但毕竟是自己一家独立的空间。这是干校的一件大喜事。后来人们在回忆建房的艰辛、分房的喜悦时说:"还是江西干校的水土养人啊,一些多年不孕的女同志怀孕了。"后来有在干校喜得二胎的父亲自豪地说:"我儿子是龙陂一号!"大家为他们高兴、祝福!

(八)"双抢"的丰收喜悦

南方的 6 月是早稻成熟的季节,是即将收割的季节。眼望着干校第一年早稻成熟,"五七战士"们的第一年双抢战斗即将打响。各连都准备了镰刀、打谷机等,食堂也为大家准备了好菜好饭,还准备了解暑的绿豆汤,医务室还准备了防暑药品。农业组及时调配有限的打谷机,还及时调配耕牛,及时翻地准备再插秧,各连队都根据稻田多少来备足秧苗。从 6 月中旬至 7 月中旬,大家头顶烈日,风雨无阻,紧张地抢收抢种,顺利完成了第一年的丰收"双抢"任务。看看自己收获的金色稻谷,再看看自己又亲手播种下的秧苗在稻田里生长,不禁让人产生新的希望和期盼。

注:此文在离退休干部处周富强、李娜、李祯、曾国银、刘翔、王新钢等领导的帮助下,邀请了李慧章、刘耀武、柴文全、胡燕生、李仕廉、程首德等同志一起座谈,回忆交流,帮助了解收集情况,提出意见,史毅虹老师还提供了龙陂素描图,在此一并深深致谢!

作者简介：

朱新国，男，汉族，河南人，1938年10月出生，1964年8月参加工作，曾任地大（武汉）校长办公室主任，1998年11月退休，2019年10月去世。

五七干校生活点滴

章锦统

1968年7—8月,中国人民解放军毛泽东思想宣传队(军宣队)和首都工人毛泽东思想宣传队(工宣队)进驻北京地质学院,挨家挨户做工作,动员教职员工走五七道路,直到同意启程为止。最后,北京地质学院近千人分几批奔赴五七干校。

一、过新的集体生活

干校坐落在江西省峡江县仁和公社(赣江边)的丘陵里,北靠一海拔291m的小山(习惯上叫"291"),南临象口河,一条不起眼的小溪流。我们从北京坐火车到上海过一夜,换乘火车走浙赣线到江西的樟树镇(当时还尚未改市),还得再过一夜,换乘小火轮或木船至仁和码头上岸,步行七八千米到龙陂。选定的五七干校校址,一种说法是中国共产主义青年团江西省团校分校,另一种说法是中国人民解放军防化兵某部废弃的农场。目力可及的是场内有几栋平房,在一块面积不大但稍平坦的空地上,孤独地矗立着一根没有网框的篮球架。

赴五七干校的教职员工有单职工、带孩子的双职工和不带孩子的双职工三类。干校当时的房屋根本容纳不下那么多人,只有把部分双职工暂时安置在仁和或龙陂周边的村庄中。干校房屋除了用作办公室和食堂外,把能住人的房子改造成通铺,房子中央为过道,面对面上下两排,按连队编制,男女分居过集体生活。这样尴尬的事时有发生,即随大人睡上铺的孩子尿床了,把下铺的被面淋湿一大片。早晨起床,彼此相视一笑,互相理解。夫妻近在咫尺,却过着分居的生活,时间一长,难免衍生出一些问题。由此证明了校部在重重困难下,动员力量,加快盖房步伐的正确性。

二、过年吃饺子

北方过年的惯例是吃饺子。我们在五七干校过第一个春节也不例外。饺子馅和面粉由食堂提供,我们与田老师及池老师三家自由组合包饺子。捡三块石头,支上锅,煮着水,等饺子下锅。

干校食堂能开出三顿饭,陈文波、李凤麟和食堂的同志操了心、费了劲。我们进驻时已是秋冬,气温低,菜班同志费力种的菜有的已经发芽,但长得慢,还不能吃。全校副食品全靠采购。如果每天每人半斤菜,近千人约需五百斤。这点菜量在现在不算个事,去批发市场转悠一下就办妥了,可在当时却成了十分难办的事情。干校地处丘陵,交通不便,经济落后,老乡过冬主要靠蕨菜和辣椒。加之那个时期的大环境,农村不愿种菜交易,基本生活物资十分匮乏。李凤麟三天两头扛着大杆秤,带着人挑着筐,串村入户,央求老乡把余菜卖给我们,有时也能买回几个老倭瓜(南瓜)。为解决吃,不得不派人去峡江、新余采购。想当年,基本生活用品尤其是食品都是按当地户籍人口凭票供应,鱼、肉、蛋、糖、烟、豆制品都是凭票定量供应的。我们是外来户,不能享受当地的供应,真是"饥不择食",只要能当菜的就买。有一次,在购买整坛四川榨菜时,发现坛子上部压着一团菜叶子,每坛都有,经过发酵,颜色黑黢黢的,还带一丝味,商店老板说此物猪都不吃,平时当垃圾丢掉的。采购人员便把这种菜叶子全数运了回来。食堂把它们洗净切碎,拌上猪油,撒点肉末,成了我们大年初一的饺子馅。

三、咬牙过劳动关

干校规定每周劳动六天,休整一天。我们平时在北京偶尔抬抬小型仪器设备,最长的劳动时间是夏收时去附近人民公社割麦子。而在干校过的生活完全不同于从前,每天都是参加各种农业生产或生活劳动。一般性的劳动对于每年有3个月野外生活经历的地质类教职员工来说不算什么,但是在干校的许多劳动项目得重新体验或从头学起,并且要身体力行,长年进行。我们承受的压力是难以用语言表达的。

四、拉杆架电线

要解决动力和照明问题,必须从几里外引进电源。干校做了动员和部署。在设计的最佳路线上,逢山开路,遇水搭桥,开辟一条宽4 m的直通路,并在线路地势起伏拐点上挖一个深1.5 m的洞,把水泥电线杆运到点,在洞里竖直,埋结实,最后由专业技术人员拉线。一根水泥电线杆的重量不轻,8个人抬1根还觉得费劲,在平地或沿水沟勉强可以抬到位,遇山坡或点位在山顶的,则困难要加大几倍。大伙想了多种提高效率的办法,其中一种是用粗绳拴在电杆粗的一端用人力拉,但此办法既费力功效也慢。三连的几位同志想出把电线杆两端架在板车上,后面的人用手推并掌握方向,前面的人则用手拽拉的办法,经过实地试验,获得成功。此办法既省人力又加快了竖杆的速度。校领导当即决定但凡有类似的任务,均由三连包干。干校内挂上"小车不倒尽管推"的大幅标语,为劳动的人们鼓劲。自此,干校有了动力照明和广播。

五、割草皮和砍柴

到干校才知道草皮可以做农家肥。我们在当地农民的指导下,把荒地种杂草的地方,连土带草堆成堆,任其发酵沤烂,撒进田里作肥。我们割几天后感觉腰背板不舒服,手臂酸痛。割草皮和烧草木灰,我们干了一个冬天。

我们隔三岔五就得砍柴,供食堂用。据食堂工作人员估计,做三顿饭加烧开水,每天约用3000斤柴。说是大火无湿柴,但费柴啊。我们人手一把两三斤重的砍柴刀,按各连划定好的区域砍。男女齐上阵,比着砍,不时传来惊恐的尖叫声,不知又是哪位碰到蛇了。我们砍的柴是1958年大炼钢铁后新长成的次生林,最粗的也才只有手腕那么粗。

在阴雨天气里割草皮或砍柴,打着伞显然是没法干活的,极少人有雨衣穿。

多数人只用塑料布在脖子处打个结,披在身上。没干多长时间,雨水从裤脚慢慢湿到腰,十分难受。劳动了一天歇工回来,趁着每晚一个小时读书的时间,边学习边烤火,时间一到,衣裤也差不多干了。

六、学做木工

盖房需要多种规格的木料,由于运输不便,采购不易,校方决定就近取材。年龄在30岁左右的男性精壮劳力就几个人一组,腰间别着斧子,背上扛着锯子,在"291"区域寻找合适的树木进行伐树修枝。可做房柱的木料4个人抬,可做房檐的木料2~4人抬,做椽子的就1人扛1~2根,把木料弄下山,运回干校。修理下来的树杈,打成捆背回来送食堂烧火。风雨无阻地备木料,顾不上泥里水里,也顾不上肩背红肿、衣服刮烂。有电能和木工机械,木料加工速度比较快。房子尚未盖,却练出了一批做木工活的能工巧匠,更有一些同志学会自制木工工具。原学院党委成员聂克同志,胖乎乎的,50多岁,练成做木工刨子的好手艺。另有部分同志会做一些小型家具和农具,如扁担、耕田器、板凳、躺椅及小饭桌等,还像模像样的,特别实用。耕田器还在附近老乡中推广使用,受到称赞。我们通过劳动既锻炼了身体,又学了手艺。

七、脱土坯

我们用土坯代替大部分砖砌墙盖房,在干校周边挖掘合适的泥土,用板车拉回来,堆成一个个土堆,泼上水焖一天,再打散,几个人同时在土堆上反反复复地踩踏,把泥土捣成发黏的泥浆,接着一个人用长36 cm、宽24 cm、厚10 cm的木模摆放平整,由另一个人用铁锹把泥填入木模,拍打结实后取出木模,脱出一块土坯,然后把木模在一边放好,再填入泥土,又脱出一块土坯,如此反复。待土坯半干时立起来,使土坯的风干面积增大直至干透,把这些干透的土坯码成垛,盖上草帘防雨水,盖房用时再把它们运至工地。这里要着重提一下以杨风群为组长的女子打坯组。她们把潮湿的土放进木模,用木锤拍打,一边打一边加土直到成形为止。木锤实际上就是一段粗细合适的树木,它的两侧固定住两条木棍,重量一二十斤。使用时一个人或两个人拿住木棍,一提一放进行锤拍。为盖房备足料,这些女同志不惜体力,真是难能可贵,值得学习。在五七干校劳动时间一长,原本文弱娴静的女教师,也能锻炼成粗犷体壮的女汉子。

盖一栋10间、每间15 m²的平房,大约需要8000块土坯,4栋房约需32 000块,每块土坯重约30斤,砌墙用土坯总重量约960 000斤,即480吨。我们这批刚刚离开大城市的教职员工,硬是用双手搬动480吨土块,垒成墙,盖好房。这是何等级别的劳动强度啊!站在新房前,我们不禁感叹:这是我们的劳动成果,这是对我们的最好奖赏。

八、分新房

114个人齐心盖新房,挖地基,立方柱,上房檐,铺顶瓦,一气呵成,4栋40间平房竣工。新房是这样分配的:一间房住两户,其中一对夫妻住一半,约占6 m²,夫妇带有孩子的住另一半,约占9 m²,两户间的隔断自行解决。用什么材料做隔断的都有,百花齐放。屋里放一张床,几乎没有多余的空间。20户同住一栋"通透"的平房(每间隔断墙到房檐是空的),根本无隐私可言。新房于1971年"三八"妇女节前后分配完毕,4栋房安置了80户,自此结束了夫妻分居的生活,合家欢聚,有了家的感觉。

九、牛听不懂普通话

阳春三月,天气转暖准备春播春种,我被确定是牛倌。我小时候放过牛,但没有用牛耕过田。指导我用牛的师傅是邻村贫困协会主任老顾。他身材精瘦,身高约1.5 m,四五十岁的样子。他指导时总对我骂骂咧咧,指责这也不是,那也不对。牛根本不听我的,让它停或向左向右转,它不动。记得我用鞭子抽牛屁股,牛被打急了就会转过头瞪着看我,这时老顾更是来气了,扯着嗓子吼:"混蛋!读书读傻了,想把牛打死呀,牛是我们一宝,不知爱惜!"其实,我心里也挺委屈的,那么多水田,什么时候才能整完啊,耽误了春种,罪可大了。我静下来琢磨原因,其一是可能牛听不懂我发令的口音,其二是我不完全了解牛的脾性。于是我平时反复模仿老乡说话的语气和发音,请老顾口对口地校正。停工时牵着它去河沟洗刷,晚上加料喂它,对牛多做些爱抚的亲昵动作,再也没有抽打过牛。一段时间后,牛好使多了。在老顾的指导下,我进一步学会了套犁和使用其他工具,水田犁、耖和耙都过了一遍,质量和速度有了明显提高,深得老顾的肯定。老顾对我的态度也改变了,他开始接触我时叫"戴眼镜的",接着叫我"小章",最后称"章兄弟"。我们成了朋友,闲时他常邀我去他家串门,用蒸酿米酒招待我。

整完水田休整一天,我坐在车上,摸着手上的血泡和厚茧,扳脚看看一道道难以愈合的口子,常常嘘出一口气。心想,总算挺过来了,对"不会使牛的农民,不是好农民"这句农耕时代的俚语,有了一些认识。

十、种下一年的希望

干校绝大多数人没有经历过耙秧和插秧,这看起来不能算是重体力劳动,但一整天泡在水里也不是个滋味。尤其是龙陂水田里蚂蟥多,起秧时经常遭受其无声无痛的攻击,当小腿肚某处发痒,用手一挠,吸饱血的蚂蟥鼓着肚子掉进水里,被它叮咬过的小口子流血不止。女同志最怕蚂蟥,有经验的同志建议每人带一个装盐水的小瓶,捉到蚂蟥往瓶里一丢,看它慢慢地化成血水。有的女同志试着两只脚放在脚盆里与水隔离,这个办法的确能防叮咬之苦,但影响起秧速度。人多办法多,最后还是有同志从外地购买回一批高筒水田靴,解决了女同志下水田被咬之苦。

插秧苦,累了腰。我们在水田里,一手拿把秧苗,另一只手分出几株插进泥水里,还不允许飘秧。按照行距和株距要求,每个人负责插6~8列,倒退着插,起初只是不习惯,插的秧行不成行,歪七扭八的,后来则是没插几行腰就吃不住,有的同志勉强能撑到田头,有的趴在田埂上起不来,有的则直接跪在水田里,要有人帮扶,才能直起腰休息一下。晚上睡在床上,觉着身体欲断成三截似的,仰面躺不是,弯腰侧身也不是。为了赶在"五一"前插完秧,不误农时,我们还挑灯夜战。干校规定两周休息一天,在那种氛围里,来例假的女同志也难开口请假。待插完秧,有的同志站在田埂上,扶着腰,望着眼前一片披上绿装的水田,干涩的脸上无意识地溢出一丝微笑。

走在五七道路上，过一道道劳动关是必然的，每闯一关，是对肉体的一次磨炼，更是对灵魂的一次洗练。

十一、抗旱找水

1971年的确是不太平的一年。临近春插时，看管秧田的同志回连队说，在秧田里有多条蛇爬行过的印迹，把秧苗也压倒了一部分。时隔两个多月，我们去查看禾苗生长情况时，发现在去往陈家坑方向的机耕道上，横过路面足有上千条蛇曲印，粗细不一。这使我想起当地老乡曾经提起过的一件事，这种现象预示可能当年会发生旱情。

在当地历史上曾发生过天久不下雨、小河断流、水库干涸、田地干裂不能下种、生活用水极端困难的灾情。进驻干校初期，干校领导也委托水文系的李教授勘查干校周边1~2 km范围内的地层岩性和可能存在的地下水资源。李教授一行人忙活了一个多月，最终的结论是令人失望的。

早稻收割完，旱情日渐显现，晚稻是种不下去的。从陈家坑方向来的小水沟中的水流时断时续，连队的生活用水开始紧张。我们会木工活的几个同志一起赶制了一辆水车。牛拉人推，从山后小水库中取水。小水沟断流时间一长，水库水位日益下降，水质也逐渐变差。鉴于这种实际情况，连队作了硬性规定，只保障食堂用水，不再供应个人用水。这实在是苦了女同志，她们只得去已断流的小水库里洗衣服。

整个夏天没有下一场透雨，水库的水质日趋恶化，虽然经过多种化学处理，但是仍达不到饮用水的要求，寻找新的水源迫在眉睫。一天，我和苏德芳偶然发现一处岩壁湿漉漉的，为满足好奇心，探个究竟，用铁镐撬出一个岩洞，渗水改成了滴水。水量不大，我们计算了一下，一个小时可以积一盆，水质清亮。找来几个人，在滴水处掘出一个储水的坑，当即决定由两位女同志轮流值班看管水源，不供个人，只供食堂，积够一水车即拉回驻地，24小时可拉4~5车，解了燃眉之急。食堂也恢复了每天向女同志供应一暖瓶开水的惯例。这样缺水的苦日子持续到秋雨时。一个十分不起眼的小水源，成了全连名副其实的活命水。

十二、动员迁址

1972年元旦刚过,干校动员搬迁,理由有两条:一是为了方便管理,二是新校址条件好。

大家忙着准备搬迁,也没忘了过好在"五七"道路上的第三个春节。由于种种原因,年前聚在晒谷场吃年夜饭的只有百十来人。大年初一,吃过韭菜(自种)猪肉馅的饺子,我和刘普仑等四五个人挑着两箩筐馒头、花卷和糖三角,去邻村拜年贺新春,同时看望连队散居在该村的同志。我们一进村,受到村民的热情欢迎,村长简短说几句话后即带人分送我们带去的礼品(老乡极少接触过这样的面食,拿着馒头等先供祖先),其余的人围着我们聊家常。这般场景与我们初到龙陂时截然不同。当初,路上碰到老乡,他们都不用正眼看我们一眼便绕道走。村民说,"当时我们以为你们是被押送的劳改犯,但看你们文文静静的,有的还带着孩子,不像是坏人。后来看你们劳动不要命似的,无论是刮风还是下雨,我们都不出工了,你们照样劳动,不太理解。"说起住在他们村的连队住户时,老乡们都伸出大拇指,说他们待人接物知书达理,除了参加一些力所能及的劳动外,平时还辅导村里的孩子念书。慢慢地,老乡们知道我们是北京来的文化人,是响应国家号召来到这里的。一些年轻村民说,"跟你们接触多了,对外界有了更多的了解和认识,开了眼界,现在村里的孩子都知道要更努力读书了,立志要考出去,去看看外面的世界。"也有村民说,"你们来了三年多,使这一片农村有了新气象。"老乡实实在在的夸奖,使我们汗颜。其实我们向老乡学习劳动技能和技巧等众多的农业生产知识,感受到淳朴的民风,受益良多。不知不觉天暗了下来,老乡争着拽我们去家里吃饭。最后是村长给我们解了围,说已在村祠堂设了便饭,由年长的村民代表陪我们共度佳节。告别时,村长代表全村回赠了两箩筐老乡们自己制作的江西特产米花糖、一坛家酿米酒和十几斤野猪肉,送我们出了村。

过完春节,我带三连先遣队赴新选的五七干校校址,做安置连队的前期工作。

难忘江西省峡江县仁和公社龙陂五七干校的山山水水!

作者简介：

　　章锦统，男，汉族，浙江人，1937年12月出生。1956年考入北京地质学院，1960年8月毕业留校工作，在矿床教研室从事矿床学和包裹体学的教学和研究工作，副教授，1996年2月从地大（武汉）资产公司退休。

北京地质学院南迁回忆：丹江口五七地质队

胡旺亮

一、1969年建队，1972年撤队

1968年，在当时的形势下，摆在北京地质学院面前的问题是向何处去，离开北京是肯定的。1968年10月5日《人民日报》头版发表了毛主席对《柳河五七干校为机关革命化提供了新经验》一文的指示："这对干部是一种重新学习的极好机会。"自此，走"五七"道路成为知识分子追求的目标。当时学校由中国人民解放军空军学院派出的军宣队领导，军宣队将学校人员一分为三：一是去江西峡江五七干校；二是去湖北均县（今十堰丹江口市）丹江口五七地质队，带领1969届、1970届学生到江西909队等单位对口劳动，然后就地毕业分配；三是带着学校的物资设备南迁到初步选定的新校址湖南石门，然后迁到湖北荆州。同时，将北京地质学院改名为湖北地质学院，相应的地质队改名湖北地质学院五七地质队。

1969年夏末，五七地质队宣告成立，成员由军宣队会同学校有关人员商定，原则是身强力壮、家庭负担轻、工作能力强。五七地质队的军宣队成员陈田和张苗生为负责人。陈田将所有业务人员集中起来进行学习，讨论如何办好五七地质队。他还分别找每位成员交谈，谈完后还要一些人写书面材料，然后综合大家意见制订了五七地质队的办队方案。总的目标是到生产实践中去学习、锻炼，探索教学改革的内容和方法。该方案受到与会的军宣队指挥长和大家的好评，会

后立即准备执行。

去五七地质队的人员都是军宣队选的,当时有人坚决要求去干校,因为地质部有政策,去干校可以把分居在外地的配偶一起调动。当时军宣队张苗生同志承诺,进北京不容易,可设法把配偶调到丹江口五七地质队。后来,我和杨巍然、邹海卿、张文淮等人的爱人都调来丹江口。军宣队陈田、张苗生和大家一起去丹江口,白手起家建起了丹江口五七地质队。

北京地质学院丹江口五七地质队的性质是中央派来支援三线建设的县团级组织,代号"309",行政上直属湖北省郧阳专区领导,生产上归属湖北省地质局领导,队内由湖北军宣队领导。开始未设队长,也无技术负责人,军宣队后来任命王良为队长,杨巍然为技术负责人。

当时,湖北省地质局韩副局长来电话,要队上派几位业务骨干去武汉,先查阅有关湖北的地质矿产资料,然后与局有关人员交谈五七地质队承担的生产任务等问题。队上委派陈田带队,霍承禹、彭志忠、杨巍然等前往武汉,历时一周,初步确定在郧县和均县各选一矿区进行普查勘探,具体地点和矿种自定,上报批准后执行。

五七地质队的二级组织中,政工组组长为冉宗培,后来更换为方玉禹,成员有乔民远等。生产组组长为郑田庆,副组长为刘庆余,成员有杨巍然、王学良等。后勤组组长为陈宝铭。丹江口五七地质队主要人员有近130人。

1969年上半年,开始筹建丹江口五七地质队,总负责人是军宣队陈田,北京到丹江口搬迁工作由郑田庆负责,胡旺亮协助统计安排家具等物资分批用火车送往丹江口。

1969年7月,由郑田庆带队,韩国筠、陈宝铭等先遣队员到丹江口,安排大批人员来丹江口后的住房分配等事宜。8月,第一批人员从北京出发到武汉,接着换乘火车去丹江口。当时交通混乱,购票困难,只买到4张到丹江口的卧铺火车票,杨巍然把下铺、中铺分配给带小孩的赵仑山、吕瑞英,两张上铺给带有稍大孩子的贾精一和邓长久。

在丹江口,五七地质队入驻湖北省原水文地质队旧址。该房屋年久失修,阴暗潮湿,大多漏雨,环境极差。当时,丹江口生活物资供应极其缺乏。我们全队200多人挤住在这里,生活条件十分艰苦,尤其是双职工,两人同时出野外,孩子只能托管在幼儿园。一次吕瑞英回来办事,见到两个孩子一个高烧不退,一个满身疥疮,孩子抱住她的大腿大哭不放。在极其困难的条件下,大家同心协力勤奋工作,努力完成了各项任务。

当时的五七地质队不是单纯的生产队,也不是教学实习队、生产实习队,更不是科学研究队,而是以培养无产阶级革命接班人为目标的教学、生产、科研相结合的教学改革实验基地。陈田召集大家献计献策,组织大家讨论五七地质队如何将教学、生产、科研相结合,如何办好五七地质队,最后责成杨巍然将大家的意见汇总。随后,在食堂召开大会,陈田向全体人员进行宣讲,会后便分头开展实质性的工作。大部分业务教员出野外进行群众报矿活动,并寻找教学、生产、科研"三结合"基地。

五七地质队初步确定均县杨家堡以钒为主的多金属矿床和郧县郭山铁矿为"三结合"基地。经过慎重讨论决定,1971年设立"地质找矿""矿产勘查"和"金属物探"专业,招收3个教学班。

不久,中国人民解放军空军学院的军宣队撤回,改派湖北军区的冯代表、戚代表等3人的军宣队。湖北军宣队组织观念强,到丹江口后即派戚代表和杨巍然到湖北十堰郧阳汇报五七地质队的全面情况,再到湖北省地质局汇报有关五七地质队的性质、任务、生产的初步方案和生产教学的准备情况。他们二人与湖北省地质局进行了广泛的讨论后,确定以均县杨家堡钒矿和郧县郭山铁矿为"三结合"基地。后来由湖北省地质局下达了具体任务,原则上给我们的储量任务和工程量比一般地质队少,但各种规格要求不能降低。这样,我们既当工人和技术员,又当教师和科研人员,一切都按部就班摸索着前行。

1970年底,各项准备工作在极其困难的条件下基本就绪,学生住房和教室初步建成,教材、教具、标本、仪器大致配齐,教师备课紧张地进行着,队里派出教职员工到湖北各地招收工农兵学员。

1971年初,108位工农兵学员到丹江口五七地质队报到,正式入学并开始上课。上课一周后,冯代表发现学生看毛主席著作较少,看业务书较多;唱样板戏的少,念ABC的多……于是决定停课讨论。要求结合实际讨论清楚"什么是毛主席革命教育路线,什么是资产阶级教育路线",讨论了整整一周。冯代表与杨巍然发生了分歧与争执。

不过,杨巍然仍然非常感谢冯代表。1972年6月,当冯代表得知杨巍然的爱人韩郁菁怀孕,仍还在南京带学生野外实习,他便让郑田庆立即把韩郁菁换回来。第二天晚上打电话问换了没有,郑田庆说已和校本部联系派人来换。冯代表命令郑田庆先把韩郁菁撤回来。当韩郁菁从南京坐船到武汉时,是用担架抬下船的,最后保住了她高龄怀上的独生子。

1972年,高元贵院长来丹江口视察,食堂准备了丰盛的饭菜,教职员工全体到火车站热烈欢迎。高院长向大家宣布中共湖北省委的三项决定:①江陵不适合教学,另找校址;②地院教职员工现在分散在全国七八个地方,要在武汉、北京、江陵三地集中;③迁校期间,仪器、设备等受损严重,要运到北京维修,业务人员也应提高从事教学科研工作的水平。湖北省委的决定得到大家热烈拥护!

这样,五七地质队的大部分教职员工即返北京,少数坚持完成生产任务后再回北京,学生先到江陵,后到北京,转由学校统一安排、管理,直至毕业。

教职员工回到北京后,学校安排他们住在北五楼学生宿舍,每户一间。当时中国人民解放军新兵正驻扎在北五楼,得知教职员工从丹江口回来要住,他们立即撤出,打扫干净后让教职员工住进去,一直住到1976年夏再次离开北京迁往武汉为止。

现在看来,丹江口五七地质队在艰苦的条件下,在各方面取得的成绩是显著的。它作为教学、生产、科研"三结合"的基地,还是有许多优势的,值得进一步总结,但作为独立进行教学的单位,显然缺乏必要的条件和基础。

二、教学改革

(一)"地质找矿""矿产勘查""金属物探"班

为落实工农兵学员上大学政策,学校要求五七地质队招收"地质找矿""矿产勘查"和"金属物探"专业各一个班,学制三年。套用军队编制成立三个连,一连为"地质找矿"连,连长关康年;二连为"矿产勘查"连,连长霍承禹;三连为"金属物探"连,连长方玉禹。1971年初学员要进校,遇到最大的问题是没有上课的教室,大家就自己盖房子,加班加点地干。令人感动的是,附近居民也主动来帮着搬砖搬瓦,终于在学员进校前盖了3间教室。开始上课时,墙壁还没有完全干透。

学员是由各地方选派来的,有的是野外地质队的一线地质工人,有的是农村知识青年和城市上山下乡知识青年,文化程度参差不齐,多数是初中文化水平,有的只有小学文化水平。老师们要因人施教,非常耐心地讲授和辅导,对于文化程度特别低的学员,更要反复讲授。有的学员学习困难,缺乏信心,说"拿笔比拿钻头还重,还不如回去打钻"。老师们帮助他们树立信心,努力学好知识。也有学员认为自己是来"上大学,管大学"的,对老师挑剔,不够尊重,老师们还得教育这些学员尊重知识,珍惜难得的学习机会。总的来说,绝大多数学员是刻苦学习、尊重老师的,师生关系是融洽的。学员经过3年多的学习,获得大专学历,毕业后走上新的工作岗位。毕业生中多人留校,其中姚书振和爱人王苹是"矿产勘查"班学生,赵温霞是"地质找矿"班学生。

教学改革主要是要结合生产实际,派教师去江西908、909地质队访问取经、收集资料,回来后制订教学计划。将群众报矿作为教学内容列入教学计划;编写教材《综合找矿》,开设综合找矿课程;总结新的找矿类型,编写教材《矿床学》等。

(二)叶大煤矿煤训班

叶大煤矿地处陨县与竹溪交界的国家三线建设地区。叶大煤矿缺乏地质人员,要求我们办培训班。我队派出以煤田地质专业为主的教师组成培训组,主要对学员进行煤田基本知识和野外基本地质工作方法的训练。教师们进矿后借了老乡一间约20 m²的牛棚,清理干净后住下。房子四面漏风,还没有门板,大家就上山砍竹子编篱笆挡风。冬天没有火炉,大家就自己垒个煤火炉取暖。短期培训任务是在非常艰苦的生活条件下完成的。

(三)枣阳鹿头,湖北省地质局十二地质大队工人培训班

应湖北省地质局十二地质大队要求,我们于1971年6—7月在队部枣阳鹿头举办了一期工人培训班,这是一项政治性极强的任务。当时派出张文淮、陈紫英、黎美华、贾精一、胡旺亮等地勘专业教员前往。他们从2月就开始阅读大别山地区的地质矿产资料和准备教学需要的岩矿石标本。在极短的时间里,要教会工人,使他们快速入门地质学科,怎么教是个大问题。十二地质大队地处大别山,这个地区分布的是古老变质岩,在这里勘查找矿碰到的都是变质岩,而要学生入门,首先要建立地质时空观,从沉积岩、地层知识着手。是先教沉积岩,还是先教变质岩？教员中两种意见争执不下。其实，工人要在一个多月的时间里学懂地质学科，领导地质学科几乎是不可能的。

培训班开班后，举办了各种讲座：6月11日，陈紫英讲"接触热变质作用及其产物"；6月23日，贾精一讲"断裂与矿床关系"；6月28日，队上的王琦同志讲"吴山铜钼矿矿区地质"；7月3日，汪振时讲"勘探规范的破与立问题"；7月10日，队上的张扑同志讲"吴山矿区填图要求"；7月16日，胡旺亮讲"找矿与勘探"；7月19日，十二地质大队传达国家计划委员会崔波同志指示"……地质院校要赶快招生，不要关门搞'斗、批、改'，现在32岁以下的地质干部没有了，搞地质总要爬山，爬山要体力，人老就爬不动了……要马上招生。"

三、生产活动

丹江口五七地质队的生产活动归湖北省地质局管辖，所以要接受局里下达的生产任务。当时五七地质队队长是王良，技术负责人是杨巍然。

我们到丹江口后，首先，发动群众报矿，踏勘郭山铁矿和杨家堡煤矿。同时，队上组织地勘人员对均县、郧县、郧西三县的地层、构造进行踏勘练兵。当时，大家把目标集中在找铜矿上。

当年的生产任务确定为对郭山铁矿和杨家堡含多金属元素煤矿进行初步勘探，并在区域内为进一步找矿进行矿点检查。湖北省地质局下达了槽探、钻探工程量及要求提交C1、C2级储量等指标。杨巍然等回丹江口后即开始安排生产任务。

（一）对郭山铁矿进行初步勘探

经过踏勘、物探、取样等工作后，确定郭山铁矿为磁铁石英岩铁矿，决定采用钻探工程技术进行初步勘探。到1972年底撤队时为止，已获得C1＋C2级铁矿石储量数百万吨。在勘探过程中，所有工作（钻探、槽探、物资运输等）都由教职员工自己完成。当时公路只能通到郭山，进矿区还有几里山路，钻机及钻井设备运不进去，大家自己动手修建简易公路，把钻机设备等材料运到矿区，保证按时开钻。

（二）将杨家堡煤矿变成了杨家堡钒矿

杨家堡矿是怎样发现的？杨巍然、彭志忠等人带了一些矿石标本在均县习家店镇发动群众报矿。他们住在镇招待所,看到在伙房外堆放有燃烧后的石煤渣,发现煤渣中有颜色鲜艳的表生矿物,判断可能含有铜。杨巍然问清楚石煤来自杨家堡煤矿后,挑了一大块颜色鲜艳的煤渣带回丹江口,当时特别想找到铜矿,来个建队开门红。到丹江口后立即请化学分析的杨博光、杨德林分析,分析结果是钒、铜含量都很高。第二天,杨巍然就组织人员去杨家堡煤矿,现场检查后确认是寒武纪地层底部石煤,在石煤层上刻槽取样,送回丹江口分析,结果发现 V_2O_5 含量很高,从而确定主攻找钒矿。钒是当时国家的稀缺矿种。

随后立项,集中地质、物探、钻探力量对杨家堡矿区的甲工区进行勘查工作。胡旺亮等填制比例尺 1∶5000 矿区地质图,张爱云等进行详查设计,勘探工程深部以 400 m×300 m 间距布置钻孔,地表勘探线上布置 50 m 长的探槽揭露煤层,刻槽样取样规格 100 cm×8 cm×5 cm,钻孔岩芯样样长 1 m,劈一半,边界品位 V_2O_5 为 0.5%,最低品位为 0.7%,可采厚度 1 m,最大夹石 2 m。探工系教员和刚留校的"新工人"是钻探工、槽探工,后来请了一些河南民工挖探槽。张爱云、师其政等负责施工质量管理,他们坚守钻台槽边,及时分析研究。通过扎实的工作,逐步搞清楚了黑色岩系的层序、钒矿层的层数、矿体位置和品位、矿层对比标识和构造特征,最后获得了可观的 C1、C2 级钒矿储量,确定了杨家堡矿是一个以钒为主的多金属大型矿床。精细的地质工作得到了高价值回报。

与此同时,以许国镇为首展开了土法提钒试验。许国镇和煤矿工人师傅一起土法上马,先将石煤燃烧利用其热量,然后将煤渣磨细,用化学方法提取五氧化二钒(V_2O_5)。尽管设备简陋,但通过瓶瓶罐罐试验,他们竟然成功提取出了纯度达到国家二级品要求的 V_2O_5 产品。提钒成功后即开始提钒生产,取得了可观的产量。由于石煤提钒成功且可进行生产,1972 年 7 月 26 日湖北省正式将杨家堡煤矿改变为杨家堡钒矿,由湖北省冶金局管辖。

(三)矿点检查

1971 年 11 月—1972 年 5 月,以胡旺亮为首的普查组在鄂西北山区进行矿点检查。检查发现:郧县有庙川煤矿;郧西有黄云、杨家沟、驴子沟滑石矿,黑沟、马家沟铁矿;均县有吴家槽、柳扒沟、齐家垭、小沟脑、马坡水晶矿。

我们本着为地方服务的精神,为武汉牙膏厂找到了可供开采的矿物原料。当时武汉牙膏厂是从外省购买原料,购买和运输都有困难。丹江口五七地质队矿点检查组很快就找到了质量、储量都符合他们要求的矿物原料,无偿地交给他们去开采。

在矿点检查过程中,大家都很重视群众报矿的宣传工作,这不仅是我们找矿工作的需要,也对群众普及找矿知识有很重要的意义。有老乡就说,他们曾挖到大个的水晶单体,不知其价值,而将其砸碎后当石英原料卖,听了我们宣传后很是后悔。

四、科研探索

我们发现杨家堡煤矿含钒,使石煤矿提升为钒矿,进而提炼出 V_2O_5,缓解了国家每年需要大量进口 V_2O_5 的局面。

1970 年 9 月,我们发动群众报矿时得知杨家堡有个正在开采的小煤窑,踏勘后认为这是一个石煤矿,煤质差,但有热液迹象和绿色、白色表生矿物,显现含钒、铜等矿物。队上立即成立研究小组,彭志忠负责研究石煤中的原生、热液和表生矿物,许国镇负责从石煤中提取钒的试验研究。另外,杨巍然对控矿构造、张爱云对黑色页岩中钒的赋存状态等专题进行研究。

(一)彭志忠负责的矿物研究

从找矿角度出发,杨家堡石煤中含钒矿物的发现和研究有很大意义,既能指示找新类型钒矿,又能发展找矿矿物学学科,同时又有可能发现新矿物种类。彭志忠投入极大精力进行研究,他利用回北京出差的机会,在杨巍然的支持下,延长出差时间,到学校探针室、X 射线室进行晶体结构研究,该研究成果为判断杨家堡是否是新类型的大型钒矿提供了依据。

为了向上级汇报,大家写出初步成果的论文《某地含钒石煤中的矿物》《土法从石煤提炼五氧化二钒》,以"湖北地质学院五七地质队"冠名发表在内部刊物《煤田地质情报》1972 年第六期上。该文认为石煤中含钒矿物,其中,铬钒石榴石、钛钒石榴石、砷-钡钒铜矿物,以及含铜矿物中的富锌砷黝铜矿都是暂定名矿物,它们进一步被研究后可能会发现新的矿物种类。

撤队回北京后,彭志忠继续研究发现了两个新的矿物种,当时苏联亦在研究的发现过程中,我们的发现没有被国际承认,彭志忠说是因为当时发表的期刊是内部刊物。无论结果如何,彭志忠对杨家堡矿的矿物研究是可载入丹江口五七地质队史册的。

(二)许国镇负责的提取钒试验研究

1971年7—10月,许国镇在丹江口队部化学分析室用直接化学湿法石煤钠盐氧化焙烧—浸出—沉钒,成功地从石煤中提取出V_2O_5,转化率为60%。

1971年11—12月,许国镇到杨家堡矿区,与矿上干部、工人"三结合"开展现场土法提取钒试验,以石煤作燃料,石煤渣为原料,在席棚里用简易的设备,克服了种种困难开展土法试验并取得成功,产品质量符合国家标准要求,生产规模不断扩大。1971年11—12月生产V_2O_5 3 kg;1972年生产V_2O_5 109 kg;1973年生产V_2O_5 500 kg;1974年生产V_2O_5 500 kg;1975年1—8月生产V_2O_5 2000 kg。1975年8月发洪水,生产设备被淹而停产。这期间,所生产的产品销往黑龙江、吉林、上海、湖北、河北、四川等地,用于化工、冶金行业及其科研。

石煤提钒的成功得到国家重视和支持。1972年初,均县煤炭局局长带队,组成汇报团向湖北省冶金局、燃化局和地质局汇报工作,五七地质队派彭志忠、许国镇参加,携带提炼出的V_2O_5样品和已发表的论文《某地含钒石煤中的矿物》、《土法从石煤提炼五氧化二钒》(《煤田地质情报》1972年第六期)等资料。我们的汇报得到了重视和支持,尤其是冶金局姜应昌工程师准备拿我们提炼出的V_2O_5样品在即将召开的冶金部全国计划工作会议上向中央汇报,以缓解国家因缺少V_2O_5而需要每年大量进口的不利局面。

1972年,冶金部全国计划工作会议后不久,冶金部钢铁司派张爽工程师来杨家堡矿考察研究,和土法炼钒工人张荣贤,五七地质队许国镇、师其政等座谈后,表示准备立项支持。当时获得冶金部支持的县级企业只有两个,一个是湖北均县杨家堡钒矿,另一个是包头东风稀土矿,可见当时冶金部对杨家堡矿的重视。从那以后,冶金部共向杨家堡矿投资200余万元,使提钒生产规模不断扩大。

1974年,湖北杨家堡钒矿提钒研究被列为冶金部重要科研项目,8月湖北冶金局召开杨家堡钒矿提钒试验方案座谈会,会上确定湖北地质学院张爱云负责"矿石物质组成元素赋存状态研究"、许国镇负责"水冶提钒流程试验"项目研究工作。

1974年以后,我校许国镇、王云龙、黄素媛3人前往上海第二冶炼厂和湖北省地质实验室等单位进行密切合作,经过两年的共同努力,完成了三项试验:其一为杨家堡钒矿主要工艺条件的试验(1974年3月完成);其二为湖北省均县杨家堡含钒碳质页岩提钒液流工业试验(1975年1月完成);其三为湖北省均县杨家堡钒矿半工业试验(1975年10月完成)。试验的成功为含钒碳质页岩利用和寻找新的钒矿资源闯出了一条新路。研究成果《新型钒矿资源利用》获1978年全国科技大会奖(008621号)。之后,石煤提钒研究一直没有中断,许国镇等以国家自然科学基金项目的形式继续研究,直到20世纪90年代末。

(三)杨巍然关于箱状褶曲和钒矿的研究

杨巍然在杨家堡矿区工作时,发现含钒煤层分布很广,层位稳定,厚度变化较大,有时含矿段在200多米范围内。他认为这种变化除沉积因素外,主要是和后期的构造有关。区域构造特征研究显示有明显的箱状褶曲,而箱状褶曲和钒矿的分布和富集有着一定的关联。首先,箱状背斜控制着矿层的厚度,现在的很多采坑就是一个个箱状背斜,老乡称之为"乌纱帽(指箱状背斜)下有宝",如甲区箱状背斜中含矿层厚30多米,矿层厚度为16.7m,而一般地区含矿层厚度为20多米,矿层厚度平均为8.74m,这是构造变动引起的膨缩作用与揉皱作用所致。其次,矿层有用元素富集与热液石英脉有关,含石英脉多的矿石中,V_2O_5含量增高,石英脉是寻找富矿的重要标志。而石英脉的分布与小褶曲有关,小褶曲的发育受箱状褶曲构造部位控制,在箱状褶曲缓翼肩部位是小褶曲最发育地段,这里矿层厚、品位高、伴生元素丰富。同时,由于代表"弱岩层的组"的含矿岩系和矿层在这一带强褶皱并向上拱起,矿层出露位置较高,也便于开采。杨巍然在中国地质科学院主办的期刊《地质科技》1978年第一期上发表了《湖北某地含多元素黑色页岩建造的箱状褶曲特征及其找矿意义》,论文图文并茂。

(四)张爱云首次发现早寒武世脊索动物门被囊动物亚门的尾海鞘化石

丹江口五七地质队撤回北京时,张爱云从杨家堡带回了30多箱标本准备进行研究。但当时学校实验室被毁,她在化学楼四层借了一间房,设法借来一台学生实习用的老显微镜,没有蒸馏水就到浴池去买。但是,由于没有暖气,烧杯冻裂,溶液全毁。她就在这样的条件下,克服一个个困难艰难前行。1973年她和许国镇一起承担了冶金部重点科研项目,进行含钒石煤物质成分与钒的赋存状态以及提钒工艺流程的研究。其研究成果《新型钒矿资源利用》获1978年全国科技大会奖(008621号)。1981年至1985年,张爱云承担地矿部重点科研项目"中国南方早古生代黑色页岩建造地球化学特征及成矿意义"。研究中首次发现并公布了早寒武世脊索动物门脊椎动物亚门的尾海鞘化石。此化石的公布引起了国际地学界和生物界的震惊和广泛的学术讨论,被认为是一份珍贵的科学记录。彭志忠、许国镇、杨巍然、张爱云等老师从地质构造、物质成分、含钒矿物、钒提取等方面进行研究,取得了可喜的成果。

五、写在最后

在丹江口五七地质队的岁月虽然生活艰苦、任务繁重,但大家都精神饱满、充满活力,自发地组织京剧组、舞蹈组,经常开展活动。大家注意搞好和当地群众的关系,尽力融入当地社会。"八一"建军节时,为了慰问驻守丹江口大坝的驻军,京剧组排练了京剧样板戏《智取威虎山》在均县礼堂演出,很受当地群众欢迎。为了这次公演,京剧组的师生十分努力,没有道具就因陋就简自己做。例如,没有东北的毡子靴,就用长筒水靴刷上一层白石灰代替;没有皮袄,就买了两张兔皮,在夹衣、背心的领口和袖口上缝上一条兔皮,毛露在外面,给人的感觉还不错;没有布景材料,就将早年报废的单人雨衣脱胶清洗后使用。这次公演大大提高了丹江口五七地质队的知名度。当地组织和群众对我们也很友好,我们有困难也能得到他们的帮助。有一次,老师在野外工作时,因中暑倒在山上,昏迷不醒,必须立即送回丹江口抢救。汽车到丹江口水库北岸,没法过江。我们请丹江口轮船公司帮忙,他们立即用拖轮套上一条大驳船,将汽车拉过江,挽救了这位老师的生命。

总之,丹江口五七地质队虽然存在时间短,但在那艰难的特殊年代,大家能团结奋斗,为培养人才、为生产科研尽心尽力,尽职尽责,为学校发展做了有益的工作。

2019年8月,胡旺亮等重返丹江口,发现今非昔比,丹江口已升格为丹江口市,是南水北调中线工程的起点。走上大坝北望,一片开阔水面,当年的习家店、杨家堡矿、均县都已经深藏湖底。48年前我们来到丹江口,首站进行群众报矿的习家店镇共有789户3526人,现已全部迁至荆门市屈家岭5个安置点。我们走访了当年丹江口五七地质队驻地,几排旧平房尚在,住着几位老人,房屋已破烂不堪。当年丹江口五七地质队有几个新生儿,他们诞生在驻地隔沟西邻的职工医院。医院当年简陋的平房现已成为现代化高楼大厦并改名为汉江医院。丹江口大坝、两座汉江大桥和四星级酒店已使丹江口成为一个旅游新城——水都。

在丹江口3年多的日子里有太多的回忆让人难忘!

作者简介:

胡旺亮,男,汉族,1937年2月14日出生,1960年9月北京地质学院地质测量与找矿专业毕业后,继续在找矿勘探专业进行研究生学习,1964年1月毕业留校任教。教授,博士生导师,长期从事找矿勘探、矿床统计预测和数学地质的教学和科研工作。

附:图片9张。

1971年，池际尚老师来丹江口视察

1971年11月，队员们手选钒矿石

1971年11月，队员正在土炉瓦片上焙烧

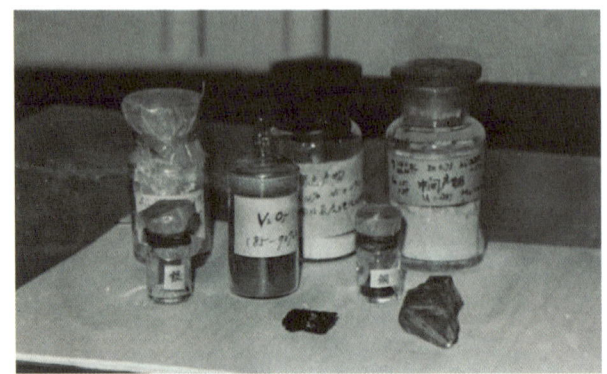

1971年11月,从石煤中提取的五氧化二钒和银、铜

1971年,丹江口五七地质队队员正在野外考察

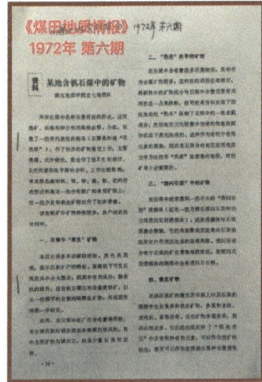 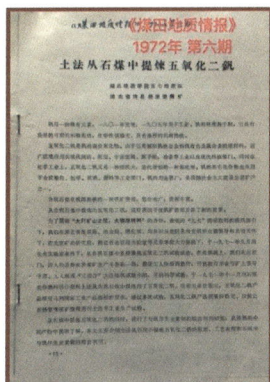 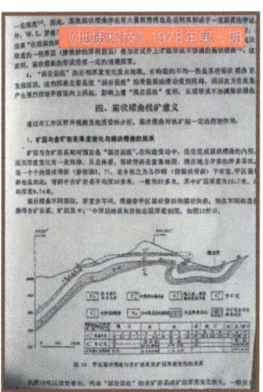

湖北地质学院丹江口五七地质队研究成果

1985年3月13日，彭志忠参加提钒课题鉴定会

2019年8月,重返丹江口五七地质队驻地旧址

2019年8月,重返丹江口五七地质队驻地旧址

忆湖北地质学院为空军代培的工程地质班

凌敬升

中国地质大学的前身是1952年由北京大学、清华大学、天津大学和唐山铁道学院等院校的地质系（科）合并组建的北京地质学院，1960年被中央确定为全国重点高校。"文化大革命"时期外迁。1975年整体迁至武汉，更名为武汉地质学院。1987年，国家教委批准武汉地质学院更名为中国地质大学，在武汉、北京两地办学，总部设在武汉。2000年，进入教育部直属高校序列。

1969年11月，在"要准备打仗"和"五七干校好"的指示下，北京地质学院1000多名教职员工奔赴江西峡江县仁和公社龙陂村五七干校"劳动锻炼"。农林口、公交口许多院校急急忙忙策划外迁，北京地质学院当然不能幸免。先在近山处找，希望交通方便点，所以最先选址在湖南石门（离张家界不远）。后来又到鱼米之乡的湖北江陵，并将校址定在荆州城东门外荆沙城边，离荆州、沙市分别3 km以上的原地质部石油第五普查大队队部旧址。

湖北地质学院在江陵建校后就准备招生，因此从干校调了不少人，我是1970年10月2日到江陵报到的。学校体育活动很多，乒乓球、篮球几乎天天打，还和江陵城里的一些单位进行比赛，带头人是体育教研室的尚子平。当年还参加了当地组织的"7·16"横渡长江活动。凡在游泳池内能游500 m的人，均可报名参加。7月16日那天，我们从荆江分洪纪念碑亭乘船至江南岸下水，30多分钟后游回到沙市岸边，这是我第一次参加横渡长江。

湖北地质学院正式招生是在1970年底，先是在湖北丹江口开设两个专业共招三个班，一个物探班，两个综合地质班。1971年在江陵开设两个专业共两个班,即工程地质班和石油地质班,工程地质班是为空军代培的;1972年又招了两个班——英语班和地质力学班。根据毛主席指示"要准备打仗""深挖洞,广积粮,不称霸",要把飞机藏在山洞里,就在山里打飞机洞库。由于缺乏人才和经验,打洞过程中,有一些人员伤亡,浪费了许多人力、财力。空军后勤部求助于地质学院,可是地质学院已经不在北京了,于是湖北地质学院为空军代培了一个工程地质班,又叫空军班。

空军班教学的第一站是湖北京山水泥厂(1971年7—10月),它坐落在惠亭水库旁。第一站的任务是进行基础地质教学。该地的水库旁露头上佳,化石丰富,下古生代剖面典型,奥陶纪的角石、志留纪的笔石比比皆是,寒武纪的三叶虫也有不少,给初次接触者留下深刻印象。在老师的带领下,空军班学员都对地质学科有一个初步的认识,并通过上基础课丰富了地质知识。但由于学员的文化程度差别大,老师教起来有些吃力。我们离开学校,离开城市,独立开展工作,但生活也丰富多彩。水泥厂离县城大约有1.5km,每星期组织一次看电影,作为集体活动,人人都要参加,我们排好队,齐步走,在县城成为一景。

空军班的第二站是小北门(1971年10月—1972年2月)。说是小北门,实际上是荆州城内小北门的一所学校,我们吃、住、上课均在那里。在小北门的主要任务是上基础课和地质基础课。由于学员的文化程度差别很大,高中毕业生和初中、小学毕业生一起上课,如何安排教学进度成为一个大难题,尤以数学老师苑金臣最突出,他经常在课后给几位学员补课,好在学员都很努力,一段时间之后还是大有进步。同学们毕业后还记得这位诲人不倦的老师。

这段时间,我除了上课还做了两件事。一是让学员认识他们的主要任务是学习科学知识,不是"要准备打仗",而是"上大学";而"管大学、改造大学"非一己之力、一时之力可以完成。其实大部分学员都热心于"上大学",只有个别同学热衷于"管、改",和他们谈了话就基本解决了,至少他们不再提及这事儿了。二是要将纪律和自由结合起来,当学生了,仍是当兵的,要严格遵守纪律,但当学生和当兵也有所不同,学习要靠自己掌握,大集体下小自由,不能要求所有活动一个不落。

我们这个班由于具有特殊性,供应粮、油、肉比较多,算是吃得比较好的,还经常包饺子(我就是在这里学会包饺子的),这引起同住的石油班少数学生的议论。正好他们的政治老师上课讲到"人活在世界上首先要解决吃、穿、住、行",学生们认为这是"修正主义"观点,通过他们的老师告到军宣队李指挥长那里。李指挥长问我,我拿着书告诉他这是马克思的原话,这才平息了一场风波。

空军班的第三站是武汉水利电力学院(1972年3—8月)。该校当初是从武汉大学分出来的,综合实力在湖北排名第三,仅次于当时的武汉大学和华中工学院。当时他们也只招了很少的学生,校舍基本闲置,所以把最好的一个学生宿舍——留学生楼二号楼,借给了我们(这时我们学校的干校正由江西峡江迁到湖北沙洋)。该楼外墙很厚,阳光射不透,夏天没有空调也能过得去,睡觉时不至于汗流浃背。

在武汉水利电力学院这段时间主要是学习有关专业课,并借他们学校的实验室做一些实验。此时湖北省给学校派了两位领导,一位是老红军朱见香,江西永新人,当副书记;另一位是徐新甫,当副院长(此时军宣队已"淡出"),他们专程到水电学院看望空军班的学员,并在水电学院的接待室接见了我们几个班的负责人。我们也简要地汇报了一些情况,主要是讲学员学习很努力,老师工作也很认真,再就是衷心感谢了水电学院的同志们。

空军班的第四站是我们的摇篮——周口店(1972年8—10月)。空军班的学生是"文化大革命"期间第一支到周口店实习的学生队伍。周口店对于空军班来说,确实起到了摇篮的作用。学员以强烈的求知欲首次"登门",得到周口店的热烈拥抱,并敞开胸怀,哺育着这批虔诚的儿女,老师们尽心尽力,学生们不怕劳苦,为将来的地质学习和研究打下了坚实的基础。

空军班的第五站是北京地质学院原址。我们是1972年10月下旬从周口店回到学院路、成府路那个学校的,受到留守处同志们的热烈欢迎,他们让我们教师有房子的回家,没房子的全部住在学九楼4楼(我住在410,一直住到1975年11月去武汉),让学员住到教六楼,上课也在教六楼。我们大概是第一个回北京地质学院上课的湖北地质学院的学生班。

在北京上课基本上都是专业基础课和专业课。任课老师是水文地质教研室和工程地质教研室的同志们,由于"文化大革命"以来他们长期脱离业务,此番有了用武之地,故而老师们特别卖力,学员们也受益匪浅,为今后在工作中施展才华打下了坚实的专业基础。

在上专业课的同时,上级于1973年和1974年安排学员们两次去中原某地区修的洞库实习。理论和实践相结合,学员们在业务上和思想上都有很大收获。

空军班毕业时间是1974年8月,从1971年7月湖北京山惠亭水库旁水泥厂算起,也就三年时间。但由于没有正规的寒暑假,三年里放假时间很短,实际学习时间超过七个学期！本科应学的课程基本上都学了足够的学时,教学实习、生产实习也比后来的四年制学生只多不少。

同学们的毕业证是由湖北地质学院发的。毕业留念的照片上,在北京的领导们几乎都在座,其中有院长高元贵,书记王焕,副书记聂克,还有李武元、王良、刘普伦,还有教务处处长布砚田,水文系系主任王大纯以及王兆姬等。与院长、书记同坐的是空军部队的几位领导,说明学校对这个空军班是很重视的。

学员们毕业时,学校是湖北地质学院,可他们主要的、稳定的学习地点(占2/3)和毕业地点都在北京,所以在他们的心中,北京地质学院是母校。2014年7月正值他们毕业40周年,他们选择在北京聚会。

刚毕业时,多数同学回到部队从事和专业有关的工作,后形势有变,没有那么多飞机洞库要修,转行转业在所难免,所幸他们学业有成,在部队和地方都发挥了重要作用。

凭记忆说历史,肯定存在片面性,还有许多方面在别人的记忆中,但只要是事实,它就是北京地质学院历史上一个小的片段,是不应该被忘却的。

作者简介：

凌敬升,男,汉族,祖籍江苏,1935年3月出生,1951年9月参加工作,中共党员,教授。中国人民大学读研三年,1962年回校任教。曾任哲学教研室主任、政治教研室副主任,社会科学系副主任,校优秀教师。1995年8月从文管学院退休。

在湖北地质学院从事教学的那些日子

喻学惠

一、初到江陵

湖北地质学院坐落在湖北江陵与沙市间一条东西向的公路边,这里原来是地质部石油第五普查大队队部旧址。大院的大门朝南,从正门进去20多米处,是一栋三层的学院办公楼,办公楼的西侧有十余栋呈东西方向排列的平房,东侧有一个可以容纳几百人的礼堂兼食堂,办公楼和食堂的后面还有几栋平房和一个足球场大小的水塘。刚到江陵时,各系的办公室就在办公楼西侧的平房内;职工宿舍在后面的平房中。我们勘探系和地质系的老师们,如杨遵仪老师、苏良赫老师、李思田老师等,都住在靠后面的平房里。

那时国家地质总局已经决定要在这里重建地质学院并招收学生,为此,北京那边的各种办学物资和用品源源不断地从北京装上火车运到武汉,然后改用轮船运到沙市码头。因此,初到江陵时,我们主要的工作:一是在住校的北京空军学院军宣队的领导下学习毛主席的"最高指示";二是到沙市的长江码头收取和搬运从北京运来的各种教学用品,诸如实验台、图书馆用的书架、各种桌椅板凳、学生用的双层床以及实验室用的托盘等。这样的日子延续了近一年的时间。

二、到宜昌邓村开门办学

在1971—1972年冬春之交的季节,湖北地质学院率先从湖北省地质局所辖的各地质队招收了60名工农兵学员入学培训。因为当时我校已经组建了丹江口五七地质队搞"开门办学",所以校领导决定这一届工农兵学员到宜昌市西北方向一个叫邓村的地方去学习。

(一)邓村概况

邓村是位于宜昌县城西北的一个村庄,平均海拔近2000 m。当时这里有一条宜昌县经太平溪到兴山县的简易公路从村边通过,在当时的鄂西北山区属于交通要道。而且,村里建有一座小水电站,正常情况下基本可以供村公所、供销社及其附近老百姓日常用电。因此,学校领导把这一届工农兵学员的学习点选在这里。

村公所位于邓村中心一块相对开阔平坦的地方,有一栋两层楼房,底层用来开会办公,楼上是仓库。村公所东南不远的地方,还有一栋两层楼的供销社。村里几十户人家以村公所和供销社为中心,高低错落地分散在这个小山村的各个角落。因为海拔高,气候潮湿寒冷,邓村的所有民房全是木质结构的二层楼房,底层供老百姓日常生活,楼上用来堆放杂物。这里有一个民俗,村里的老人都要提前很多年把送终的棺木打好存放在二楼上。因此,无论是村公所、供销社,还是老乡家的二楼上,都存放有新棺材,少则一具。村公所和供销社的二层楼上则堆放了好几具新的棺木。

(二)初到邓村

接到要去邓村办学的命令,在江陵的地质、勘探两个系的部分老师们纷纷把孩子送到外地或老家,毫无顾忌和怨言,积极加入开门办学的队伍。"先头部队"由何浩生、聂宗笙、赵不亿、索书田、聂泽同、谷上礼、胡益诚等组成,大概是1972年春节后首批开赴邓村。二月的邓村,阴冷潮湿,当地的老乡们终日围坐在火塘边,足不出户。先遣队的老师们借住在公路边养路段的房子里,每天从养路段步行下山走几千米到村里,挨家挨户地访问,为即将到来的大部队安排吃住和办学事宜。因为天气太冷,又没有吃的,先遣队的老师们经常被饿得冻得蜷缩在炕上相互取暖度过那段艰苦的日子。

1972年3月中下旬,先期到达江陵的地质系和勘探系的老师们,除了少数另有任务被留在江陵,其他的老师几乎都去了邓村。记得有潘兆橹、薛君治、刘本培、刘永滨、宋鸿林、单文琅、纪克诚、王新华、李智陵、闻立峰、欧阳秋梅、叶俊林、林铭章、林培英、夏卫华、卫冰洁、胡祖桂、丰淑庄、高广立、李万亨、潘玉华和我,以及随队医生刘玲敏等,总共有30人。此外,行政总管刘文铎老师和炊事员白师傅、赵师傅也随我们去了邓村。校领导参照丹江口五七地质队的建制,把在邓村办学的队伍正式命名为"综合二队",队长是陈钟惠老师。新来的男教员集中住在村公所二楼的仓库里,所有女教员分散租住在村里的老乡家。最初我和卫冰洁老师、胡祖桂老师、李智陵老师同住在一户老乡家的阁楼上,床板就紧靠着一具新的棺木。

食堂和烧水的锅炉搭建在村公所东边的墙根下。天晴时,大家蹲在村公所前的广场上吃饭;下雨天,就挤在屋檐下。因为那个时期物资极端匮乏,加上这里是大山区,老百姓根本不种菜,即使种一点,也只能供自家用。我们大部队来了后,吃菜成了问题。所以在邓村的那些日子,我们基本上全是吃咸菜和一点咸肉。偶尔,当地老乡这家卖几个南瓜、冬瓜,那家卖一筐白菜、青菜给我们食堂,就是这样来维持几十个人的生活。

(三)集体备课

为了让老师们了解工区的地质情况,队上专门组织了两次集体备课。一次是专门请三斗坪湖北省鄂西北地质队的一名地质工程师带我们跑了两条地质路线:一条路线主要看太平溪的超基性岩,一条路线是看构造和地层。另一次是请本队的刘本培和刘永滨两位老师带大家看三峡剖面。我们从宜昌县长江边震旦系南沱组、陡山沱组出露的地方开始,沿长江溯流而上,依次对寒武系的水井组、石龙洞组、三游洞组,奥陶系五峰组,志留系龙马溪群,泥盆系云台观组,石炭系黄龙组,二叠系阳新组,三叠系嘉陵江组、巴东组,直至侏罗系、第四系,我们逐一进行了观察。特别是刘本培、刘永滨两位地层学专家的精湛讲解,令我这个初加入教师队伍的人大开眼界,大饱眼福,也受益终身。

这两段备课经历也着实让我们这帮老师们见识了鄂西北地区高山峡谷的险要和交通地理位置的艰苦和贫瘠,也领略了壮美的三峡风光。

(四)迎接新学员和室内教学

1972年4月中旬,学院党委书记李武元专程到邓村考察并传达学校的最新指示,要求只留下10余位老师继续办学,其他老师们全部返回江陵校本部搞运动。经综合二队的领导和老师们协商,最后留下队长陈钟惠,以及潘兆橹、夏卫华、刘本培、刘永滨、林培英、王新华、薛君治、胡益诚、李智陵和我,共11位教师,外加校医刘玲敏,食堂白、赵二位师傅和管理员刘文铎。李武元书记的邓村之行,让领导亲身体会到老师们在这里办学的艰辛,为此李书记特批,把一辆东风牌大车和司机胡师傅留在了实习队。

4月中下旬,60名学员如期到达邓村。这些学员中年龄最大的已经四十多岁,是地质队的老师傅。年龄最小的只有十八岁,属于顶职接班刚刚进地质队的新工人。学员的文化程度参差不齐,大多数学员只有初中文化,个别学员念过高中,几个老师傅只有初小文化。好在60名学员全部是男的,给安排住宿减少了不少麻烦,学员们与男教员一样住在村公所和供销社楼上的仓库里。

一切准备就绪,"五一"国际劳动节前正式开课。教室设在村公所一层,学员们从老乡家找来小凳子坐着听课,能做一点笔记的学员用膝盖当书桌。因为属于"速成式"教学,所以直接就上矿物学、岩石学、地层学和构造地质四门专业基础课。除了室内教学,我们还利用邓村的地形地质条件,进行了一周多的地质测量教学。

(五)去梅子厂铬铁矿寻找矿床学现场教学基地

矿床勘探是不能少的教学内容。因为20世纪70年代初,宜昌太平溪梅子厂超基性岩中的铬铁矿正处于紧张的勘探阶段,于是队上决定安排学员到梅子厂铬铁矿进行矿床勘探课程的现场教学。

从地质图上看,梅子厂铬铁矿所在地距离邓村只有几千米之遥。但是,因为梅子厂矿区在靠近太平溪的一个大山坳中,要从邓村沿着曲曲弯弯的山路一直下山,实际距离至少有二十几千米。连老师在内一共70多人,我们早早地吃完早饭带上中午的干粮(馒头和咸菜)就动身了。沿途看见很多往矿区运送汽油、钻探工具、零件以及生活用品的背夫们,他们肩背一个底部小、上部大,形似喇叭花模样的竹背篓,背篓上面横放着一大桶汽油或者是一大麻袋大米(一百五十斤以上),手上拿一根丁字形木棍,沿着下山的小道缓步移动。走上一段路后,就把丁字形的木棍放到背篓下面支撑着休息一会儿。铬铁矿区好几十人的所有工作与生活用品就是靠这些背夫们一点一点背进去的。山区工人劳动强度之大，工作之艰辛，难以用语言表达。

我们一行徒步下山行走了四五个小时，到下午一两点才到达矿区。我们到达后，矿上的徐技术员把该矿山的地质和勘探情况给大家作了介绍。因为是隐伏矿，地表只能看到一点蚀变超基性岩，所以我们只能到岩芯库去看看岩芯。岩芯库，实际就是一个临时搭建的棚子，地方小而人多，大家轮流进去看，一直折腾到晚饭时分。分队费了九牛二虎之力，为我们准备了一顿晚餐：每人一个瓦罐饭，上面放了一小撮咸菜。吃完饭天已黑下来，返回的山路要一直走上坡，根本回不去了，只好在矿区住一晚上。可住哪里呢？工地除了有一些用雨布搭的简易工棚，就没有一栋真正的房子。没办法，大家只好挤在四面透风的棚子里，坐在地上或者靠在堆放的物品上打盹。我和李智陵老师也在一个用竹子搭建的工棚内，躺在一堆用雨布盖好的米面袋子上"困"了一宿。

第二天一早，分队给我们每人两个馒头，指了一条新的返回道路。这条道可以直接通往去邓村的公路，比来时的路近了很多。但是走这条新路要翻越几个大的陡坡。我们几个老师沿着他们指点的新路向公路迈进。山实在是太高，坡实在是太陡。薛君治老师等好几位老师的膝关节不听使唤了，走不了几步就得停下来揉揉关节。最后我们还是用了几个小时才走到公路边。幸运的是碰上队里的大卡车从宜昌返回邓村，于是我们乘车顺利地返回基地。

很显然，继续铬铁矿区的现场教学是不可能实现的。队领导在考虑下一步的实习如何安排。

三、去老爷岭林场看花岗岩

有一天，三斗坪鄂西北地质队的一位送样工经过邓村，被我们大批人马所吸引，于是在村公所前面的广场停下来休息。我们大家也七嘴八舌地上去问他，从何而来，到哪里去，采的什么样品，再往西去有什么矿，等等。他告诉我们，他们在老爷岭林场那边发现含矿的碱性岩，他就是把样品送回队部去化验。一种特有的直觉和敏感鼓动着这批"当时还算年轻"的地质工作者们，记不清是哪位老师立马给行政总管刘老师说,能否找一个休息时间让大车送我们去看看。

在一个星期天早晨,刘总管说,你们不是想进山去看什么矿吗?正好今天大车要去老爷岭拉柴,你们可以随车去嘛!于是,夏卫华、薛君治、林培英、王新华、李智陵和我,没有做任何准备,立马动身跟随拉柴的车出发。

车开到林场后,刘总管让我们下车并对我们说,前面已经没有公路了,车子只能停在这里装柴,让我们步行进山,并嘱咐我们一定要快去快回,车子就在这个位置等我们。我们一行6人沿着林场的简易公路继续向西前行,走了大概一个小时,路没有了,眼前是一片原始森林,是否继续前进?大家觉得已经走了这么多路,就此放弃实在可惜,于是决定继续前进。离开公路,我们进入原始森林,踏着森林中一条被前人踩出来的、堆积了一米多厚落叶的小路,继续前行。此时已经快到中午时分,大家饥肠辘辘,口干舌燥,硬着头皮继续走下去。正当大家焦头烂额之时,走在前面的老师突然喊了一声:"前面有村庄了!"大家站在林子边上一看,前面山下是一片开阔地,远处果然有一排房子。于是,我们连滚带滑地往山下"蹾溜滑",直奔那一排房子。到底是平地啊,下了山,我们很快就走到房前。

房子里的工人师傅也都出来用惊奇的眼光打量着我们。林培英老师立马上去打听,并与他们交涉,希望能给我们一点吃的。原来这里是老爷岭林场的一个分部。林场同志知道我们是远道而来的人,也非常热情。他们说已经过了吃饭的时间,不过蒸笼里还有热饭,并立即给我们每人一个瓦罐饭,上面有一小撮咸菜。我们大家狼吞虎咽地把饭吃了,又喝了一点水,打听了前面的路况。大家是不达目的誓不罢休,决定继续往前再走一段。毕竟是平路,走起来快多了。就在前面不远处,一片红色的岩石露头映入眼帘,估计这就是那位采样工说的碱性岩。老师们拿出放大镜,趴在岩石露头上仔细观察寻找碱性暗色矿物,结果什么也没有看到。最后大家一致认为,这不是碱性岩,而是有点"红化"的花岗岩。

大家一看时间已经过了两点,得赶快返回。我们几乎是小跑着外加连滚带跳地翻越盘山公路,赶到大车停放的地方已经是下午五点多了。刘总管劈头盖脸地把我们大骂了一顿,说我们不守时,耽误了他们的计划,并催促我们赶紧上车。我和李智陵老师与闫师傅坐前面,几位男老师和刘总管爬上车坐在堆满了木材树枝的车上,两手紧紧抓住捆扎树枝的麻绳,一晃三颠地返回驻地。至今回想起这一幕,既有后怕,也有无尽的回味。我不知道现如今的年轻地质人还有没有这样的热情。

四、到新滩镇实习

经过两个多月的室内教学之后,7月初,60名学员分为两队,分别到秭归新滩镇和长阳两地进行野外教学实习。我被分配到新滩实习队,同队的还有刘永滨、李智陵,刚从江陵校本部回来的谷上礼、胡益诚、杨士恭、徐伯平老师,校医刘玲敏和炊事班的白师傅。

秭归新滩镇紧靠长江边,是一个只有几十户人家的小镇。地势西高东低,一条东西走向的小街贯穿全镇。街道的路面全部是用当地含有大量角石和其他化石的志留纪或奥陶纪的石灰岩铺成的,成年日久,这些石灰岩被磨得溜光锃亮,角石格外清晰。街道两边全是木质结构的两层小楼,因年久失修,很多房屋都歪歪斜斜的。在小镇中部靠江边的一处地方,有一孔泉水长年累月地不停喷涌着,水质甘甜,是全镇几百口人唯一的饮水地,也是镇上居民洗衣洗菜、洗脚、洗澡之地。夏日黄昏时分,全镇老老少少围坐在泉水附近乘凉,好不热闹。

新滩镇是著名的"秭归脐橙"的主要产地。但是当年这里山多地少,不产粮食不种蔬菜,经济作物脐橙也很少很少,是一个极度贫困的地方。因为这里气候湿热,加上全镇所有房屋都是古老的木质结构,因此是全国著名的"药用蜈蚣"的主要产地。夏天是蜈蚣活动的最好季节,当地老乡都会去抓蜈蚣。他们把抓到的蜈蚣用绳子串起来晒干后,卖给药店,算是当地老百姓的一项主要经济来源。

实习队的老师们租住在镇上唯一的一家旅店中,男老师住楼下,我们3位女同志住楼上。学员们则集中租住在唯一的一所小学内。旅店老板是一位年近六十岁的老太太,我们都喊她杜妈妈。当时新滩镇还没有电灯,夜晚以煤油灯或蜡烛照明,所以夜晚人们早早地上床休息。镇子的夜晚十分安静。

实习队租用一家门脸房作厨房,因为食堂白师傅一个人每天要负责30多人的吃喝,所以我们老师们轮换着去帮厨。这里不产蔬菜,老百姓吃菜得坐船到秭归城里去买。天气好打个来回也要一整天,所以我们在新滩镇实习的一个多月,吃的全是用"洋白菜"腌的咸菜。不要说新鲜蔬菜,连青葱都没有见过,更不用说肉和蛋了。有一天,食堂白师傅说,厨房没有煤,食堂开不了伙了。于是老师们带领部分学员一起去当地一个小煤窑背煤。小煤窑位于新滩镇南几千米的地方,我们10多人浩浩荡荡直奔煤窑。到了煤窑一看,窑洞口不足一人高。我们一个个只能趴着钻进洞里,装好煤后,再把装煤的竹筐上的绳子套在额头上趴着把煤拉出来,再背回驻地。尽管劳动如此艰辛,工作量如此之大,老师们也没有一点怨言,反而为能参加这样的劳动感到欣慰和自豪。这就是那个年代地质大学的老师们。

在新滩的教学以地层为主。老师们全然不顾实习工作和生活的艰苦,带领学员沿着长江北岸陡峭悬崖上拉纤人走的小道去观察三峡地层,我们还带领学生乘小船渡江到南岸去实测剖面等。经过一个多月的时间,我们圆满地完成了实习任务。大概是8月中上旬,我们30人乘船返回宜昌。船刚刚到宜昌码头,我收到电报,不满两岁的儿子在老家得了重病,于是我从宜昌直奔武汉。再回到江陵时,三个多月的邓村办学工作已经全部结束,学员们也都各自返回了原单位。除了行政总管刘文铎老师和司机还没有回来,队长陈钟惠和其他老师都已经回到江陵。

写在最后

邓村办学结束回到江陵后,看见池际尚、於崇文、翟裕生等一大批地质系和勘探系的老师们,其他系的很多老师也分别从教改小分队或从江西来到江陵。江陵校本部顿时热闹起来。1973年初,在江陵的校领导和教职工开始对这次迁校,以及对未来学校的去向心存担忧,等待和观望的情绪弥漫在整个江陵校区。其实从1972年下半年,就有部分老师离开江陵自动返回北京。到1973年春节前后,返迁回京的大势已不可阻挡。1973年春节后(2月中下旬),我也随大流与池际尚老师、张樵英老师等同行回到北京。

时至今日,在湖北地质学院,特别是在邓村开门办学的日子已经过去50余年,好多曾经在江陵和邓村共事的老师们,如陈钟惠、潘兆橹、夏卫华、刘本培、李万亨、刘永滨、何浩生、索书田、林培英以及行政总管刘文铎老师等已经离我们而去。但是,在邓村办学的那段艰苦岁月,特别是老师们广博精深的专业知识,不畏艰苦,不怕牺牲,为地质教育事业无私奉献的精神和情怀,以及在教学工作中高度的责任心,深深铭刻在我的记忆之中!

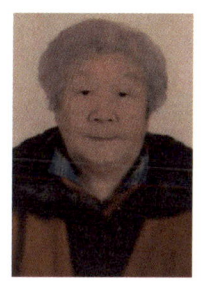

作者简介:

喻学惠,女,1944年出生,教授,博士生导师,1962年考入北京地质学院勘探系金属及非金属矿产地质专业本科,1968年6月毕业分配到中国人民解放军4628部队和湖南省地质409队劳动锻炼两年后,于1970年9月调回已迁至湖北江陵的母校,进入矿床教研室工作。1978年考入本校北京研究生部学习,1982年转入地大(武汉)岩石教研室任教。1995年调回地大(北京)珠宝学院工作,2010年退休。主要从事岩浆岩及有关金属与非金属矿产资源的教学与研究工作。

迁校建校杂记

梁定伟

20世纪60年代末,北京地质学院奉命南迁,几经周折,最终在武汉南望山落脚,破土兴建新校舍。经过几代人的努力奋斗,克服诸多困难,终于在荆楚大地建设起了一所全新的地质大学。在这里,有我们洒下的辛劳汗水,有我们的一份奉献,令人难忘。

一、面临新环境的考验

1975年秋,我校大批教职工举家南迁武汉,大家面临着新的任务、陌生的环境、突然变化的生活条件等严峻考验。初到武汉,我们被安顿在从几个教学单位借来的部分校舍中。简陋、拥挤的居住条件,是大家首先要面对的问题。例如,被安置在汉口地校的我们,一般一家四口分配入住在原学生宿舍的筒子楼内十二三平方米大小的房间,两家共用一间杂物房,做饭的煤火炉放在门边走廊过道边。每到做饭时间,锅灶连成一片的情景显得非常热闹,可谓一道难得的风景。到了夏天,武汉酷暑天气来临,筒子楼内更觉炎热难耐,当时各家各户连一台吹风纳凉的电扇也没有,想洗个澡也无处可觅。人们在不知不觉中练就了抗酷暑的本领,我们这批到汉不久的外来者也学会武汉棚户区居民夏日纳凉的方式。夏日每到晚上,各家将床板或活动床搬到楼间空旷地纳凉避暑,倒也有一番情趣。居住临时"驻点"期间,教师没有办公室,看书备课皆在拥挤的居室内,若家中有上中小学的孩子,只能采取孩子优先占据最优空间的办法。

迁汉初期,国家经济状况不够好,市面上生活物资供应不足,主要生活必需品要凭票定量领取,有时还不一定随时可取。大多数人大部分时间和精力都花费在安排日常生活上面,不过,大家都能将生活安排得稳稳当当。

经过大约两年的努力,新校区的校舍部分竣工,大多数教职工陆续搬入了新居,大大改善了居住条件。但生活物资的供应状况尚未明显好转,新校区与校外交通不甚通达,增加了生活的难度。料理家庭生活仍然需要花费许多时间和精力,有时甚至是超出常态的。例如,购买生活用的蜂窝煤饼的困难情景就令人难忘。那时购买生活用的蜂窝煤饼不仅要凭票定量领取,也不提供送货上门服务。各家各户只能各显其能,用各种运输工具自行将煤饼运回。有一段时间,不知什么原因,煤饼供应链断了,厂商通知各家要派人到煤饼加工工坊当小工,以换取煤饼购买权。没办法,各家只能派出劳力应约,从碎煤、过筛、将煤粉与胶泥混合传送到成煤饼机,直到装筐送走,大家干得还十分欢快。

改革开放后,国家经济状况大大好转,物资供应逐渐丰富,人们的生活条件得到改善,我们也有更多的时间和精力投入到建校中来。

二、教好工农兵学员

虽说刚迁来武汉,新校舍还没建成,但为了贯彻执行"大学还是要办的""要从工人、农民中招收学生"的指示,学校实行边迁边建的办法,从工农兵中招收学生,培养急需的地质人才。学校决定在借住的几个点按专业分散进行教学,教师采用住地与教学点来往穿梭的办法授课。这样,教师不管严寒酷暑,早出晚归,坐着由卡车简单改造而成的交通车,准时给学生上课。

教学首先遇到的问题是教育资源缺乏。旧的教学资料有的不符合新形势要求,有的在搬迁中丢失。培养目标、教学计划需要重新制订。教学大纲需要重新编写,教材没有现成的,需要编写、复印。这一切都处于紧迫之中。我负责讲授的水力学及地下水动力学这门课,基本状况就属于此。我那时不得不夜以继日地加班加点工作,最后还只能将油印讲义发给学生,但总算也满足了"课前到手"(上课前把资料发到学生手里)的要求。

工农兵学员学习热情很高,学习很努力。但由于种种原因,他们的文化基础,特别是数理化基础较差,对专业课的理解能力和接受能力也比较差。这是教师遇到的难题之一。我所讲授的课程中,涉及数理基础知识又比较多,我努力改进教学方法,注意突出实用性,重点掌握应用性,原理讲解采用后续慢步跟进、难点多次重复、课后加强辅导答疑等方式。另外,对少数数理化基础特别差的学员,帮助其在课余时间补习相应的知识。总之,想尽一切方法,努力教好工农兵学员,使他们掌握教学大纲所要求的基本技能。

三、全力以赴,建设专业实验室

实验室是教学和科研的首要平台。我校的水力学及地下水动力学实验室是专业基础重要实验室之一,在北京时它是我校的窗口之一,接待过许多来访者。

新校舍中实验室的土建工作很快就完工了,要求实验室仪器设备立即就位,以满足教学的需要。我们专业实验室的仪器都是专用的,市面上没有现成品出售,都需要量身打造。北京原实验室的实验装置大多是钢板、铁架及管路等结构,已年久老化锈坏,不宜拆卸搬来武汉,需要重新设计建造。系领导把这个重任交给我和蔡鹤生。专用设备的建造,承接施工工厂要求提供正式设计图纸,而原设计图纸又不能用。时间紧迫,想请机械设计人员代劳,但由于他们不懂我们的专业,很难实施。为了争取时间,我学着自己干,凭以前大学时学的那一点制图知识,几经反复琢磨,终于画出了矩形渗流槽和扇形渗透槽的设计蓝图,并得到工厂制作师傅的认可,最终凭图纸制做出符合要求的设备。

我们实验室研究地下水运动最具特色的方法是做模型模拟实验,除装置大尺寸的设备外,还制作小模型来进行研究。在实验室建设的调研过程中,我们发现用有机玻璃构体构筑演示模型具有优越性,它不仅机动灵活,制作比较容易,而且可以边做边改。有些雏形可能初步在教师的脑海中形成草图,需要与专业工匠配合,反复琢磨来完成研究用模型。因此,在实验室建设之初,我们有必要培养出本实验室的"能工巧匠",并建立本实验室附属的小型加工车间。我们的想法和建议得到了校设备处的大力支持。工匠需要培养,那就物色人选,派出去学习,并重点让其在实际制作中提高能力。很快,本实验室能制作专用模型的能工巧匠就基本培养出来了。我们配合本实验室制作了机械能转换演示实验仪、负压形成机制演示仪、流线模拟演示仪等实验仪器,大大满足了教学的需要。兄弟院校相关实验室闻讯,要求帮助加工相应设备,后来本实验室进行了小批量生产,以支援兄弟院校相关实验室,这一举动受到好评。我们的水力学及地下水动力学实验室曾被原国家教育委员会(现教育部)授予"先进实验室"称号。

作者简介:

梁定伟,男 1934 年 10 月生,教授。1954 年 9 月考入北京地质学院水文地质及工程地质专业,1959 年 2 月毕业留校任教。1995 年从环境学院退休。曾任地大(武汉)水文地质教研室主任、水文地质及工程地质系副主任等职。

北京地质学院南迁的点滴回忆

王仁铎

学校从1952年建校至今已有70周年了。1975年学校迁至武汉建立武汉地质学院,后又成立武汉地质学院北京研究生部,再于1987年由国家教育委员会批准南北联合成立中国地质大学,开创了一校两地之先河。现在学校已成为一所具有优良办学传统和鲜明办学特色的"双一流"建设高校,成为我国地学人才培养和地学研究的重要基地,为我国工业腾飞和地质事业发展作出了重大贡献。

抚今思昔,最难忘怀的就是学校的光荣传统和优良校风——"艰苦朴素,求真务实",这在学校南迁初期那段令人难忘的艰苦岁月里,体现得更为淋漓尽致。"文化大革命"后期,学校大部分教职员工到江西峡江仁和公社龙陂五七干校去"劳动锻炼"了。不久,少数人去湖北丹江口"校办队"。高元贵院长经过多年不懈努力,最终为学校争取到南迁武汉南望山的较好结果。但要真正实现把一所国家重点高校从北京迁往武汉,还是要克服重重困难。

从1966年开始,学校停止招生多年,再也耽搁不起了。国家建设急需学校尽快恢复招生、办学,但学校又得先进行迁校、建校才行,于是只好采取边迁、边建、边招生、边办学的办法。为此,学校就得派遣一批先遣部队去武汉。我当时担任基础课委员会教学秘书的职务,新生首先要上的基础课,如数学、物理、化学、外语、测量,都由我们负责。因此,我成为先遣部队的成员之一。记得1975年7—8月,正值汛期,大雨造成京汉铁路一度不通火车。京汉铁路恢复通车后,我们即乘首列火车赶赴武汉。当时大家半开玩笑地说:"我们都是抢险队员。"

由于采取的是边迁、边建、边招生、边办学的办法,我们到武汉后唯一能够落脚的地点就是汉口的武汉地质学校了。但那里地方不太大,原地校的教职工还都住在那里,故光靠地校是远远不够的。于是又向湖北省委党校和湖北教师进修学院、华中农学院借了一些房子住,加上正在建设的南望山新校也住了一部分人,就形成了"五点办学"的局面。

"五点办学"自然就会给我们的生活和工作带来许多困难和不便。首先是住的地方,由于许多房子是向其他单位借的,我们住的房子多半不是宿舍,而是教室或办公室,因此只好当作集体宿舍来住,办公也没有专门的办公室,而是在宿舍内办公。记得当时我和几位同事一起住在湖北教师进修学院的一间大教室内,一张写字桌就是我们办公的地方。当时电话机都是很少有的,若有事,都是通过开会说,或是乘公交车跑到另一个点去找人当面说。因此,许多时间都要花费在乘坐公交车上。厕所是公用的,洗澡也是公共浴室,吃饭也是在公共食堂。武汉是中国三大"火炉"之一,夏天热得要死,但冬天没有暖气,冷得要命。那时室内都没有空调,最多买个电风扇吹吹就不错了。我们基础课委员会副主任是程光华,办公室主任是王述训,我是教学秘书。全校各个系新生的基础课都要由我们的教员来上。为此,我就要和校教务科的同志、基础课各教研室的教学秘书以及各系的教学秘书经常联系,接受和分派教学任务,安排教员上课,确定使用和编写哪种教材等。我平时要了解教学进展情况,考虑如何提高教学质量,期末组织安排考试。总之,当时工作任务很重、很急,工作条件又很差,因此困难自然少不了。但由于我们这一代人经历过许多艰苦劳动锻炼(我在首钢参加过"三班倒"修建均热炉工地的劳动,在江西五七干校参加过采石组打眼、放炮、采石、运石劳动和农业"双抢"劳动等),故已经觉得这些困难不算什么了。这也正体现了我校"艰苦朴素,求真务实"的优良校风。记得那年冬天的某一天,武汉突下大雪,公交车全都停运了。不少学生都以为老师住得较远不会来上课了,但我们数学教研室的方城老师,硬是在白茫茫的雪地里步行了一个多小时,按时给学生们上了数学课。这事当时受到学校表扬,我对此事印象极深,至今难忘。

后来新校逐渐建成,我们也陆续搬到新校来,"五点"逐渐汇聚成"一点",生活、工作条件也逐渐好转,教学也一步步走上正轨,学校也逐渐发展、壮大。

随迁校赴武汉的许多教师是户籍在北京,人去武汉了(户籍可以不迁,仍留在北京,托留京同志代管)。而我则不同,因我当时户籍落在我爱人刘甸瑞的单位——北京师范大学;我怕自己一人去武汉,我爱人一人要带两个孩子,还得上班太不容易了,再者学校迁武汉也需要增加一些新的数学老师,况且我爱人也曾随我一同到学院在江西的五七干校劳动锻炼几年,和学校许多老师也熟悉,故决定把她调到我们学校来,学校也同意了。这样我们就无理由把户口再留在北京师范大学了。当我们去迁户口时,派出所的同志对我说:"你们可想好了!要想把户口从北京迁出去太好办了,五分钟就办妥。可是以后你要想再迁回北京,那可就难上加难了。"那时我们也顾不上这么多了,为了地院迁校、建校的大局,也为了我们一家早日团聚不再分开(最困难时我们一家四口分散在四个地方),我们一咬牙就把全家户口从北京迁到武汉。经过20年,到1995年退休时,学校执行"老有所归"政策,给我们在北京也分了一套三居室的房子,这时我们又到派出所想把户口从武汉再迁回北京,还真是费了九牛二虎之力,几番周折,在两个派出所和公证处多次奔波,几乎跑断了腿,经过好几个月才办成功。此时,我对当初派出所那位同志说的话才真有了切身体会。但为了学校迁校、建校的大局,个人、家庭做些牺牲也是值得的。

现在,学校各方面已经大大地向前发展、进步了,南望山校区扩大了许多,未来城校区已投入使用。回想南迁初期的艰难岁月,还真叫人难忘("南望")啊!

作者简介:

王仁铎,男,1935年11月生,中共党员,1956年参加工作,1995年从资源学院退休,教授,曾任数学地质研究室副主任。与胡光道同志合作编写了《线性地质统计学》教材。参加编制的《汉语主题词表》获1985年国家科学技术进步奖二等奖。多次荣获"优秀共产党员"称号。

湖北地质学院五七干校风情

傅昭仁

【竹枝词若干首】

下龙陂

千里迢迢下农村,拖家带口峡江行。
地质行业本心苦,叫挖地球少费神。

干校学员

穿衣破旧常嘻哈,顿顿有肉食不差。
地质专家不找矿,到我穷乡来干啥?

集体宿舍

初来干校皆群居,男住东屋女住西。
儿子随父女从母,老打呼噜小哭啼。

乡居散户

娇儿恶卧夜闹腾,只好下村去安身。
硕鼠帐杆来回跑,夜半咬耳又窥灯。

自建新居

自建平房不够分,十四平方两家人。
伐竹为栏打隔断,一人说话几家听。

食堂炊事

炊事班长总发愁,学部委员剥蒜头。
一勺青菜值几许?一月工资四百六。

锅炉房

首论陆相能生油,为何让他烧锅炉?
天天高喊学大庆,远放烟花近却无。

书生放牛

地力学家是书生,钻研吹哨驯牛群。
水牛出圈胡乱跑,书上章法怎不灵?

催生术

化学老师实验灵,黄瓜三天系花铃。
瓜身一尺三寸大,激素作用果惊人。

试验田

干校门前试验田,种密工保全优先。
猛长茎叶不长穗,秋收风筛壳满天。

砍柴

地质儿郎上山岗,不执铁锤挎砍刀。
砍得樟檀打家具,枯枝杂木一并烧。

鸭司令
科长爱鸭宿鸭房,天亮赶鸭下池塘。
光吃粮食不下蛋,最怕屠宰送食堂。

养猪场
干校猪场最吃香,四乡来配猪坚强。
一次彩礼十个蛋,经常喂它能壮阳。

小卖部
小卖部里生意忙,四特白酒最吃香。
忙前忙后阿庆嫂,总给孩子搭点糖。

搬运队
搬运队员体不强,上货卸货用肩扛。
卡车司机胖大嫂,上路人多就心慌。

向口河
向口河变洗澡堂,河竹天然分两厢。
腰巾抹净泥和汗,嘻哈打闹是平常。

困待天明
抬头望见北斗星,迁校借道井岗行。
此去沙洋路漫漫,困居鸭棚待天明。

鸭棚
鸭棚建在洪泛区,成排成行很整齐。
秸秆为墙毡作瓦,遮风挡雨糊上泥。

梅雨成灾

鸭棚区内地势低,毛毛雨后两脚泥。
积水倒灌到屋里,脸盆从东漂到西。

屋前屋后

干校地肥真堪夸,屋前种菜后种瓜。
再养几只澳洲黑,每月工资按时发。

返校

院长复出众感恩,敢做敢当有水平。
调一带三发路费,全部学员回京城。

作者简介:

傅昭仁,男,汉族,贵州人,1934年9月出生,中共党员,1957年9月参加工作,1995年2月地大(武汉)地球科学学院退休,原地质系构造教研室教授,享受国务院政府特殊津贴。曾在江西峡江、湖北沙洋五七干校工作、生活了三年。

七里湖夕阳

章锦统

先遣队从江西峡江仁和龙陂出发,辗转三天,风尘仆仆地赶到选在湖北沙洋的新校址。历史上汉江决堤,于河岸向东方向冲刷形成一大片平原,历经长期围垦,该区域成了武汉市农副产品最重要的供应基地。

我们面对五七干校新校址,目瞪口呆。目力所及,没有柏油路,没有水塔,没有钢筋水泥构筑的房子,有的只是几排东倒西歪的建筑工棚。棚顶铺的油毛毡因年久失修而风化破碎,棚顶透着亮光。苇子秆两面糊上泥巴做成的围墙,泥巴剥落,四面透风,用粗细不同的楠竹做成的栓、檩和椽子,部分已腐朽,难以支承重量,摇摇欲坠。这样的棚子类似南方饲养鸭子用的,当时有同志称它为"鸭棚"。这里的一切和"征兵队"动员搬迁时向大家描述的新址美景截然不同,但我们既然已经来了,只能尽先遣队之职责,抓紧时间,做好接纳后续到来人员的准备工作。

我们先遣队临时借住在路南的新生农场二分场。据二分场同志的介绍,七里湖劳改总场为了安置无法遣返原籍的刑满释放人员,于三年前建成此分场来安置这些人员就业,让他们做农场工人,享受公民待遇,亦能成家结婚生子。据他们介绍,路北的工棚就是当时建分场时用的。我们也向他们请教又快又省的修复办法和所需材料,最低要求是能够住人,还请他们介绍农场周边的地理环境。待到修缮材料陆续到场,我们就干起来。最不好解决的是床,从外地购进大量床板是行不通的,我们就想办法把南方建筑工地常用的脚手架拆解,把拆下来的竹片编成床板的样子,在泥地打6~8根木桩,然后用铁丝把竹床板固定住,权且当床来凑合着用。

我们还在紧张施工的时候,从江西撤出的人员,就按连队编制分成几批陆续进驻了新校址。大家都抱着"既来之,则安之"的心态,渐渐地安顿下来,开始了新的五七干校生活。

先遣队从干校范围内 3 口水井中取水样送检,检验结果显示我们三连水井的水样汞含量超标,不符合饮用水标准。因为人多用水量大,要去路南二分场挑水是不可能的,必须自己解决水源问题,于是连队决定选址打井。此事由我牵头,吴鸿邦设计井图,加上李荫增等共 12 人组成打井小组。打井作业是 2 人下井挖掘,2 人轮换,8 人用滑轮组提供砖瓦沙石和砌井圈。刚开始时,我可以在井下挖掘 40 分钟,随着井的加深,井下作业 20 分钟就得上井换人,主要原因是冷,全身起鸡皮疙瘩,肌肉发僵,使不上劲。三连指导员买来白酒,下井前先喝一口暖暖身子,但也坚持不了多长时间。就这样,我们 12 个人奋战 9 天,终于挖成 1 口深 15m 的水井,并且水质达标,出水量完全能够满足全连生活和生产的需要。于是我们便在井台北侧盖了厨房和食堂,东侧是全连的五块菜地,用水十分方便。

经过大家的共同努力,花了较短时间,五七干校的生活和生产终于走上正轨。大伙儿回想新校址当初的生活景象,借用一首顺口溜"发泄"了一下内心的情绪:

说是钢筋水泥砌的墙,
其实是泥巴糊苇秆的墙。
说是柏油路面宽又长,
其实是油毛毡铺在棚顶上。

细雨缠绵下不停,
屋里锅盆接水忙。
床腿长满鲜蘑菇,
鞋子作船漂四方。

干校搬迁过程中,实到湖北的人数比之前大幅减少,只得把原先在江西时的 10 个连缩编成 5 个连。我们三连虽然保留了下来,但人员由原先的两百多人减少到不足一百人,并且还有人在陆续离开,如连指导员和副连长等就先后走了。其他连队的情况也和我们连差不多。

干校的生产活动由校生产组安排实施,日常生活是由各连自己负责解决。干校水田少、旱地多,仅有的八亩水稻田承包给了我们三连,一百多亩旱地则由5个连分片包种,种子由生产组负责统一调配,是向湖北省五七干校总校借来的,秋后再还。我们种上了棉花、花生和黄豆。

1972年的生产任务不算太重,旱地生产活动也比较好进行,所以各连队把更多的精力放在搞好生活上。当年农作物长势良好,三连种的瓜果蔬菜十分喜人。西瓜、香瓜,既甜脆,又个儿大。出工时顺手摘几个,休息时开瓜享受,降温又解渴。自己连消费有余,就送给其他连的同志尝尝鲜。蔬菜更是吃不完,多余的用来喂鸡等。冬瓜结得个个像胖娃娃似的躺在地上可爱极了,还时不时招来狗和獾的捣乱和祸害。经全连决议,我们连先后分两次,每次一大车菜支援住在江陵的地质部石油第五普查大队队部的校友。

在五七干校的第三次秋收季节,三连经过三天奋战,收割完八亩水稻,经过晒干、扬净,共收获三千余斤稻谷,平均亩产四百斤,这个产量在当地算是中等水平。经校生产组协商,请江陵的校友支援秋收,以解决劳动力不足的问题。大田里种的花生、黄豆收获后,由他们搞小秋收,捡拾落在地里的花生、黄豆。他们返回时,每个人都拎着鼓鼓囊囊的一小包,分享秋收的喜悦。

入秋后,天气很快变凉。武汉夏天是火炉,冬天如冰窖。不同于北方的是,人们对于北方冷的感觉犹如刀割皮肤,而这里的冷是冷到骨头里的痛。去过武汉的同志均有体会,冬天用水时,会冻得让你合着手指蹲下。干校御寒过冬成了大问题。临时解决的办法只能是把坚持留在干校的人员相对集中起来,安置到条件稍好的棚子住,并在棚顶加盖一层草帘。这么一改,大家便把"鸭棚"改称为草棚了。但没有煤炭和取暖设备,已采取的一些防寒措施终究不能解决过冬问题。最终如何解决,还得要找干校领导。有同志打听到李指挥长在武汉开会的消息,大伙商量派5位同志作为代表,去面见指挥长。我们留在干校的人员,分在两个草棚,缩着脖子烤火取暖等消息。3天后,5人返回,说见不着人,无功而返。这一下更增添了大家的愁绪和怨气,怎么办?只能再派人去试试。推来推去,推出包括我在内的3个人。于是我们3人顶住压力到武汉先找给原北京地质学院院长高元贵开车的专职司机陈师傅,向他诉说了干校的现状和急需解决的问题,陈师傅很乐意伸出援手。他对我们说:"领导在东湖宾馆开会,宾馆门卫认车不认人。"他准备用院长的座驾——黑色别克车送我们进去。我们把李指挥长请出来,向他禀报情况并转达请求。李指挥长说会议还在进行,不便多说,对我们只说三点:①干校人员向湖北丹江口、江陵和北京集中,有必要的也可以投亲靠友。②做好干校善后工作。③不能出现人身安全事故。具体如何实施,不久你们就会知道。说完,他便转身回会议室。我们再三谢过陈师傅,连夜返回,到驻地已是凌晨三点半。我们发现草棚里有火星,进去一看,棚里围着火盆坐了一圈人,大家都在熬夜等消息。我顿时鼻子发酸,眼泪在眼眶里打转。当即把李指挥长的指示精神做了传达,大家终于把压在心里的大石头放下了,有的泣不成声。

我们等不及上面派人传达干校收尾的具体安排,用生产组名义开会,介绍武汉之行的情况,要求各连视情况安排人员撤离,做好收尾工作。大家迫不及待地想要早日离开,但是遇到了重重困难。人员三三两两分散走,显不出什么,人数一多且比较集中地撤离,运输就不好解决。干校唯一的一辆汽车早已停摆,司机也回了老家。时间紧迫,我跑到4千米外的多堡镇找车行老板谈妥价钱,每天租用5～10辆马拉胶皮轮大车运送行李。撤离人员则去湖北省五七干校总校坐长途公交车到武汉,再转到各人的目的地。大车有专人押送至沙洋码头托运,先运去武汉港,再转运至各户或个人的地址,这一段时间的工作特别繁杂,既要把目前在干校的人和行李送走,也要把那些主人早已离开的,临时托付给别人的行李送出去,还要妥善处理没有写明托运地址的行李。这都是我必须做的,是我身为连长的职责所在,更因为我们都是在五七干校共同生活的同志。

一天,原北京地质学院党委书记王焕、副书记周守成,还有徐新甫(当时不认识)等三位领导到干校。他们代表校领导召集任宝汉、崔武林、朱文华和我等开了个会,正式成立以任宝汉为组长、我为副组长的干校善后工作小组。任务是做完生产的收尾,向新生二分厂办理移交,留守人员下午三点集中,等待新的任务。会后,三位领导草草看了一眼干校外貌,没来得及吃饭就坐车走了。

随着人员陆续撤离,干校收尾时,已不到50人。生产任务只剩下一项还没有完全做完。要把收获的花生晒干,送还给总干校,冲抵春播时借的种子,至此,全年的任务才完成。整理和清点五七干校库存的生产资料和工具、建筑材料、家具和办公用品等,工作量巨大,耗时费力,除了几个大型机械(建校用),所有一切都登记造册，一式两份。和新生农场二分厂的人移交工作过程虽有波折，但还算顺利。对方没花一分钱，坐收一笔财富，何乐而不为呢？移交工作进展到最后一段时间，只剩下我们5个人，由二分厂解决我们的住宿和生活。在沙洋度过"走五七道路"的第四个春节，大年初一，由二分厂厂部招待我们吃薄皮大馅的猪肉大白菜饺子。

  我不知道这一次撤离沙洋之后，会在什么时间并以什么方式再回来看看这片土地。卷铺盖走人前该和朋友告别一下。那天我骑一辆车身哪里都响只有铃铛不响的自行车，歪七扭八地到酱菜厂找徐干事。我们俩也有两个多月没有见面了，我告诉他干校已撤了，这次来是向他告别的。相见不易，见着了却又要后会无期，彼此唏嘘不已。他强留我吃饭并住下。吃饭时徐干事问我："来沙洋多长时间了？"我说："一年零26天。"他接着问："见过七里湖吗？"我说："一直没有机会。"他指着饭桌上的一盘鱼说："红烧翘嘴鱼，产自七里湖。七里湖是劳改农场总场的渔业基地，饭后带你去看看。"我也十分向往。趁天还亮着，我们漫步到湖边，驻足眺望，湖面浩瀚，万顷碧水，微风吹拂，波光粼粼。晚霞投洒湖面，五彩灵动，十分迷人。我们陶醉在七里湖的夕阳里。

迁校已过四十年

万静萍

一九七五迁校忙，北地又迁鄂武昌。
东湖南岸有荒地，基建规划从头干。
借用四地安教工，招生工作紧跟上。
多种设备皆短缺，教学科研两不耽。
初迁武汉没户口，食品供应实为难。
老人孩子常叫苦，邻里互助渡难关。
白手起家何其难，领导教工寝难安。
武昌汉口江两岸，往返奔波建校忙。
动荡生活人有志，学习不断眼界宽。
科研教学结硕果，科技大会获头奖。

一九七八尤难忘，改革开放号角响。
中华大地春色浓，全民奏响新乐章。
学校事务再扬帆，各项工作定规章。
教工搬进新校址，学区建设有模样。
学科增多师资强，本硕博后皆培养。
教学科研显业绩，进入全国一百强。
转眼已过四十年，优雅校园丛林间。
学科齐全重地学，江城名校东湖边。
南北地大同根长，互帮互学比肩上。
共攀学科登高峰，立德树人同辉煌。

（2019年7月）

作者简介：

万静萍，女，1936年12月出生，教授，无党派人士。1961年北京地质学院石油系本科毕业，同年被推荐到石油教研室攻读硕士学位，毕业后留校，1975年至1993年在地大（武汉）石油系工作，1997年退休。

武汉创业
——地大的新辉煌

迁校期间的古生物教研室

徐桂荣　何心一

20世纪60年代末70年代初,当时古生物教研室的教员在北京郊区进行"小四清"(清账目、清仓库、清财物、清工分)锻炼,得到通知回校搬迁,大部分教员一头雾水。

一、下放到五七干校

1969年冬,我校教职员工搬迁到江西峡江仁和公社的五七干校。搬迁来的教职员工总计几百人,落脚点在峡江仁和公社等地,房少人多,住不下,临时搭双层大通铺,男女房间分开。男同志带男孩子,女同志带女孩子,住得很挤。另有一部分人借用附近老乡房子居住。

大家在五七干校基地自力更生,分为各个建筑工程组合。探工系教员放炮开石块,另一些人烧砖瓦,弄土坯,弄土砖砌墙。还有木工组,采伐木材,准备建房。当然少不了搬运队、后勤服务人员,他们为了改善伙食办起了豆腐房,养猪、种蔬菜、搞农业,开办大食堂,还为孩子开办了小学。

农活方面专门请了一个江西老乡来指导,我们有不少教员从稻子育种开始,插秧、拔草、收割等一系列工作全都做过。此外,还有人负责稻谷加工、机器碾米工作。食堂用的燃料全是大家分工组织上山砍柴背回来的,一年多的时间把附近的山柴都砍光了。

1970年我们第二批人员赴干校。学校提供一个大木箱,匆匆整理不多的家当。经过几天的准备后,学校组织大家乘坐国务院调拨的专列南行。先经上海,下车穿过繁华的大街。我挑着行李,妻子拿着刚出生不久的小儿子的用品,老母亲抱着小儿。女儿一人走在前面,好像乡下人第一次进大城,什么都新鲜。突然来了一辆无轨电车,猛烈的刹车声吓得我们大叫,女儿算是安全地让开了电车。这事提醒我们要看好孩子,孩子无事,谢天谢地。

坐船到江西峡江仁和,在仁和街上,一队挑行李、抱孩子的知识分子浩浩荡荡过街上船,样子像是逃难的,镇上人瞠目结舌,议论纷纷。

到干校后我们被带到一个小村庄——老上。我和俞纪刚老师家分配在粮食仓库的楼下一间房,两家以木板隔开。晚上小儿哭闹,吵得他们睡不好,老太太很喜欢孩子,白天来抱抱孩子,从不抱怨吵他们睡觉。住在老上的男人,除年老的外,有6人可以上山砍柴,包括叶振寰、赵鹏大、李聪明、田国彬、徐桂荣、汪乾熙。好在有一辆双轮车,叶振寰常作车老大,在前面驾驭。每次拉回一大车柴,各家分配。柴的分配不争不吵,够用就行,如果不够,可以相互调剂,或者再多砍一次柴。我在仁和上班,每到周末回老上,我沿河堤骑自行车回家,带着生活用品,高高兴兴。村里可以买到鱼,由老妈做鱼,十分可口,还请左邻右舍尝鲜。因年迈父亲一人在家,令人担心,所以我的母亲要带小儿回湖州老家。回家需要一笔钱,但还未到发工资的时间。好心的洪大夫主动借我们钱,全家十分感谢,解决了我们一时的困难。工资发下时,我们立即还清。

母亲、妻子潘玉华、小儿加女儿四人回老家,我送她们到仁和上船。乘浙赣线火车从新余到杭州,下车后,女儿饿,大人也要吃,到那时才发现没有带粮票。当时因一心照顾幼子,忘了带粮票。大家只好饿肚子了。还好,坐船回湖州很顺利。幸好家中还有剩下的霉干菜炖肉,女儿因饿而大口吃饭,觉得这种霉干菜炖肉最好吃。一周后,妻子和女儿回到干校。

种水稻先耘田耙土,站在耙子上,水牛拉着耙子,站稳是个技术活,人家不愿上,我就上去,光脚在水中泡一天,皮肤成了皱褶堆,还好不痛不痒,晚上就慢慢恢复了。

老式插秧不习惯,脸向水田背朝天,插秧一天腰酸背痛,躺了一晚上好多了,第二天咬牙坚持。说也奇怪,腰酸背痛看起来没有继续发展,第三天居然不怎么酸痛,只是直不起腰来了。完成插秧后,稻田进行了几次灌水锄草,等待秋天收割。

稻熟了该收割了,干校的人,个个拿着镰刀,大家奋力忙收割。一不小心,我的手被割破,流了很多血。成堆的稻捆搬到打谷场,打谷机十分落后,需要脚踩,手握稻捆,速度很慢。天气不错,老天照顾,经几天奋战,我们完成了收割和打谷任务。

二、奔赴新校址

1970年12月,我接到通知到湖北上课,我们一家三口赶紧收拾,行李就是一只大木箱。马师傅驾驶大卡车送我们几家人到武汉。各家的大木箱排在卡车上,人坐在木箱上,摇摇晃晃。马师傅小心驾车,不求快只求稳,不能出事。庆幸的是一路平安。只是停车的次数多,因为风吹天冷,大家尿多尿急。

到武汉后,我在汉口的武汉地质学校过了一夜,又乘车到江陵。位于沙市与江陵之间的公路旁的地质部第五普查大队已经撤走,我们每家分了一间平房住进去,前面是寝室,后面是厨房。房后与小山坡接界,垃圾堆满沟。到了干校,一些教员做家具,木箱、木柜等;另外还做煤油炉。杨遵仪也做煤油炉,那是困难时期,但还有自由市场可以买点野味和蔬菜,可以用煤油炉烧煮。还有抓蛇打狗,作为改善生活的乐趣。定量半斤肉、半斤油,有儿女正长身体的,总得想法增加点食物,所以逛自由市场是经常的事。没有教学任务,日子过得没有意思。后来,大约是在1972年,有了国际合作项目,上级要杨遵仪出国访问澳大利亚和新西兰。于是,杨遵仪离开了江陵。此时听说学校筹备成立研究生部,一些人回北京了。

三、迁校逐步展开

成立湖北地质学院的事也在大力推进,开始招生,招收工农兵学员。1969年,教职员工先行到南方各地五七干校。迁校是强力执行的任务,有人推荐迁到湖南石门,派人员考察,因为条件很差否定了;后来决定迁到湖北江陵,并在江陵先行建立"教改"分队,改名为"湖北地质学院"。最后落实到武汉市武昌南望山新建校址,改称"武汉地质学院"。动员全体人员迁武汉(除留守处人员外)。

1971年上半年,江西峡江五七干校撤出,迁到湖北沙洋原来的一处旧农场(曾是劳改犯居所)。因为地院要迁校到湖北江陵,大批人马先由江西樟树坐火车到武汉,再由公路转迁沙洋。那儿生活条件比江西更差,房屋都是用油毡盖的,墙壁用芦苇和泥土合成。正是夏天骄阳似火,而油毡屋顶高热,气味令人难受。沙洋地区因多沙,土地缺水,当时学校员工主要种植花生,还收获不少。大致是在1972年上半年,五七干校解散,地院教员陆续回北京。由于原地院校舍多被外单位占用(尤其原来家属区住房),老师们回京后,只能住原学生宿舍。老先生们原来的单元房早被人占据,当时杨遵仪老师只住进眷8楼分散的几间房。王鸿祯先生住学13楼一大房间,走廊里有公用厕所和水管房。做饭只能在楼道。当时烧蜂窝煤,走廊里有成堆的蜂窝煤。年轻教员都分散住学生宿舍,有人见空房就破门而入,先占据再说。那时生活条件的确较艰苦。1972—1975年,大家陆续回到北京,一方面非常高兴,另一方面感到校舍荒凉、道路破烂,昔日风光不再。大约1975年,当时的中央高层下令,地质学院等应迅速迁出北京。虽然在迁校时期,但地质学院古生物教研室的科研与教学还是有所进展的。

四、迁校期间古生物教研室的科研

1975年,青海地质研究所找杨遵仪项目组合作研究"祁连山三叠纪地层",鉴定化石双壳、腕足、头足等,有杨遵仪、殷鸿福、徐桂荣、吴顺宝参加。1976年唐山大地震期间,我们在北京搭地震棚,坚持工作。研究腕足要一片片磨,用笔石描绘器记录下来,这是一项艰苦的工作,要耐心坚韧才能有所进展。我们后来出版的《祁连山三叠纪》,获地质部科技成果二等奖。

1975年,我校遇大的转折和大的机遇:地院一批老院士(当时称学部委员,1993年改称院士)和中国地质科学院的老院士共同上书邓小平(当时任国务院副总理),要求武汉地质学院在京成立北京研究生部,发挥能量,为国家地质事业培育高级人才。邓小平的批文很快下来,学院决定成立北京研究生部,并立即招收研究生。同时上级同意每位老院士(老教授),可以自己指定1~2位助手,便于开展工作。当时杨遵仪老师选的助手是我和吴顺宝;王鸿祯老师选的是何心一当助手;郝诒纯老师选的是曾学鲁。因此何心一回到北京工作,给王老师当助手,搞科研(珊瑚及生物古地理),后来何心一提升为副教授,首招硕士生陈建强(1979年)。陈建强毕业后(1981年),也当王老师助手。后来王鸿祯老师曾两次组建古生物珊瑚专题科研组(申请国家自然科学基金),何心一、陈建强、王训练以及校外有关人员参加了课题组。1989年出版《中国古生代珊瑚分类演化及生物古地理》专著(王鸿祯、何心一、陈建强等著),该著作1991年获国家自然科学奖二等奖。

1978年改革开放,国家要派出国留学人员,原来英文基础好的都能通过短期培训,公派出国深造。殷鸿福1979年赴美做访问学者,茅绍智赴加拿大留学(学超微化石)。此外,我、丁梅华、徐钰麟等,均先后出国深造,回国后在我校古生物地层学科均有较大建树,尤其殷鸿福的成果很多且有诸多创新。他在1993年被评选为中国科学院院士。

北京研究生部成立后,南方组、北方组、微体组的老师们,尤其是杨遵仪老师、郝诒纯老师、杨式溥老师等,都有不少论著、教材出版,同时培养了一批批硕士生和博士生,古生物地层工作有了不少新进展。

郝诒纯自20世纪50年代以来主攻微体古生物学,为微体古生物学在中国形成系统学科作出了重要贡献。在进行微体古生物教学工作中,她搜集总结国内零星成果,广泛吸收国外先进经验,亲自讲课,编写教材。郝老师在中国开创了钙质微化石的研究,填补了又一项空白。她在中国东部油田第一个鉴别出钙质超微化石,指导研究生经过6年的探索,设计建立了微体古生物微型计算机辅助研究系统,制作了新生代浮游有孔虫自动化鉴定软件。该软件于1987年底通过部级鉴定,被评为"达到国际上80年代水平"。郝老师还指导博士后研究人员,利用该系统成功地运用数理统计方法进行了某些类别的个体发育与系统演化的研究,取得了优异成果。

北京地质学院迁校期间,教学科研工作长期难以正常进行,杨遵仪先生便主动去中国地质科学院帮忙。自1972年8月至1978年秋,整整6个年头,年逾花甲的杨遵仪每周3天挤公共汽车到中国地质科学院上班,协助著名地层古生物学家许杰主持编辑《地层古生物论文集》,指导中青年科技工作者。每次只要他一到,来问问题的、请求帮助修改文稿的、请求帮助审阅译稿的人就接踵而至。不管工作多忙,他总是有求必应,从未表示过厌烦。一时解答不了的,便带回学校翻资料、看实物,然后及时将答案告诉求教之人。他记不清曾经帮助过多少同行修改过文稿、解答过问题,他只想着要赶紧把自己的知识传给年轻的同行们,让大批新人迅速成长起来。

五、年轻教员在迁校期间的奋斗

武汉地质学院招生后,就借用武汉一些单位的校舍开始上课,湖北教师进修学院是其中之一。当时教研室主任是郝诒纯,副主任是聂泽同,他们为组织上课很费心思。困难很多,教员没有教具,上不了课,武汉没有单位可借用。教员临时赶绘图件,但标本必须是实物的,只能从北京运。古植物课可以用现代植物比划,但与化石有差距,导致教学组织工作非常困难。教员下乡招工农兵学员,文化水平参差不齐。上课时,有同学提问"什么是生物",教员还要予以解释。

1956年秋,留校的毕业生刚到教研室,领导即告知:三年不搞科研,专心教学,打好基础。随着古生物学专业学生生产实习制度的实施,教员的科研工作也随之无法回避地开展起来了。教研室老师分成"北方组"和"南方组",分别在冀北辽西和长江三峡、贵州等地,带学生实习和开展科研工作。

以北方组为例。1958年,第一届古生物学专业学生生产实习。北方组由郝诒纯、陈芬负责,去辽宁阜新采集古植物、介形虫、双壳类、腹足类、叶肢介、孢粉样品等。研究内容涉及晚侏罗世的热河动物群及其上的沙海组、阜新组。热河动物群上面的两个组依植物、孢粉及双壳类、腹足类等化石,确定时代为早白垩世,与传统观点不一致。

1959年夏,陈芬带队,曾学鲁、沈璞参加,带领1961届古生物学专业学生去阜新露天矿实习,主要任务是采集植物化石,分别对辽西早白垩世沙海组、阜新组的植物化石、介形类化石进行了研究。

1960年,教研室承接地矿系统石油队的生产任务,组成河北滦平地区的实习队进行地层古生物、岩石、构造地质的研究。队长郝诒纯,副队长刘本培、曾学鲁,古生物、地史、岩石、区域地质4个教研室的教员及各专业学生60余人参加,分赴冀北各地收集资料。古生物学专业学生由古生物、地史教研室教员带到河北平泉、张三营等地采集古生物地层资料。

1962年,曾学鲁带领古生物学的专业学生5人,去河北建昌地区进行生产实习,采集九佛堂组(晚侏罗世)双壳类、腹足类、叶肢介化石,回校写毕业论文。

1963年,普查专业填图生产实习。曾学鲁、徐钰林、黄学浒带领普查专业学生10余人,在河北涞源地区开展五万分之一地质图的测绘,回校写毕业论文。在这些工作的基础上,迁校期间,郝诒纯老师当时主抓东北中生代陆相古生物群研究(东北早白垩世陆相生物群——介形、孢粉、古植物、双壳类综合研究)。我们第一个提出东北煤系地层属白垩世的结论,当时遭到几个大学术权威,如斯行健、顾知微等人的质疑,他们坚持认为东北煤系地层属晚侏罗世。直到1999年第三次全国地层会议(香山)上顾知微教授的学生、后任古生物所所长的沙金庚承认他们的鉴定是错误的,东北煤系地层应属早白垩世,才证明我们当时的结论是正确的。

作者简介：

徐桂荣，男，1935年1月生于浙江湖州，汉族，中共党员，教授，博士生导师。曾任地大古生物教研室主任，湖北省古生物学会理事长，中国古生物学会理事，国际定量地层学委员会通讯委员。出版专著和教材13部，发表论文60余篇，2005年退休。享受国务院政府特殊津贴。2012年5月出版《俗谈红楼》（中国文联出版社），2014年6月被评为"国家一级作家"。

作者简介：

何心一，1931年生，四川泸州人，1953年毕业于重庆大学地质系，教授，长期从事古生物学与地层的科研和教学工作，1991年从地大（北京）地学院退休。发表学术论文80余篇，出版学术专著多部，主编《古生物学教程》(1987,1993)，1991年获国家自然科学奖二等奖，1993年起享受国务院政府特殊津贴。

我校六十年代至九十年代的地球化学专业

朱有光 赵仑山

中国地质大学(武汉)地球化学专业成立于1960年,当时的专业教研室定名为"地球化学及地球化学探矿教研室"(简称地化教研室)。这一名称就确定了该专业将地球化学理论和地球化学探矿实践相结合的学科建设方向。该教研室的首任主任曹添老师以他一心为公、开拓进取、团结协作的良好风貌,带领师生进行新专业的艰辛建设。

1960—1965年,地化教研室以教学建设为主,招收本科生、硕士研究生,建设师资队伍,编写、出版专业课程教材等,逐步探索科研方向。

1970年秋,北京地质学院更名为湖北地质学院后,1971年,於崇文、朱有光、张本仁分别参加了湖北地质学院福建教改小分队和江西教改小分队的教学工作。1972年8月,赵仑山由丹江口校办"五七"地质队调回湖北地质学院地质系参加教学工作。1972年10月,应冶金部邀请,湖北地质学院地化教研室去桂林开办化探训练班,为冶金部化探骨干讲授地球化学新理论和地球化学找矿新方法。

1973年,地化教研室大部分同志从江西五七干校和湖北江陵校部返回北京。在京期间,以曹添老师为首,承担了"北京西郊地区环境污染调查与评价研究"项目,并开展中南海地区大气汞气测量和冷原子吸收测汞仪的研制工作。这是我国地球化学界首次承担的环境地球化学研究项目,该项目在1978年全国科学大会上受到表彰。冷原子吸收测汞仪(DH-2型)样机也在全国科学大会上展出。1973年,於崇文、张本仁等又承担了冶金部委托的"陕西略阳煎茶岭超基性岩体铜镍矿成矿成晕规律研究"项目,开创了地化教研室用地球化学理论研究成矿成晕机制的先河。

1975年,武汉地质学院一成立,就招收了两个班的地球化学专业学生(工农兵学员),从此,地球化学专业的教学工作开始走上正轨。1977年,武汉地质学院地球化学专业招收了高考制度恢复以来的第一届本科生。恢复高考制度后不久,由张本仁、赵仑山老师编写的《地球化学》高等学校试用教材于1979年由地质出版社出版。随着学科的发展及教学需要,1988年由赵仑山、张本仁编著的《地球化学》高等学校教材也由地质出版社出版。

1979—1982年,在地矿部科技司吴承烈等同志的支持下,武汉地质学院地化教研室相继承担了秦巴地区和南岭地区多项矿床地球化学和区域地球化学研究的部属项目,逐步形成了相对稳定的研究地区、研究方向和研究团队,研究成果也逐步显现。图1为地化教研室部分老师同我国地矿、有色、冶金系统的专家在南望山前合影。

图1 1981年秋,曹添(后排左起第5位)及地化教研室部分老师同我国地矿、有色、冶金系统的专家在南望山前的留影

1980年5月,第一届全国勘查地球化学学术讨论会暨勘查地球化学专业委员会成立大会在杭州莫干山召开。曹添老师当选为第一届勘查地球化学专业委员会副主任委员,这标志着我校地球化学专业在全国勘查地球化学界地位的确立。1981年11月,中国地质学会勘查地球化学专业委员会在湖北黄石召开我国第一次测汞经验交流会。当时身为武汉地质学院北京研究生部学术委员会委员的曹添老师参加了交流会。会后,曹添老师邀请与会的我国地矿、冶金、有色系

统的化探专家访问武汉地质学院地化教研室,并与找矿地球化学专业三、四年级(1978、1979班)学生见面,扩大了我校地球化学专业在产业界的影响。

20世纪80年代初,随着地矿部区域化探全国扫面计划的实施,全国各系统(包括地矿、冶金、有色、核工业、武警部队)急需大批勘查地球化学人才。我校从1983年就开始招收两个班的找矿地球化学专业的本科生,并受地矿部委托,1983—1991年,每年在武汉地质学院举办1~2期全国化探骨干培训班,其中有一期地质人员化探培训班的总人数达90人。

1983年,地矿部教育司地球化学教材编审委员会(后更名为地质矿产部地球化学专业课程教学指导委员会)成立,该委员会挂靠我校,於崇文为首任主任委员,陈德兴任秘书。

1984年,由我校独创的湖北阳新白云山地球化学专业教学实习基地正式启动,深受师生欢迎。

正当武汉地质学院地球化学专业在教学、科研、人才培养方面蓬勃发展之时,1985年3月,武汉地质学院党委研究决定,在我校成立地球化学系。任命阮天健老师为地球化学系首任主任。从此,我校地球化学专业的学科建设有了更多的行政自主权。在党政的密切配合下,地化人团结协作、开拓进取、求实拼搏的传统得到了进一步的发扬光大。十年里,通过艰苦奋斗,教学、科研和人才培养方面,成果累累、喜事连连。

一、教学方面

1985年,由阮天健、朱有光编著的《地球化学找矿》高等学校教材,由地质出版社出版。

1989年,张本仁教授因培养研究生成绩显著,被评为1989年全国教育系统劳动模范,由他撰写的论文《面向未来世界,培养开拓性人才》,获湖北省高等学校优秀教学成果一等奖。

1990年,地球化学系被评为1990年度校级"教学管理先进系"。

1991年,张本仁教授指导的首批博士研究生高长林,作为有突出贡献的博士,受到国家教委、国务院学位委员会的表彰。地球化学系本科生单光祥在1991

年湖北省大学生科技成果博览会上,获学术论文一等奖。

1992年,湖北省高校工委授予地球化学系101891班为"湖北省高校先进学生班集体"称号。

1993年,地球化学系的"地球化学"课程,在学校验收中被评为一类课程。

1995年,地矿部同意地大地球化学为部级重点学科。

1997年,地大"地球化学"课程获"湖北省优秀课程"。

二、科研方面

1985年,由於崇文等撰写的"江西德兴铜矿床的成矿成晕机理及其地球化学勘查意义"和"广东曲江一六地区地球化学研究"项目成果均获地矿部科技成果二等奖。1985年,由张本仁等撰写的"豫西卢氏-灵宝地区地球化学及基岩地球化学测量(1:50000)试验研究"项目成果获地矿部1985年科技成果二等奖。

1988年,由於崇文主持完成的"六五"国家科技攻关项目"南岭地区钨铅锌等有色稀有金属矿床的控矿条件、物质成分、分布规律研究"成果,获国家科技进步奖二等奖。

1989年,由张本仁等著的《陕西柞水-山阳成矿带区域地球化学》一书,由中国地质大学出版社出版。

1990年,由於崇文等所著的《云南个旧锡-多金属成矿区内生成矿作用的动力学体系》一书,获全国优秀科技图书二等奖。由地球化学系承办的第四届全国勘查地球化学学术讨论会在学校召开,与会代表279人。这是首次由高等院校承办的全国勘查地球化学学术讨论会。

1991年,张本仁负责的"陕西柞水-山阳成矿带区域地球化学研究"成果,获1991年地矿部科技成果二等奖。

1992年,由赵仑山负责的"山东牟平-乳山金矿带1:50000基岩地球化学测量方法研究"项目成果,获地矿部1991年科技成果二等奖。该项目的成果,除对部分基础地质问题做出地球化学解释外,还在4个金异常中探明了工业矿体。

1992年,由阮天健负责完成的《鄂尔多斯盆地靖边康桥—横山麒麟沟地区油气地表地球化学勘探成果总结报告》获1992年地矿部科技进步奖二等奖。该项目在鄂尔多斯大气田的发现中作出了重要贡献。

由赵仑山和阮天健两位老师负责的两项科研成果都是将地球化学理论与地球化学找矿技术相结合而取得找矿突破的典型成果。

至此,经过40年的艰苦实践和探索,我校的地球化学专业已经形成了比较成熟的3个研究方向,即以於崇文教授为代表的理论地球化学方向,以张本仁教授为代表的区域地球化学方向,以阮天健、赵仑山教授为代表的应用地球化学方向。应用地球化学方向中,又包含了油气地球化学勘查、金矿地球化学勘查和环境地球化学调查3个分支。这3个研究方向几乎涵盖地球化学系的所有人员,形成了相对稳定的研究团队。

纵观我校地球化学专业科学研究40年的实践经验,有几点值得总结。

(1)必须坚持地球化学理论和地球化学找矿、地球化学应用实践相结合的研究思路,这是科学研究创新的源泉。

(2)科学研究的项目与方向,必须与国家的经济建设需要相结合,这是学科建设力量的源泉,否则会出现有劲使不上、英雄无用武之地的现象。

(3)根据地学研究的特殊性,科学研究要以团队建设为基础。这样有利于出高水平的研究成果,也有利于学术梯队的建设,使不同方向的学术研究后继有人。但是,团队建设要有团队精神,要有人甘为配角,甘为人梯。

(4)高等学校的学科建设,科学研究是必不可少的。通过科学研究,提高师资水平,充实、更新教学内容,促进教学质量的提高。但是,学科建设必须以教学为中心,否则将是本末倒置。

三、人才培养方面

地大地球化学专业在湖北武汉的40年,是专业发展史上兴旺的时段,是以曹添老师为代表的一代地化人呕心沥血、顽强拼搏的历史,历史也将造就人才。40年来,地球化学专业发展、兴旺,人才辈出。1991年,高山、鲍征宇两位青年教师,由于教学、科研成绩显著,被学校破格提拔为教授,当时高山才29岁。1995

年,於崇文教授当选为中国科学院院士,这是於老师学术造诣深厚的重要体现,也是众望所归的事(图2)。

图2　於崇文教授当选为中国科学院院士时,与地球化学专业老师的合影

接着,1999年张本仁教授、2011年高山教授又当选为中科院院士。三位当选为中国科学院院士,都反映了当时我校地球化学专业的学术高度和地球化学专业人才济济,这不能不说是地学界的盛事,他们的成就也是我校地球化学专业兴旺历史的见证。

作者简介:

朱有光,男,汉族,籍贯浙江,1937年3月出生,1960年9月参加工作,教授,地球化学系主任,1997年4月地学院退休。

作者简介：

赵仑山，男，1933年出生于河北秦皇岛市，中共党员。1955年毕业于长春地质学院地质系，1961年莫斯科大学地质系地球化学专业研究生毕业，获苏联地质矿物学副博士学位。多年任教于北京地质学院地球化学教研室。后任地大（北京）地球科学与资源学院地球化学教研室教授，博士生导师。长期从事矿产勘查及生态环境地球化学领域的教学和研究，被聘中国矿物岩石地球化学学会名誉理事，中国地质学会勘查地球化学专业委员会委员。1998年退休。

"流体包裹体地质学"教学与研究的历史回顾与展望

张文淮　陈紫英

流体包裹体研究已成为当今地球科学研究中的一门重要分支学科。我校流体包裹体教学与研究始于20世纪70年代中期。

流体包裹体教学小组主要成员来自1959届、1960届不同专业提前毕业并转到矿床教研室的年轻教员，现基本上已退休。

回顾当年工作和学习历程，我们心潮澎湃。我们没有辜负党的教导，精力充沛、全力以赴，除了担负部分"矿床学"教学任务外，还开拓性地白手起家，从无到有、从土到洋创建了流体包裹体教学和研究所必备的实验室，组织编写和翻译了《流体包裹体地质学》（张文淮、陈紫英、徐启东主编）、《流体包裹体研究实践指南》（张恩世、张文淮、高怀忠、王思源译）等教材，为流体包裹体教学和科研提供了必备理论和实践指南。我们积极申报国家自然科学基金项目、国家科委和地矿部重点攻关项目，指导博士研究生进行有关流体包裹体的研究工作。

我们把一生中精力最旺盛的时光贡献给了我们热爱的事业，积极投身于创建新学科的各项教学、科研工作，为我校流体包裹体研究在地质科学不同领域的应用作出了应有的贡献。

一、开阔新视野，了解国内外有关流体包裹体研究的现状并学习有关理论和实践经验

1975年，学校搬迁至武汉。一个偶然的机会，我们读到了中国科学院地球化

学研究所卢焕章教授有关流体包裹体研究的著作。该书介绍的流体包裹体有关知识和研究方法,让我们豁然开朗:竟然能从直径仅有几微米的流体包裹体中得到岩石、矿物形成时的温度、压力、成分、形成年代等重要信息。我们如饥似渴地拜读了包裹体研究启蒙者卢焕章的著作,义无反顾地走出去,在陈钟惠副校长的支持下,赴贵州中国科学院地球化学研究所师从卢焕章教授,学习包裹体的研究方法和理论知识。尽管"文化大革命"后期贵阳物资匮乏,生活艰苦(食堂菜肴中无半点油花,就连庆祝毛主席寿辰想为大家做顿炸酱面都因无油而告吹),但我们的学习热情很高,半年时间全身心投入学习,收获满满,出色地完成了学校布置的任务,为后来的包裹体教学和研究工作打下了基础。

感谢学校党政领导的培养,20世纪80年代初和90年代初,我们先后分别被派往英国伦敦地质调查所(张文淮)和加拿大蒙特利尔麦吉尔大学(陈紫英)做访问学者,与国外有关专家、学者进行合作交流,进一步开阔新视野,为学校开展包裹体教学和研究工作提供了先进经验,引进了包裹体研究的先进设备(如英制TH-600冷热两用台)。

二、白手起家,从无到有,从土到洋建立流体包裹体教学和科研必备的流体包裹体实验室

1976年从贵州中国科学院地球化学研究所学习结束并返回学校后,我们努力宣传有关流体包裹体知识。全体同志共同努力,白手起家,土法上马,委托机械工厂为热台加工外壳,将白云母片剪成锯齿状,绕上电热线连接有关仪器制成均一法测温热台。章锦统老师自购各种零件,动手制成爆裂法测温的爆裂仪。

在自制热台上,我们对浙江省某金矿进行了成矿温度测试和找矿方向的探讨。该研究成果在1977年全国第一次包裹体学术委员会成立会上发布,并进行了交流和展示,这对推动全国包裹体研究具有一定的影响。

20世纪80年代初,通过我们全体同志的努力,在学校领导陈钟惠教授的积极支持下,陈紫英老师脱产一年半,下决心建立一个现代化的流体包裹体实验室。我们申请批准利用世界银行贷款,投资近50万元人民币购买进口的仪器设备,包括15台日本进口的olympus显微镜、两台德国进口1350热台、12台英制TH-600冷热两用台。与此同时,我们着手收集不同类型岩石和矿床中的主矿

物,磨制了各种类型包裹体的两面抛薄片,与电教中心合作,制作了在显微镜下观察"包裹体均一、冷冻变化的动态过程"的教学片(由陈紫英、刘伟负责)。章锦统、刘伟、伍刚设计了测温过程中水循环管道系统。这样,我校在全国地质院校中第一个开设了"流体包裹体地质学"课程,使得本科生、研究生除了听课,还能以半个班为一组,亲自动手在实验室中进行均一、冷冻法及爆裂法测温实验。这在全国乃至全世界都居领先地位。当时曾接待了苏联、越南、朝鲜等国的教育代表团参观,他们参观后对我校包裹体实验室完善的设备和良好实验条件表示赞叹。

三、利用流体包裹体进行成岩成矿研究

(1)利用流体包裹体进行成岩成矿研究为南岭花岗岩型稀有金属矿床的岩浆成因和成矿机制提供了强有力的流体包裹体的证据(作者:陈紫英,初步成果在1984年南昌全国包裹体会议上发表,最终成果发表于《地球科学》1993年10月英文版)。关于此类矿床成因问题,历来存在着两种对立的观点,即交代成矿和岩浆成岩的争论。

(2)在全国首次利用流体包裹体资料,进行了大地构造研究,提出了"构造热流体"研究新方向。张文淮老师与杨巍然教授合作发表了科研成果《断裂性质与流体包裹体组合特征》《构造流体——一个新的研究领域》。他们提出的"构造热流体"是指岩石圈不同层次构造活动中产生的流体以及积极参与构造作用的流体的样品。构造流体的作用和意义在于影响岩石变形特征,促进构造发生、发展,判断构造环境及定量确定构造变动时代。此外还提出了构造流体包裹体研究作为构造流体研究的一个新的领域。

(3)《生物成矿系统论》(作者:殷鸿福、张文淮、谢树成、张志坚等)。20世纪80年代地质学一些院士和老专家提出了生物成矿的发展方向,引起了地学领域的不小震动。生物(包括大量微生物)可以吸附、吸收某些金属离子,在某些植物体中或各种微生物体中形成某些金属离子的预富集,但不能形成质和量达到一定要求的矿床,必须经过流体的搬运后在有利地段大量富集,才能形成满足工业要求的矿床。为此,张文淮老师与殷鸿福院士的3位博士生共同进行了生物成

矿系统的研究。对矿床中成矿物质流体包裹体的研究和分析,最终证实了生物可以转化成某种有机质,进而形成有机流体。在一定温度条件下,有机流体与金属离子形成金属有机络合物,在迁移过程中还可以溶解周围岩石的有机质。有机酸的存在可以大大降低岩石的溶解度,在迁移过程中不断溶解,岩石中某些金属离子形成金属有机络合物,增加了溶液中金属离子的浓度,在一定的有利空间沉淀并富集成矿床。

通过对矿床中流体包裹体的成分进行研究,得出生物成矿的可能途径是生物→有机质→有机流体溶解络合围岩中金属离子形成矿床,这是生物演变的一个系统过程。因此生物成矿是一个系统工程。

(4)碎屑岩储层中有机包裹体形成机制研究(研究者:张志坚、张文淮)。20世纪90年代初,我们研究组不少同志(伍刚、明厚利、栗春芳等)参与了上海海洋油气研究院的南海部分油气包裹体的研究和测试工作。油气储层多数与碎屑岩有关,碎屑岩中研究包裹体的难度较大。碎屑岩中不同性状有机包裹体形成机制的研究表明,有机酸在一定温度条件下可以溶解和溶蚀硅酸盐、碳酸盐等矿物,形成富含有机质的"酸溶形成的包裹体"。有机包裹体形成机制的阐明,为碎屑岩中包裹体的研究提供了新的途径。对储层地球化学、矿物包裹体形成机制以及油气的勘探与评价,有机质与无机质相互作用方面的研究具有重要意义。

(5)随州陨石中的包裹体研究(研究者:陈紫英,国家自然科学基金资助项目"随州陨石综合研究"的子课题)。陨石矿物中的硅酸盐熔融包裹体是陨石形成过程中捕获的原始成岩介质。陨石矿物中包裹体的研究可以为探讨陨石的形成条件及演化历史提供一些重要的信息。

(6)闽北建瓯、政和一带金矿化区流体包裹体研究(研究者:陈紫英)。

(7)利用包裹体爆裂法测温进行矿化带热晕测量初步研究(研究者:刘伟)。热晕反映含矿的热流体从矿体中心向四周围岩运移、渗透、交代和扩散过程中程度的变化。矿液活动中心矿化强度大,温度也最高,随着与中心部位距离的增加,矿化强度逐渐减弱,温度也逐渐降低,形成一定的热梯度。在此基础上,为找矿勘探提供有益的资料。

四、包裹体研究展望

近年来,包裹体研究在各个地质领域取得了很大的进展,我校在"流体包裹体地质学"教学和研究从开拓到发展曾取得了可喜成绩。张文淮老师多年来在包裹体研究领域不断耕耘,推陈出新、开拓进取,为拓宽流体包裹体研究领域作出了重要贡献,2018年获得了中国矿物岩石地球化学学会流体包裹体专业委员会颁发的终身成就奖。这也是对我校流体包裹体教学和科研所取得成绩的肯定。

展望未来,包裹体在理论和方法上均存在一些尚待解决的问题。

(1)长期以来,流体包裹体仅限于作为成岩、成矿流体的研究手段,有一定的局限性。因为凡有温压地球化学活动的地方,都可以形成流体包裹体。在地质学中,构造活动有温压地球化学活动,古生物化石的形成有温压的变化,风化剥蚀也有温压成分的改变。因此,流体包裹体应是几乎所有地质作用的流体,应统称为"地质流体"。对地质流体的研究,可以大大扩宽我们的研究视野,可以在几微米的流体包裹体中研究各种地质作用形成的时代,研究参与地质作用的流体成分、形成温度、压力等微观数据。为此,我们可以在大地构造、地震、古生物、古环境、古气候等各种地质作用下所形成的地质流体包裹体研究中获得更多微观的证据,从而极大地丰富地质学的研究内容。

(2)当前,流体包裹体研究随着各种先进仪器的发明和应用,对单个包裹体进行化学成分和同位素组成以及同位素年龄的测定取得了很大进展,我们也希望今后加强这方面的研究。

(3)油气藏评价和有机包裹体研究。流体包裹体作为一种重要的找矿手段,在经济上的价值越来越大。流体包裹体提供了几乎是唯一的油气运移的资料,可以指明油气活动区域,指导找矿,已经成为一个迅速发展和具有无限前景的研究领域。

希望并坚信我们的后来者会在各方面取得更多进展,助力中国地质大学在地质流体研究中取得更大进步!

作者简介：

张文淮,女,1938年2月出生,中共党员,煤田地质专业教授。1956年考入北京地质学院勘探系,1961年参加工作,1998年从资源学院退休。

作者简介：

陈紫英,女,1936年11月出生,中共党员,教授。1954年考入北京地质学院勘探系金属专业,1959年毕业留校,1996年从资源学院退休。

艰辛建校　科教创业

沈继方

一、家庭

1975年秋天,北京地质学院奉命搬迁至武汉,我们一家四口随运送员工和家属的直达专列抵达汉口后,被分配住在航空路武汉地质学院教学楼内十几平方米的小教室里,生活状况可想而知。

初到武汉,我的丈夫高庚被高元贵院长亲选为临时秘书,院内大小事宜均由他处理,整天忙得不着家,经常晚上11点以后才回家。高院长退休回北京后,高庚曾主持过一段行政科工作,各单位、各系老师及工人们有事经常找他。他都仔细了解他们的需求和困难,给予帮助和设法解决,进一步获得了大家的信赖。高庚因劳累过度,胃溃疡大出血住医院时,校内各单位、各系老师及校医院大夫和负责人都去探视,找主治大夫和医院领导了解病情和治疗方案。同室病友还以为他是学校大领导呢,可见他在全校员工心目中的地位。最近整理他的遗物时,看到他的一本本详尽的工作笔记,各方面人员情况的翔实记录,深为感动。全方位看到了他一心为公、关心群众的可贵品质,他是值得我敬重、骄傲、永远珍藏心中的伴侣!

由于高庚整天忙于工作,我又常被外派,长年很少在家,无法对刚上初中的女儿和刚上小学的儿子给予应有照顾,因而从生活到学习,主要靠姐弟俩互相关心、并独立完成。他们独立生活的能力从小就得到了锻炼,我的一双儿女个性均较强,有主见,还有不认输的劲头。在中国航空集团有限公司工作的女儿高文绮,从最初在设计室做最普通的绘图工作开始,兢兢业业,不辞劳苦,勤于学习和钻研业务,逐渐成长为技术骨干、中层管理干部,深得领导、同事的信赖。儿子高文新和他姐姐一样,工作中不怕艰苦,勤奋和脚踏实地完成基础工作,善于思考,并兼有组织、团结同事和对外交往的能力,为单位发展作出了贡献。他所在的单位,由原来单纯从事地铁勘测的公司(是全国第一家)逐渐发展壮大为北京城建集团内一个全方位、高技术水平的北京城建勘测设计研究院,项目涵盖国内外。他本人也成为国内相关专业方面的专家,还受聘为京内外很多单位的技术顾问。作为主管生产和技术的副院长,他经常出差在外,每周只有 3~4 天在北京。姐弟俩虽不能一直陪在我身边,但是都很关注我的生活状况和身体健康。看到儿女对国家发展的关注和热爱以及对国家作出的贡献,我也有一种成就感和幸福感。

二、实验室建设

武昌新校址全面建成后,新的水工楼也建起来了。水文系主任沈照理为了建立最先进的实验室,安排我和李智毅带领设计院近十位设计师去北京调研,完成初步设计方案。水文系重点建设的实验室是水文地质的水力学和地下水动力学实验室、工程地质的土质学和岩石力学实验室。原北京地院的这些实验室,都是苏联专家设计和指导建成的,堪称亚洲一流水平。我们在院内,先后走访并多次组织留京老教师座谈,听取意见,特地请负责建设水工实验室的元老之一许涓铭老师和原实验室管理者王海林给新实验室方案出谋划策。此外,我们还走访、参观了清华大学水利系相关实验室,并和留守北京的原实验室老师、实验员一同前往河北正定,到地矿部所属水文工程地质研究所,参观全国规模最大、项目最全的实验室,听取了专家们的意见。将近一个多月的时间,本来觉得是满载而归,可以"交差"了,可是回武汉汇报后,系主任又让我和李智毅带设计院的人前往南京和上海参观学习。到上海是参观同济大学水工实验室,到南京是参观土壤研究所,据说它们都拥有国内一流的专业实验室。虽已近年关,但此行确实大有收获,可借鉴处之多,让我们流连忘返。南京土壤研究所的水、土分析方法,仪器设备,多来自日本,小巧玲珑、操作方便、精确度高。在同济大学,我从实验室空间的立体利用和精巧安排,看到了上海同志的精明和智慧。根据他们的建议,水工实验室立即采购了当时国内最先进的小型加工车床,还培训了年轻的实验员徐力、沈仲智。教学改革和科研创新中,老师们用任何一个新实验装置的设计图纸,都能加工出满足实验要求的成品。还帮助桂林岩溶所(中国地质科学院岩溶地质研究所)袁道先院士,为国际研究项目所建的实验场地装置,设计加工了观测工具。后来,徐力因此直接破格晋升为工程师。

2006年11月上旬,学校工程学院邀请原水文系老师回学校参观、座谈,看到发展壮大了的学校,大家都很兴奋。最后一天游览武汉,年轻的司机热情、周到的服务,令大家很感动。小伙子操着标准的武汉口音动情地说:"应该的,没有你们,哪有我们的今天。"我觉得他说得太贴切了。正是我们当初艰辛的付出,为今天地大的发展打下了坚实的基础。

三、科教创新,打开新局面

(一)课程改革,编写新教材,开出新课程

高考恢复,学校招生后,我们仿效苏联,将水文地质专业一分为二,即矿床水文地质和供水水文地质。学生上完基础课,就要上专业课,需要编写新教材,我承担了讲授"矿床水文地质"课程的任务。为了建立新的教学和学术体系,尽快编出具有独特风格的新教材,我和一直合作的区永和,用近一年的时间,进行了全国重点矿区的调研和资料收集,同时编写出教材初稿。在这一年时间里,我们先是南下广东、湖南,然后北上河北邯郸、邢台和山东莱芜,最后在北京、河北石家庄(全国闻名的冶金系统517地质队档案室)进行汇总。1977级、1978级学生就用到了我们刚印出的教材,随后几年我们不断用矿区生产实习和科研相结合所得的新成果充实和完善教材。

结合国家经济和学校发展的新需求,以及自己多年来在岩溶和矿区的科研、生产项目成果及教学实践,我编写了本科生的正式教材《矿床水文地质学》,1992年由中国地质大学出版社正式出版。从培养年轻人的角度出发,我让助手于青春、研究生胡章喜编写了部分章节。这本《矿床水文地质学》从指导思想、基本观点到具体选材,均有自己独特的风格,反映了当代水文地质学科的新动向,突出

了以往忽视的与工程地质的交叉和联系的部分,在国内尚属首次单独成书出版。

此外,还开设了新的选修课"岩体裂隙介质和裂隙水""地下水与环境",并编写出教材。后者已由中国地质大学出版社在1995年正式出版;前者没能按出版社意见修改,未能正式出版。上述两门选修课的开设及其教材编写也属首次。

(二)科教结合,走向国内外

1985年以后,为了扩大影响,把科研和教学紧密结合,我们看准岩溶区资源开发和环境问题,组建岩溶环境研究组,勇于承担省部级直属生产部门为解决关键难题所立的项目。深得王大纯和张咸恭两位老先生的信任和器重,争取一切机会参加全国性的科技会议,读讲展示已有研究成果,主动拜访、认识一些老专家和有关领导。

特别是长江水利委员会(以下简称长委)三峡大队委托的"隔河岩—高坝洲古岩溶角砾岩研究"、水利部清江开发公司委托的"清江流域岩溶研究",通过其成果及评审,我们取得了袁道先院士的认可与信任,先后成为他主持的国家和国际研究项目组的主要成员,其中包括地矿部"八五"重点基础研究项目"中国岩溶形成及环境变化预测及国际岩溶对比研究"(IGCP299项"地质、气候、水文与岩溶形成"和379项"岩溶作用与碳循环")。湖北清江流域岩溶及其资源环境效应的多项研究成果,为国家重点工程的选址、勘查、设计和施工提供了必需的科学依据,对流域综合开发和环境保护起了重要指导作用,并在岩溶发育机理和研究方法上有创新和突破,受到国内外同行的关注。1993年,湖北电视台和中央电视台曾将我们的研究作为高校科研服务重点工程的实例进行了报道。

通过国内会议及考察等交流活动,我们的研究成果影响扩大,我们也结识了很多高校的老师和地质、水利等领域生产部门的负责人。我还和华中师范大学的景才瑞老教授(地理学界的权威)成了忘年交。在地质、水利部门均取得信赖后,水文工程地质终于在湖北省、武汉市站稳脚跟。记得承接隔河岩研究项目之初,长委三峡大队的徐总曾表示怀疑,他认为学校的老师在理论方面行,但实践不行。我心想:等着瞧吧!最终,古岩溶角砾岩的研究成果让他信服了。他特别邀请我和研究组成员,带领他的全体地质、工程技术人员现场(沿地面和隧道内的调查路线)讲解,详细了解该角砾岩对坝肩渗透的影响,为建坝工程确定处理措施提供精准科学依据。从此以后,长委勘测总局在流域水库坝址勘测中,出现了难以解决的水文工程地质问题时,会主动找我们帮忙。

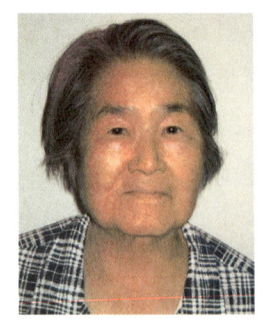

作者简介:

沈继方,女,汉族,籍贯湖北,1935年8月出生,1959年2月参加工作,1995年9月从环境科学与工程学院退休,教授,水文地质教研室主任。曾获地矿部科技成果三等奖两次,湖北省科技进步奖一等奖和国家科学技术进步奖三等奖各一次。主要著作有《矿床水文地质学》《地下水与环境》《清江流域岩溶研究》,在国内外重要刊物上发表论文30多篇。先后被收入《中国当代地球科学家辞典》《中国人才库》。

忆我们获得的国家级优秀教学成果奖

罗延钟　潘玉玲

1989年,由原物探系电法教研室张桂青、刘崧、潘玉玲完成的教学研究项目"地质类工科专业课教学改革成果"荣获国家级优秀奖。该教学研究成果是电法教研室全体教师共同努力的结果,是一项集体荣誉,是电法教研室多年教学改革成果的集中体现(图1)。原物探系曾经连续五年被评为学校"教学优秀先进集体",电法教研室为之作出了突出的贡献。获奖者是团结、和谐、奋进的教研室的代表。

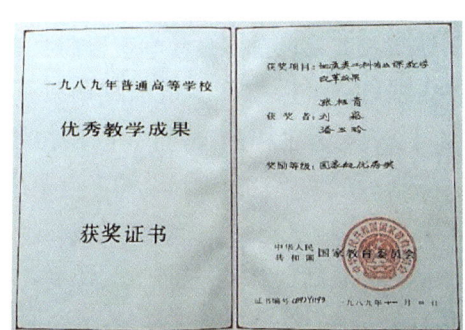

图1　地质类工科专业课教学改革成果获奖证书

忆往昔,我们都努力奋战在教学第一线;看今朝,我们虽已退休,但看着培养出的学生桃李芬芳,也倍感充实和幸福。人们常说,回忆是一种幸福;我们还认为,回忆也是一种责任。在此,回忆我们的"地质类工科课程教学改革成果"的建树与内涵,或许能给后人以启迪,我们也感到十分欣慰。

多年来，我们坚持能力培养和知识传授融为一体的理念，在专业课教学方面进行了创新和改革，逐步形成了电法专业课程教学体系，为国家培养了高质量的建设人才，得到了许多荣誉和鼓励。1981年，传导类电法教学组（任课教师：张桂青、陈晦鸣、潘玉玲）被湖北省高等学校工作委员会评为"先进集体"；1982年，电法教学组（任课教师：史元盛、潘玉玲、李平）被湖北省委、省政府评为"五讲四美先进单位"；1984年，电法教研室被湖北省委、省政府评为"精神文明单位"；1989年9月，"地质类工科课程教学改革"教学研究项目获湖北省教学成果一等奖（张桂青、刘崧、潘玉玲）；1989年12月，"地质类工科课程教学改革"获国家级优秀教学成果奖（张桂青、刘崧、潘玉玲）；1990年，电磁法党支部荣获"湖北先进党支部"称号（潘玉玲时任党支部书记）；1997年12月，"电法勘探"课程被湖北省教育委员会评为"湖北省普通高等学校优质课程"（图2）。

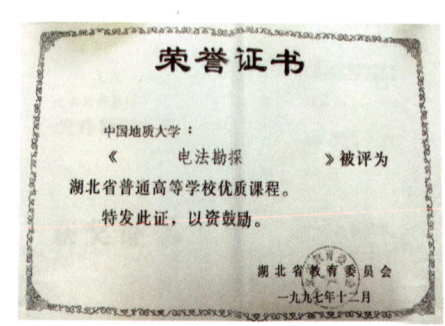

图2 "电法勘探"课程获奖证书

在上述多年教学实践的基础上，完成的国家优秀教学成果"地质类工科课程教学改革"的建树与内涵有以下几个方面。

（一）高水平的师资队伍及其建设是提高教学质量的关键

坚持教授上教学第一线，讲好每一堂课。在长期的教学实践中，教师们坚持践行教学中以教师为主导、学生为主体的理念，一心扑在教学上，通过"以老带新"的"传、帮、带"做法，逐渐形成了老、中、青结合的专业课教学梯队。

始终坚持教授上教学第一线，承担主讲、参加实习等各个教学环节，特别是突出主干专业课程讲授和主讲老师的作用与责任。许多教授一心扑在教学上，长年孜孜不倦地工作在教学第一线，教学效果好，教学质量明显提高。例如，中共党员张桂青教授（第一获奖者）把毕生精力都献给了物探事业，她长期战斗在教学第一线，她以对地质教育事业的忠诚以及她的聪明才智和创新精神，带动了电法勘探教学的创新与改革，业绩显著，是我们学习的楷模。现在，虽然她离开了我们，但她的创新成果和敬业精神永驻。

在师资队伍的建设中，重视主讲教师的作用与责任，以高标准培养年轻教师走向主讲的讲台。年轻教师必须经过参加指导实验课、辅导答疑、教学实习等各个教学环节的磨练,才能担任主讲教师,承担传授知识的重任。

在教学方法上,主讲教师要做到课上教学和课下教学相结合,课程答疑与质疑相结合,以保证专业课教学质量。此外,在专业课开始上课前,邀请老教师与学生座谈,介绍应用地球物理勘查在国民经济发展中的作用和应用,激发学生学习专业课的兴趣和热情(图3)。

教研室支持教师们参加科研、教学研究工作,坚持走出去,请进来,参加国内外学术交流活动,把握科技发展的前沿(图4)。同时,发表科研论文和撰写科研成果专著。教研室经常组织科研、教学成果报告会,交流心得和体会,形成浓厚的学术氛围,提高了教师的科研能力和教学水平。此外,坚持听课、评课制度,提高教师的授课水平。

图3　教研室活动部分记录本

图4　罗延钟(左)和张桂青(右)教授的英文专著在美国由(Society of Exploration Geophysicists,SEG)出版,并签名售书

(二)注重对学生能力的培养

在教学中,践行传授知识和能力培养为一体的理念,在实践性教学中,做到课上教学和课下教学相结合,校内和校外教学相结合,教学与科研相结合。例

如,学校多年坚持开放实验室,学生可以自选感兴趣的实验内容进行实验,由实验课指导老师为学生解惑或提供技术帮助,满足学生的求知欲望。部分学生通过参加老师的科研项目,提升了自己的科研能力。

在野外专业实习和生产实习期间,注重学生能力的培养,特别是综合能力的培养和锻炼。同样,坚持高水平的师资队伍指导实习。例如,1992年北戴河专业教学实习,在指导实习的教师中,高级职称(教授7人、副教授10人)人数占总实习指导教师人数的80%,他们不仅在业务上精益求精,而且具有献身地质事业的精神,对专业教学实习改革起到保证作用。他们改革了实习内容、管理方式、考核方式,从而提升了实习效果,深受学生欢迎。参加专业教学实习的物探系学生们说:"在实习中我们不仅学到了知识,认识了专业,增强了对自己即将从事的专业的自豪感,同时,我们学会了如何做人。""专业实习是大学阶段印象最深、终生难忘的两个月"。

(三)坚持教材建设

为了提高专业教学质量,为学生创造良好的学习条件,教师们不辞辛苦、不计报酬,克服种种困难编写教材,做到了上课、实验、实习等各教学环节都有教材,且教材不断更新。据不完全统计,已有10多种自编教材和参考书用于实际的教学中。其中有主编、参编的公开出版专业教科书和参考书,还有校内出版的系列教材,都做到既有专业课的系列教材,又有辅助教材和翻译的国外教材,为学生学习提供了良好的条件(图5)。

图5　物探系电法教研室自编和翻译的部分教材

(四)坚持教书育人,做学生的良师益友

教书育人是教育工作者塑造学生价值观的重要举措。我们将教书育人贯穿于教书工作的全过程,做到严于律己,做表率,有助于学生形成健康的价值观。

专业课老师相对基础课老师的优势是:与学生相处的时间较多,容易察觉学生的喜、怒、哀、乐。所以,专业课上不仅要对学生的学习严格要求,而且应把学生的冷暖放在心头。把时间、精力和心血都放在学生身上,成为学生的良师益友。学生常说:"有困难找老师。"老师为学生在业务上解惑,为缺课学生补课,为生病学生送去做好的饭菜,对生活有困难的学生解囊相助等。有的学生遇到难以解决的问题,就会去找老师,老师会帮忙处理。老师成为学生的知心人,是学生的良师益友。

以上简短的回忆,粗略地展示了电法教研室多年来坚持教学改革的成果,只有教学集体团结、和谐、奋进,才能涌现出国家级教学优秀成果,我们珍惜这来之不易的成果。愿后人继续努力,使应用地球物理专业更上一层楼。

作者简介:

罗延钟,男,汉族,祖籍四川,1935年4月出生,1957年9月参加工作,教授,博士生导师。曾任电法教研室、金属物探教研室和应用地球物理教研室主任,获湖北省"教学管理先进工作者"称号。1993年开始享受国务院政府特殊津贴。2005年7月从地空学院退休。

作者简介:

潘玉玲,女,汉族,祖籍江苏,1938年9月生,1964年9月参加工作,中共党员,教授。曾兼任电法教研室、金属物探教研室和应用地球物理教研室党支部书记。1994年获湖北省"优秀女教工"称号。1999年2月从物探系退休。

我心目中的物理教研室（续）

周汉明

2007年按学校的"征文"要求，写了一篇文章，题目是《我心目中的物理教研室》，收录在《难忘山下前行——中国地质大学改革发展30年纪念文集》（主编：郝翔、张锦高，中国地质大学出版社，2009年）一书中。文中回忆了地院南迁武汉之初，物理教研室的一些人和事。今天借此机会再回忆教研室的一些人和事，算是前文的续篇吧！

一、物理实验室的奠基人林良楼

林良楼，1933年生，福建泉州人。1956年毕业于山东大学物理系，分配到北京地质学院物理教研室，长期从事物理教学和科研工作。讲授"普通物理""水流场"及"物理实验"等课程，主编《基础物理实验》（中国地质大学出版社，1990年）、《普通物理实验讲义》等。长期担任中国地质大学物理实验室主任，对物理实验室和物理实验课程的建立和发展作出了巨大贡献。

物理学家密立根在1923年获诺贝尔物理学奖时说："科学是在用理论与实验这两只脚前进的，有时是这只脚先迈出一步，有时是另一只脚先迈出一步，但是前进要靠两只脚。先建立理论然后做实验，或者先在实验中得出新的关系，然后再迈出理论这只脚，并推动实验前进，如此不断交替进行。"

物理学是自然科学、现代高新技术的基础，是以实验为基础的科学，物理实验为物理学的发展创造条件，同时也为现代科学技术的研究打下基础。物理学的基本概念和技术已被应用到所有自然科学领域，并且一定意义上是当代自然科学中最可能获得丰硕成果的领域。

大学物理实验课是高等工科院校学时最多的独立设课的实验课程,也是课内对学生进行系统的科学实验基本训练的必修实验课程。全课约60学时,分两个学期进行,训练是多方面的,内容非常丰富。

(一)培养实验队伍:知人善用

实验队伍包括两方面:其一是实验室工作人员(即实验员),其二是实验教员(包括专职与兼职)。

由于迁校的原因,一批实验室工作人员,有的调回北京,有的转到其他工作单位,留下的只有一位。从1976年底开始陆续分配来一些年轻同志,他们是周惟公、胡春、黄宏炜、宋瑜、陈汉、唐小民、于莉萍、陈玉华、柳京凤、程海燕、刘翠兰等,还有原地校的段平芬、吴雪梅。这些同志的年龄、文化程度、工作经历、接受能力等都不相同,亟待培养。从短期考虑,要能胜任本职工作;从长远考虑,要获得大专以上学历,晋升职称,更好地开展实验室工作。林老师的方法有四:

(1)成立实验室工作小组。选出周惟公为负责人,后来经过组织程序,任命其为实验室副主任,与林老师密切配合,专门管理实验室工作人员和实验室,包括分工、考勤、值班、清洁卫生、仪器保养、基本维修、对外联系等。周惟公不负众望,全心全意努力工作,井井有条,卓有成效,多次受到学校和基委(基础课委员会)的表彰,成为林老师的得力臂膀,用林老师的话说,就是起到了母鸡带小鸡的作用。

(2)搞好本职工作。规定每个工作人员必须熟悉本实验室的仪器性能、基本维修知识,仔细做好实验,写出完整的实验报告。林老师亲自批阅、讲评,表扬优点,提出改进意见,能保障实验课顺利进行。

(3)邀请在北京的原北京地质学院的老实验室工作人员金振声老师(精通仪表维修)到武汉地质学院开设讲座(两次),为他们讲解仪表原理和维修知识,提高技术水平。

(4)鼓励并支持他们提高文化知识水平。有的随本科生听"大学物理"课,有的考上广播电视大学、业余大学、函授大学等,获得学历。后来全部顺利晋升中级职称,有的获得高级职称(高工)。

通过各种措施,终于培养出了一支素质和技术水平都较高的实验室工作人员队伍。

(二)培养实验教员:严格要求

武汉地质学院建院之初,物理实验室是物理教研室的一部分,大部分教师既讲授理论课也讲授实验课,普遍存在重视理论、轻视实验的思想和动手能力不强的问题。林老师明确规定:凡带实验课的老师,在每学期开课之前,必须到实验室认真备课,做好每个实验,测出数据,写出实验报告,考虑好实验思考题,以便实验课上能迅速排除学生做实验时出现的仪器故障,解释各种实验现象(包括异常现象)等。开课之前,组织实验教员详细讨论每个实验的实验目的、实验原理、仪器原理、实验步骤、数据测量、数据处理、误差分析等。实验课的每个环节,每个教员必须做到标准统一、不过宽不过严,理论上清楚明白,操作上熟练。林老师还针对教员存在的问题编写《物理实验课教学指导及数据标准要求》等重要资料,对教员帮助很大。几年下来,培养出一支认识统一、水平较高、胜任实验教学的实验教师队伍。特别是对专职实验教师的示范性培养,花了很多心血。1981年林老师荣获"湖北省教委先进教学工作者"称号。

(三)增添实验设备:主次有序

高校物理实验设备是实施物理实验教学的载体。从实验设备的地位来看,如果仅有好的教师和课程,而缺少与之相应的设备平台,势必使实验教学难以获得实效;反之,拥有了更好的硬件设备,必将进一步推动教学改革的深化。

回想 1975 年,学校南迁,先迁人后迁物,当年迁校当年招生。"兵马"已到,"粮草"未行。1976 年春,75 级学生已经到校,但由于仪器设备缺乏,无法开设合格的物理实验课程,林老师急得像热锅上的蚂蚁。设备买不到、借无门,他只得东拼西凑,甚至跑到旧货商店、废品公司去寻找"货源",汉口单洞门废品公司、六渡桥永安市场旧货商店都是林老师常去的地方。每次只要能买回一些修理工具,如锉刀、锤子、插塞式电阻箱等,他都如获至宝。在进行"氢光谱"实验时,因为缺少氢光管和高频感应发生器,只得把两张大实验台拼在一起形成一个正方形平台,中间摆放一个氢光源,四周放 6 台分光计,12 个同学(两人一台仪器)围在一起共用一个氢光源进行实验。这样做实验相互影响,缺少操作机会,效果欠佳是可想而知的。

直到 1978 年,南望山新校区最早建造的教一楼和教二楼落成,教一楼一至五层全是教室,有大有小,可分别供学生上课用。教二楼则全部安排数学、物理、化学、外语、测量等作为教研室的备课室、办公室和他们的实验室,所以后改称"基委"楼。这里插叙一景,为了迎接恢复高考后的第一届学生入学,赶工期,教一楼、教二楼建好了,还未修水泥路。南边的水工楼、物探楼,北边的地勘楼尚未动工,西边的大操场处还是一片鱼塘,四周都是黄土地,起风满天尘土,下雨遍地黄泥。雨天,上课学生从 54 号楼向东走,老师从职工宿舍向西来,毫无例外都是两脚泥土。为了不污染教室和楼道,老师们都在教学楼的台阶上和楼檐下使劲跺脚,噼噼啪啪像鞭炮声响,还前踢后甩,一不小心把黄泥甩到前后的同学身上,引起一阵笑声。就这样,"鞭炮"声与笑声交混回响,十分热闹。

随着学校的发展,经费也比较充足,实验室的设备逐年增多。林老师购买设备的指导思想非常明确,遵循"四优先、四慎重"原则,即基础性的优先,提高性的慎重;通用性的优先,非通用性的慎重;性能稳定的优先,新产品慎重;直观的优先,非直观的慎重。数量上的目标也很清楚,物理实验课要独立设课,实验课上一个学生一套仪器。他要求把每个班分为两个大组,每组 15～17 人。即每个实验需 15～17 套仪器。为防止仪器损坏,一时又难以修复,每组按 20 套准备。配合物理课的内容,分为力学、热学、声学、电磁学、光学、近代物理学等实验部分。每套仪器的组成需要 5～6 个部件,甚至 10 多个部件。每个学生一年要做 20 多个实验,需要增添的各类仪器、仪表、配件、耗材是很多的,林老师都能和其他老师一起主次分明、有条不紊地详细列出计划清单,交设备处统一购买。实验室的面积也逐年扩大,从基委楼四层、五层的全部,扩展到三层、二层、一层的一部分。到 20 世纪 90 年代末,各类设备总资产已达数百万元,物理实验室已能进行 40 多个实验,每个实验 20 套仪器,供上课选用。

(四)建设实验教材:求新务实

实验课的教材既是老师要求学生学习的内容,也是学生学习实验课的依据。但实验课教材与一般理论课教材有很大的不同,既要有原理介绍,又要有能动手操作的部分,既有理论,又有实践。通常每个实验包括实验名称、实验目的、实验原理、实验仪器介绍、实验步骤、实验数据记录及处理、注意事项等。实验课的内容又必须与本实验室的仪器设备状况相协调,即有什么设备做什么实验。物理实验课开设的实验都是按照教育部颁发的《高等工科院校物理实验课程基本要求》安排。由于各校的实验设备不完全相同,各校开设的物理实验只能大同小异,所以并无统编的物理实验课教材。有条件的院校都是自编自用,直接使用外校编的教材不大可能。林老师为了实验课教材求新务实,煞费苦心。

1975年迁校,招收第一届学生,1976年春天上课,只能油印一部分教材救急。以后每两年修订一次实验教材,一方面,增加内容,即增加实验个数,同时增加每个实验的分量,不断更新实验内容,精益求精,反复修改;另一方面,不断提高出版质量,从油印到内部铅印,最后于1990年由中国地质大学出版社公开出版。主编林良楼、张待勉,参加编写的有冯肇全、洪德乐、王玉兰、丁毓常、魏文芹、孟宪章、罗瑞芝等。周汉明审阅了全稿,并提出了一些改进意见。15年磨一剑,林老师工作之艰辛,意志之坚定,基础课成果之不易,可见一斑。

二、物理教研室的开拓者张待勉

张待勉,1931年生,江西省武宁县人,1957年中山大学物理系本科毕业。因工作需要,于当年2月提前毕业分配到北京地质学院物理教研室任教。1975年随学校搬迁到武汉,1992年退休。

迁汉之后,张待勉长期担任物理教研室副主任、主任之职,在武汉地质学院建院之初,对物理教研室师资培养、教研室的建设和发展作出了巨大贡献。

(一)联合委托代培物理师资

1975年北京地质学院南迁,由于种种原因,师资奇缺。1977年恢复高考首届招生,学校从入学新生中选送了4名成绩优异的学生到华中师范学院(后文简称华师)物理系作为师资进行委托培养;1978年经湖北省教育委员会(后文简称省教委)批准,武汉地质学院、武汉建材学院、武汉测绘学院、武汉工学院联合在武汉建材学院开办了一个物理师资班。张老师在与华师、省教委和4院校协商过程中,不辞辛苦,多方奔走,获得成功。当时因4所工科院校都缺少师资,需各院校分别派出一部分任课老师。张老师又精打细算,深入做工作,克服武汉地质学院师资困难,先后抽调两位老师前往并承担两门课程的教学任务。1981年,在华师学习的4位委培生毕业,并回到武汉地质学院,张老师挑选了3名毕业生来物理教研室任教。

(二)海纳百川:培养新生力量

1981年,我校迎来了期盼已久的恢复高考后的首届毕业生,在校、系领导的支持下,物理教研室这一年分配来11位新同事。他们是武汉大学物理系的7位:谭季麓、左谨平、武文、何沙、林旭光、彭金林、宋如王;华中师范学院物理系3位:程永进、姜大华、杨泽群;长春地质学院物理师资班1位:孟大维。接着从1982年至1986年陆续分配或调入12位年轻人,他们分别是武汉大学物理系的王泰民、李忠孝、舒本达;北京师范大学物理系的司书义、汤型正;四川大学物理系的罗中杰、李铁平、魏有锋;华中师范学院物理系的汤照、罗端芝、李爱民;华中理工大学物理系的龙光芝。这20多位年轻人的到来,基本上解决了物理教研室的师资缺乏问题,为物理教研室的发展提供了人力基础。

这批年轻人急需培养,使之尽早通过教学关。他们的年龄、经历各不相同,特别是77级、78级的毕业生差不多都经历过上山下乡的劳动锻炼,年龄有的相差10多岁。尽早走上讲台,这既是工作需要,也是他们的愿望。张老师既严格要求,又大胆使用。经过1~2年的辅导教学工作,这些同志分别试讲合格后,走上讲台。他们热情很高,尽心尽责,努力完成各项教学任务。

(三)自办物理师资班:提高教师水平

大学里的任何专业要发展,必须招收本专业的学生。我校各系许多专业已经走在前面。武汉地质学院物理教研室经过10多年的不断努力建设,汇聚和培养人才,已经有能力招收自己的学生了。在校、系领导的支持下,经过多方努力,物理教研室于1987年招收了首届物理师资班。对这批学生,张老师严格按照师范院校物理系的标准培养。除了外系承担的课程外,动员和鼓励教研室的中青年教师承担教学任务。先后开设了12门基础物理课程和理论物理课程,分别是:力学(左谨平)(括号内为任课教师,下同)、电磁学(丁毓常)、光学(姜大华)、理论力学(谭季麓)、电动力学(高明忠)、热力学统计物理(程永进)、量子力学(武文)、固体物理学(李忠孝)、原子物理学(魏文芹)、物理学史(王泰民)、科技英语(汤照)、物理实验(林良楼等)。

物理教研室为首届师资班开设了10多门课程,虽是新开课程,而且自身又是开新课程。但经过几年努力,我们不仅为国家培养了人才,更重要的是锻炼了队伍,大幅提高了教师的教学水平和学术水平,为后来诞生物理系、成立新专业、招收研究生打下了非常重要的基础。

可以毫不夸张地说:张待勉教授几十年如一日,忠诚党的教育事业,勤勤恳恳干事,老老实实做人;一心为公,不计个人名利;乐于助人,甘当扶花绿叶。在武汉地质学院建校之初,张老师率领老同志边教学边建设,撑起了物理教研室的一片天地。我们十分想念他!

作者简介：

周汉明,男,汉族,籍贯湖北,1938年4月出生,1962年7月参加工作,1998年5月从基础课部退休,教授,曾任地矿部物理课程指导委员会副主任委员、湖北省暨武汉市物理学会理事、地大(武汉)物理教研室副主任兼党支部书记。

政治教研室在迁校中艰难前行

凌敬升

学校经历了四重门①,我们政治教研室也随之发生着变化,我是一名亲历者。

一、徘徊

我到政治教研室是 1959 年 3 月。当时的教育部部长（也是清华的校长）蒋南翔,他要求大家都从自己院校的毕业生中选留政治教员,清华带头,北京各高校紧跟。这样,北京地质学院就从毕业生中留了 12 个人当政治教员。这 12 个人是：地质系崔宝成、凌敬升,勘探系郭忠信、燕今庆,可燃系马秉荣、陈兆喜,水文系郭历垣、赵璧媛,物探系孟昭启、王勋,探工系李纪曾、王恒礼。因为当时政治教研室非要党员不可,所以就把我这个原分配到地史教研室的人换去了。我比大家晚报到了三个星期。

我们都是小字辈,老教师是我们的领路人。当时教研室主任是白治芸,支部书记是曾庆桥,宣传部的领导是吕录生和王宗秀。工作了一学期,我们中的 5 个人就考到人民大学读研究生了,这 5 个人是李纪曾、郭忠信、王勋、赵璧媛和我。在此期间,教研室又从二、三年级的学生中留了 30 名预备教员,包括曹文满、曾繁治、张鹏远、张振川、史清琪等。还从 1960 届毕业生中留了两名——徐忠和李惠真,此时,政治教研室人数达到峰值,有 60 多人。1962 年适逢精简,预备教员

---

① 四重门由中国地质大学四个历史时期的校名组成,四块长方形岩石围成一个正方形,每块岩石上分别刻着北京地质学院、湖北地质学院、武汉地质学院和中国地质大学这几个大字,这代表着学校发展的四个历史阶段。

多数离开了,或回去继续学业,如李婉珍;或调往原来的专业工作,如脱介慈;或调至政工部门,如刘跃武、孙树科、周志培、李惠真、钟坚等。这样,教研室尚有30余人,后地矿部又调走数人。"文化大革命"开始时,政治教研室总共有30人。按到教研室的先后顺序,他们是白治芸、张学纯、宋昭、郝惠庄、钟和洁、段彦池、陈佛香、邱麟、吴颖、李运生、曾庆桥、陈文波、王子贤、谢瑞琴、崔宝成、李纪曾、王恒礼、陈兆喜、马秉荣、郭忠信、凌敬升、徐忠、曹文满、张振川、曾繁治、张鹏远、邵德令、史清琪、董泽国、巩伟。

1969年11月,除谢瑞琴去世,白治芸、宋昭、陈兆喜随爱人去其他单位的干校,李纪曾去了丹江口地质队,董泽国留京另有任用,其余人员都去了江西峡江仁和龙陂的五七干校劳动锻炼。

1970年9月,学校迁到了湖北江陵,更名为湖北地质学院,准备招生办学。于是从干校政治教员中调去了三人:郭忠信、王恒礼和我。1971年暑期招生后,我就去了空军班,郭忠信、王恒礼二人就去了石油班,这是"文化大革命"以后,我校招的第一批学生,我们政治教研室一开始就参与了这项工作,直到1975年迁到武汉。参与湖北地质学院教学工作的还有李纪曾、曾繁治、曾庆桥等。湖北地质学院期间招的七个班的政治课都是我们任教,政治教员是尽了绵薄之力的。政治课的上课内容由教员自己掌握。

1972年10月,我和空军班的师生一起从周口店实习后,回到了北京的地质大院,学校留守处热情接待。当我们继续进行教学工作的时候,沙洋干校和江陵的大批人马回到了北京,政治教研室的同志们也基本上回来了。

1972年底,军宣队点名召集陈佛香、王子贤和我三人去江陵开会,我们去了,可不知道什么原因,会没开成,也没接见我们,我们就回北京了,后来听说,军宣队撤了。1973年春,原校领导相继恢复了工作,党委副书记聂克同志召集在京政治教研室全体人员,宣布恢复政治教研室,并宣布了核心组成员,组长:郝惠庄;成员:曹文满、钟和洁、马秉荣、凌敬升。郝惠庄住城里,无事不到学校来,有事也不一定来。曹文满、钟和洁也不常在学校,因此聂克又指定我为召集人,戏称"秘书长"。1973—1975年教研室的一些事,多是由我召集,会议室则在学九楼410对面的房间,如派人到汉口的武汉地质学校给英语班上课,派人去河南鹤壁的地质队带学生实习等。总之,此时学校徘徊于寻找校址,而广大的教职员工则滞留于北京。

二、坚持

根据中央指示，由江陵干校回京并"滞留"在京的同志们不能再"滞留"下去，于是由国家特批了一趟专列，将学校千余名教职工迁到了新校——武汉地质学院。政治教研室去了24人，名单如下：郝惠庄、曾庆桥、钟和洁、陈佛香、邱麟、吴颖、陈文波、王子贤、段彦池、李运生、李纪曾、王恒礼、崔宝成、凌敬升、马秉荣、郭忠信、曹文满、张振川、邵德令、曾繁治、巩伟、张鹏远、史清琪、董泽国。

我没有跟大部队走，而是在专列发出前和十几位同志（记得有李一鸣、邵锡昌）乘飞机去武汉，到汉后再分到广西去招生，到广西时已经是11月份了。我们乘飞机经过河南上空时，看到下面有的地方还是汪洋一片（洪水未退）。

当年招生时，其他学校早已招生完毕。我们是从各地区招生办剩余的档案中，由招生办挑出一些，然后让我们选的。我和另一位同志去的是百色和河池地区。在百色地区，真正让我们选的只有一位：卢开平，他是打排球的，后来留校当了体育教员，女排教练。蓝翔是平果县的，我们通过在招待所谈话选定他的。在河池地区招的是广西地校的5名学员，一共7名。

招生回校后，就开始上课。我给地质系、水文系各三个班上课，选择了11751班作为重点班，和同学们的关系还算不错，有的同学谈恋爱还向我禀报哩！

这是一段困难时期，最大的困难是人心不稳，绝大多数同志心在北京。在迁汉的24名同志中，有17人是单职工，配偶多在北京，牛郎织女，人之常情；还有不少同志，家庭确有困难。于是，他们刚到武汉就提出了调动，除曾繁治、曹文满的爱人分别从辽宁、安徽调进武汉外，其余大多数调离了武汉，还有一位全家去美国定居。有点关系的先走了，没有关系的最终也走了。1975—1977年，他们基本上都离开武汉了。其中调北京外单位7人，调外地3人，调北京研究生部4人，出国1人，滞留北京2人。留在武汉的只有7人，陈佛香、邱麟、崔宝成后来也调回北京。剩下4人，1人还去了经管系。余下3人：我、曹文满、曾繁治，分别负责哲学、政治经济学、中共党史3门课的教学工作，后来分别担任这3个教研室的主任。从武汉地质学校过来的有4位政治教员：王树帆、沈祥旺、龙安平、邬爱玲。我们和他们共同艰难地坚守着政治课的阵地。

补充人员是重中之重。从1975年迁校之日起,我们就明白了这个道理。所以我们顶住压力,启用了当时还是资料员的盛宏模。他是一个人才,但人才也有一个培养过程。他愿意教哲学,我们让他先去研究党史,再去研究政治经济学,最后才到了哲学组,他由于自己很努力,很好地完成了任务,成为哲学教研室"三驾马车"之一。我们从毕业生中留下了王薇薇、李平、赵旭东和刘爱玲,他(她)们是教研室最早的新生力量。

1977年请武汉大学和中南财经学院代培,即我们招学生,到武大、财院学习,毕业后再分到学校。这样后来就有了杨力行、黄德林、程畅、吴东华、陈玫君、余良耘。1978年又请华师代培,后来就有了李熙麓、王林、许水贵。做成这些事,颇费周折,压力也是不小的。这些人员都成了我们几年后再起步的骨干力量。为了稳住这些人,我们是费了九牛二虎之力的。可远水不解近渴,随着1977年恢复招生,学生日益增加,教师却不断减少,在职教师的教学工作相当繁重,这就是我们在坚守阵地中遇到的又一个困难。以我为例,1977—1979年我每周都是16节课,那时上课还沿袭之前的做法,每周半天政治活动,学生就每周半天上政治课,我上四个班的课,就是16节。开学之初,有同志在京滞留两个星期,我不得不代课,再加8学时,这两个星期,就是24学时,还要上不同的两门课。说不累,那是假话。还有一个困难,那就是没有教材。我和曹文满等几位核心组的成员商量:学《共产党宣言》,能结合多少就结合多少。

三、起步

1977年,原核心组成员郝惠庄、钟和洁早已调回北京,马秉荣也滞留北京,就曹文满和我二人抓教研室工作,他当支部书记抓政治思想,我抓教学。在此期间,省里召开教研室负责人的会议,都是我去参加的。1977年我被任命为政治教研室副主任,因为是助教,不能当主任。1978年,陈佛香被任命为主任,我为副主任,教研室正式恢复。

我们的起步应该是从1980年招收政治师资班算起。此时不仅要上全校的公共课,而且有了自己的专业,有了自己的学生。招收政治师资班并非一帆风顺。本来我们的任务就很重了,再招学生,肯定吃不消,在汉的同志们多数都有这个疑虑。为此,我专程回北京向陈佛香禀报,征得他的同意后,才确定招收政治师资班。学校给我们的计划是 12 名,结果在北京招了 5 名学生,张秀荣、王静、李志兵、陈曦凯、宋辉旺;武汉有陈仕中、杨尚想、郭清;福建有林炳政、蔡晓东;上海有黄娟;浙江有何显明。后来又招了 3 名运动员,朱维民、喻春香和余爱萍,一共 15 人,班主任是杨军。从这时起我们是双线作战。

(一)一定要把师资班办好

首先是制订教学计划,这在我们学校完全是一件新事物,我是参照在人大读研究生时的课程制订的:除 3 门政治课外,有中外哲学史、经济学史、原著(《资本论》《毛泽东选集》)选读,还有古汉语、逻辑学、法学。教学计划有两个特点:一是 3 门政治课学时多,二是暑假中安排了 3 次实习(社会调查),这可能是一个创举。3 门政治课都是由 3 个负责人来担任的。我的体会是:不仅要讲透原理,而且要大量举例,特别要教学生怎么去教他们未来的学生,因为对他们的培养目标就是要当老师。这时从武大、财院、华师学成回来的老师,也承担了不小的任务。

带学生实习、搞社会调查不仅是创举,而且是办学的一条重要经验,让学生们在接触社会中成长。1981 年暑假,由陈佛香、曾繁治带队去湖北红安、麻城,为时两周。那是鄂豫皖革命根据地的中心,去那里主要是参观瞻仰,进行革命传统教育。那里是一个将军县,成就了上百名将军,同时也牺牲了成千上万革命先烈,我们的江山是千百万烈士用鲜血凝聚而成的。同学们在感到震撼和感动之余,陷入深思。1982 年暑假,曹文满带队去井冈山茨坪、茅坪,瞻仰访问,为时 3 周,进行革命传统教育。茅坪八角楼的灯下,"红色政权为什么能够存在""黄洋界上炮声隆""星星之火,可以燎原",老一辈无产阶级革命家毛泽东、朱德艰苦创业的奋斗历程,对学生心灵的滋润是书本上找不到的。1983 年暑假由我和崔宝成带队去了延安,延安市委安排我们住在枣园,山下是枣园党中央旧址,我们住山上的窑洞,和老乡们同吃、同住、同劳动,为时 6 周,进行革命传统教育,领会延安精神,深入了解社会,了解国情,认识自己应有的担当,学生们在吃苦受累中大有收获,我们也跟着他们吃苦受累、受教育、受益匪浅。

我们办这个班即使说不上呕心沥血,也可以说是使出了浑身解数,终于把这个班办下来了。不仅培养了人才,充实了师资队伍,而且积累了办学经验,为后来建立社科系,扩大招生,打下了基础。这个班招来的 12 名学生毕业后留校 7

人(武汉5人、北京2人),考上研究生的3人(其中何显明的考试成绩在武大哲学专业中为第一名),湖北省统分2人,1人去了湖北医学院,1人去了省储备学校,这12人后来的发展也很好。坚持在校教书的两位是南校的黄娟和北校的张秀荣,他们现在都是博士生导师。

(二)公共课一定要搞好,教学质量一定要上去

提高教学质量关键在于教师。代培的老师回来了,留校的教师稳定了,还分配来了几位新老师,总之新生力量有了。如何充分发挥他们的作用?我们抓了两件事。第一,把住试讲关,凡要上台讲课的老师,必须通过试讲,老教师严格把关,绝不马虎。第二,我们搞了一次讲课比赛,年轻教师全部参加,每人20分钟,自己选题和讲课,1人在上面讲,其他老师在下面听,由老教师打分,分数最高的是杨力行和程畅,众望所归,起到了示范作用,对大家有一定激励作用。那时我们没有经费,奖励只是几十元钱,钱少但作用可不小。

教师成长起来后,教研室发展成为社科系。系主任是宋昭,抓全面工作;我和曹文满是副主任,我分管教学和人事,曹文满分管科研。不久,学校更名为中国地质大学,总部在武汉。我们于1986年、1987年、1988年连续招了三届本科生,1989年、1990年还招收了行政管理专业专科生。这标志着政治教研室迁校后正式迈进了新阶段。

还有一点,必须说一下。1983年我们抓了一个重点班——11832班,这是我们和地质系党总支书记商定的。一年级由党史教研室主任曾繁治上党史课并当班主任,二年级由政治经济学教研室主任曹文满上政治经济学课并当班主任,三年级则由哲学教研室主任(凌敬升)上哲学课并当班主任。当我接任时,前任已做了许多工作,打下了良好的基础,我只是锦上添花。在日常工作中,我学习前任,尽量和学生打成一片。我和男同学一起踢足球(本人在读研期间是人大足球校队成员,曾任武汉地质学院足球队领队,也是社科系足球队领队),教女同学跳交谊舞。我还住过一次男生宿舍,加入了他们的"夜谈会"。请自卫还击战老山的英雄们(当时有几位转业到地质战线的战士,参加了我们系办的短训班)和学生座谈,讲战斗故事。

我当班主任时,根据志愿,把一部分学生组成3个兴趣小组,并聘请好老师当辅导员,岩矿小组是邱家骧教授,构造小组是马朝章,地层古生物小组是全秋琦,后两位当时虽还未晋升为教授,但都是该专业的精英。他们都是我的好朋友,都尽心尽力,室内教学和野外实习并举。学生们受益匪浅,最后这个班有近三分之一的同学考上了研究生,德、智、体全面发展,成为全校优秀班级标兵。学校奖励全班同学去三峡旅游,四年级继续当班主任的曾繁治代表前往,同学们很快乐,我们也很开心。1991年,社科系开了一个总结表彰会,说明我们的起步非常成功,我们在前进!

四、谢幕

经过了20多年的努力,我们这一拨人已经谢幕,我们演的这场戏乃是一场大戏的开场。演员们有几十位,有群众演员、特邀演员、友情演出者,有主演和领衔主演,不管是什么演员,都已走下舞台到后台卸妆去了,有的卸妆快,已经彻底退出了这个舞台。

这个舞台演出的大戏,还要一直演下去,这台戏的内容就是坚持用马克思主义教育后人。坚持马克思主义就是要坚持马克思主义的信念,资本主义必定灭亡,社会主义必定胜利。尽管这是一个长期、曲折、艰难的过程,需要几百年以至上千年几十代人的前仆后继的努力奋斗才能成功,但一定会成功,不能因为不能很快成功(像我们先前说的那样)而动摇我们的信念。现在我们要建设中国特色社会主义,就是要把生产力搞上去,把共产党建设好。首先是思想建设,其核心有两点:一是坚定信念,一是坚持党的宗旨——全心全意为人民服务。有了这两点,社会主义一定会取得胜利。

政治师资班延安行

凌敬升

我和李熙麓同志于 1983 年 4 月来到延安市,当我们说明来意时,延安市委宣传部接待我们的同志很感动,说:"你们是第一个来延安的高校,有什么要求,我们尽量满足。"没什么要求,我们是带学生来受教育的,来吃点苦的。

迁校后,政治师资奇缺,我们就办了一个政治师资班,当时是被逼无奈,现在看来却是一个创举,去延安实习更是一个创举。地质类学生每年暑假要实习,走向大自然,我们的教学计划就是走向社会,拜社会为师。一年级的暑假,我们带队去了鄂豫皖老革命根据地红安、麻城,这一程给同学们带来的是震撼,那么多人干革命,前仆后继,牺牲了那么多人,造就了那么多将军。这次实习时间为 2 周,陈佛香、曾繁治带队。二年级的暑假,我们带队去井冈山,这一程给同学们带来的是感动和鼓舞,"星星之火,可以燎原""黄洋界上炮声隆,报道敌军宵遁"。这次时间实习期为 3 周,曹文满带队。三年级的暑假,我们要去的地方就是延安,带队的就是我——凌敬升,预计实习期为 6 周。

我们向延安市委提出:七八月份来,住窑洞,吃派饭,半天劳动,即同吃、同住、同劳动;群众访谈和革命老人访谈相结合;参观革命圣地和南泥湾。他们完全同意并决定把我们的住宿安排在枣园村,于是我和李熙麓又去了枣园,见了村支书。村支书很热情,表示到时一定安排好。我们向延安市委辞行,市委同志说,在中央的关怀下,延安已基本脱贫,解决了温饱问题,枣园是一个中等偏上的村子,你们的生活没有问题。

1983 年 7 月中旬,我们一行 19 人从武汉向延安进发。带队的是:队长凌敬升,支部书记崔宝成,教师陈玖君、余良耘、李熙麓,还有校宣传部派来的张建忠。学生有 13 人,北京的张秀荣、王静、李志兵、陈曦凯、宋辉旺,湖北的陈任中、杨尚想、郭清,福建的蔡晓东、林炳政,上海的黄娟,浙江的何显明,还有一位是从武汉特招的游泳运动员朱维民。

出发的具体日期记不清了,大家都是乘坐火车。李熙麓先期到达,一切安排妥当,我们向延安市委报到后,就住进了离市区十几里地的枣园村。枣园村曾是党中央所在地,建在延河的一条支流阶地上,枣园村由建在山坡上的百十户人家组成。村子有地近千亩,大部分是山坡地,小部分是河滩地,前者耕作亩产不足百斤,后者亩产也只四百斤左右,种的都是粮食,只在河滩地种有少量蔬菜。我们劳动都在山坡地上,那里种的是小米,我们的任务是锄草。由于坡度较大,干活时需十分小心,当然坡度很大的地方老乡也没有带我们去。总之我们劳动强度不大,比起在北京拔麦子、锄草、插秧、挑水来说,一点也不觉得苦(图1)。

图1 在延安枣园村参加劳动

苦的是在吃方面。粮食是够吃的,我们也能吃饱。早餐是粥,小米粥或棒子面粥,挺稠的,中午肯定是干的,小米饭或者窝窝头,晚上或干或稀,但都能吃饱。只是基本上没有菜吃,碰巧吃点菜都是煮的,没有油,平常给点咸菜,很咸,一筷子就够了。这就是当时村子里大部分家庭的实际生活状况。我有诸多感慨,同学们也深有感触,深受教育。我们19个人住了四孔窑洞,窑洞内都有一铺炕,睡上四五人正好,夏天也不很热,能睡着觉。记得和我同炕的有张建忠、蔡晓东、郭清,还有一位记不清了。我们住的那一孔窑是一排窑洞中最东面的一个,房东住在西面的两孔窑中,只在他们家中吃过一次派饭,串门聊天。再就是挑水,挑了几次不让挑了。挑水,只有我还像点样子,学生们都没干过这活,取水的地方又远,上坡下坡跌跌撞撞,怕出事,就算了。上厕所是个大问题,每天早上我都是跑得远远的,跑到地里,找个没人的地方解决。

在村子里,我们组织大家参观枣园党中央旧址。我们住在山坡上,枣园就在山坡下,山坡上没有多少植被,枣园内是绿树成荫,以枣树为主。当时枣园是完全开放的,随便进出,有一位老人看门,还有一位负责打扫。中央首长的窑洞都是一个套间,简简单单,干干净净,还有一个小礼堂,据说是周末举行舞会的地方。闲下无事,我们就下山进枣园逛逛,和看门老人混得很熟。在村里,我们除了分别进行访谈外,还和村团支部搞了一次联谊会、座谈、唱歌、照相。

延安市有一条延河,延河在延安市呈"V"字形,转弯处南边有一支流叫南川河,西边有一支流叫西川河,枣园就在西川河北岸,离南川河大约有 8 km。南川河和延河的交汇处为市中心,而延安革命旧址多在延河左臂(西)的北岸,从西往东依次为杨家岭、王家坪、纪念馆,还有南边的凤凰山。延安宝塔在南川河东岸。

我们先去了革命纪念馆(图 2),了解了延安革命圣地的概况,那是老一辈革命家战斗了 13 年的地方。引导我们认识自力更生、艰苦创业的延安精神,实事求是的思想路线,全心全意为人民服务的根本宗旨,它们是我们共产党人的精神支柱。在杨家岭,我们主要去了中央大礼堂,那是党的第七次代表大会的会址,我们去时,那里还不是一个旅游景点,人很

图 2 参观延安革命纪念馆

少,所以管理并不严。我们进入礼堂,可以台上台下随意走动,在台上摆个姿势,照个相,留个纪念。随后参观了中央首长(毛泽东、刘少奇、周恩来、朱德)的旧居。王家坪是八路军总部和中央军委所在地,直到 1947 年 3 月国民党占领延安前,都是人民军队的指挥中心。这里是中央首长的故居,除毛泽东、朱德的外,还有王稼祥、彭德怀以及叶剑英的故居。在延安,我们还去了清凉山的万佛洞以及延安的标志性建筑——延安宝塔。

去南泥湾是我们计划中的一个重点,由李熙麓同志打前站,联系好住处和访谈对象。南泥湾在延安东南约 50 km,是当年 359 旅屯垦的地方。这里有一个展览室,还有一个烈士纪念碑。但因年久失修,略显逊色。只是一眼看去全是绿色,山坡上也是郁郁葱葱,保持着当年的景色。此时这里虽然没有"鲜花开满山",但仍不失"陕北的好江南"的倩影。

纪念碑前留影,山坡上远眺,最难忘的还属拜访原八路军 120 师 359 旅的一位营长——刘宝斋。他曾是南泥湾屯垦的一位战士和指挥官,359 旅后来开拔

时,他因病未能随队。他给我们讲了当年南泥湾艰苦创业、自力更生、丰衣足食的故事,讲得生动,听者感动。讲完后我们在他家门前合影留念(图3)。

图3 在南泥湾听359旅老营长刘宝斋讲革命故事

由延安市委宣传部推荐,我们专访了一位老红军张清义,他也是参加过长征的老同志,后来转地方工作。我们去时,他已离休,是一位县团级干部。他给我们讲长征的故事,讲延安保卫战,十分感人。在他家门前的合影,我至今保留着。枣园村当时(1983年)的村支书叫雷志富,他给我们做报告,主要讲改革开放以来艰苦奋斗、脱贫解决温饱的过程(图4)。

图4 听老红军张清义讲革命故事

离开枣园时大家表示:第一,认真学习老区人民艰苦奋斗、自力更生的革命精神和光荣传统;第二,希望在坡地上多种果树。

向延安市委辞行后,我们就返程回校了。这一程,历经40天,同学们吃苦受累,深受教育。

地矿部高校第一个安全工程专业的创建与发展

魏伴云

我校是地矿部所属高校中第一个成立安全工程专业的。安全工程专业的筹建与发展,从专科到本科,到硕士点、博士点,再到博士后等培养人才体系的过程,是全体安全工程专业的新老教职员工几代人从无到有、从小到大 30 多年来艰苦奋斗、不懈努力的结果。

30 多年来,安全工程专业取得了丰硕的教学、科研成果,已为国家培养出约 2000 位优秀的安全管理和安全技术人才。作为我校安全工程专业筹建人之一的我来说为安全工程专业多年来的发展感到无比的欣慰。

一、筹建工作回顾

(一)筹建原因

1966 年以前,我国工业生产安全管理与安全技术工作一般都由相关产业部门的技术人员承担,在高等工科院校都专门设有与行业生产相关的安全技术与安全管理课程。

改革开放之初,大家都尽力提高产量,忽视安全生产基本条件,造成各种伤亡事故大幅度上升,各种火灾、爆炸、塌陷、沉船事故频发,国家生产安全问题较为突出。

党和国家面对工业生产中存在的严重安全情况,决定狠抓安全生产:①从 20

世纪 80 年代起,重新启用 1966 年前制定的安全生产法规、标准、制度;②严肃事故调查,认真处理和处罚事故责任人,这是对全国各部门、各企业提出的严重警告,并特别提出安全生产是全国一切经济部门和生产企业的头等大事;③要求全国各重要产业部门,加速培养安全生产的技术人才和管理人才。因此,在 20 世纪 80 年代中后期,全国有十多所重点高等院校先后开办了安全工程专业。1985年,在地矿部教育司的指令下,武汉地质学院安全工程专业筹建工作应运而生。

(二) 筹建过程

地矿部教育司发文:由武汉地质学院承办安全工程新专业。学校研究决定该专业放在探矿工程系。1985 年秋,我受命于探工系系主任屠厚泽教授,从掘进教研室抽调出来(当时我是掘进教研室副主任)负责安全工程专业的筹建工作。那时我自感有些突然,专业不熟、任务重、压力大,但服从组织安排和工作需要是我的职责,于是我欣然接受并决心努力办好。

按照屠主任的思路:安全工程专业以生产安全管理为主,与安全技术相结合。先办两年制专科,筹备一年,第二年(1986 年)秋季招生。随后,从掘进教研室抽出几位教师(我、张国屏、罗云)为核心组成安全工程专业筹备组,结合国内、外调研,到教育文件编制,再到课程教师与实验工作人员组成,一系列工作有计划地进行。探工系先后任命我和罗云为安全教研室正、副主任,张国屏为安全研究室主任。

1986 年秋第一届专科生开始招收,一个班共招 38 人。当时根据地矿部教育司指令,第一届专科生由地矿部各省局、地质队抽调在职安全生产干部免试入学,1988 年毕业后返回原单位任职(图 1)。

1987 年第二届专科班由国家统考招生(一个班),1989 年夏毕业后,专科停办。

1986 年底至 1987 年初,在第一届专科教学工作进行的同时,教研室通过系、校、地矿部教育司、国家教委多方努力,于 1987 年夏经国家教委批准,地大(武汉)开始招收第一届安全工程专业本科生。由于当时 1987 届招生审批工作已经结束,学校决定在当年统招后的探矿工程系掘进专业两个班中调一个班转入安全工程专业,并按本科新专业教学计划培养。

图 1 安全工程专业第一届专科班学生与校系领导及安全工程专业老师合影
（第一排左起第 10 人为赵鹏大校长，第一排左起第 11 人为探工系系主任屠厚泽）

1988 年开始，安全工程本科正式招生，招收两个班，每年招生 60~65 人。安全工程专业本科，从 1987 年开始，至 2019 年已招生 33 届，共 65 个班，毕业近 2000 名学生。

1994 年校内各系转成学院，在探矿工程系转为勘建学院时，安全工程专业各科室转为安全工程系。

二、安全工程专业"专"转"本"是发展壮大的战略需要

（一）安全工程专业培养目标

根据地矿部教育司指示精神，安全工程专科培养目标是培养地矿部省局、地质队的生产安全管理人员，并提高他们的专业技能，专业性质以管理性文科为主，安全技术为辅。

在地矿系统各种产业的生产中，安全技术问题长期以来都是由相关的专业技术人员去解决。1986 年教研室通过专业外调，普遍认为：安全工程专业应是工科与文、理科结合的专业，课程内容以工科为主；是一类不同于普通产业的生产技术，具有高层次特种检测和安全控制技术特征的专业。由地矿部教育司提出的以安全管理为培养目标的安全工程技术人员，只能暂时应付当前生产的低层

次急需。一方面,我校作为全国重点高等学校,必须尽快筹备培养更高层次人才的"本科",这样才能适应当时国家大规模发展生产对生产安全提出的高层次人才需要;另一方面,只有将"专科"提升为"本科",才能较好地解决培养安全技术人才所需的教育经费、设备和实验室用房等许多问题。只有这样才能为更高、更快发展安全工程专业铺平道路。采用"专"到"本"过渡的双规制培养人才模式,也可以满足地矿部教育司当时培养安全技术人才的需要。

(二)安全工程专业本科建立条件基本具备

我校作为国家理工科类重点大学,基础课和技术基础课的师资配备齐全,安全工程专业课的师资以校内调动为主,辅以外出进修、适当调入。这些都是为安全工程专业本科的建立创造了必要的条件。

(三)"专"转"本"的艰难征途

由"专科"转"本科",不是我们想象的只要争取"系""校"的支持,最后得到地矿部教育司的批准就大功告成。实际上申报"专科"转"本科"的过程,是一系列政策、"攻关"、人事繁琐手续通关的过程。

(1)探矿工程系:通过反复解释,"专"转"本"得到屠主任的理解和同意。

(2)学校:找到管教务的陈钟惠副校长,他明确告诉我们,学校支持安全工程专业由"专科"申报"本科"的工作,学校经过努力有条件招收安全工程专业本科生。一旦转为"本科",就可以列入国家正规招生计划,统一拨款,从而增加学校经费收入,有益于学校发展。这样,报告很快得到学校支持,批示后呈请地矿部教育司审批。

(3)地矿部教育司:第二次去司里时,找到熊曾熙副司长,他看完报告后说,部里急需安全管理人才,你们应该集中力量先培养出一批安全专科人才再说,至于转本科一事,待程司长出差回京后,由司务会议商议后才能决定。我已感到难处,即电告陈钟惠副校长,请求他帮助说服司长。

我们前后去地矿部教育司四次。最后一次见到程业勋司长,他说,你们学校提出的"专科"方案,基本上可以解决部里的急需,但本科招生计划,关键需要国家教委批准。通常,地矿部教育司按国家教委规定的格式和时间上报,统一研究审批,而临时由个别学校单独上报,不一定能接受。他还表示,地矿部教育司不阻止,可以去试试。

(4)我怀着一颗有些胆怯与不确定的心情,拿了有地矿部教育司批文的报告,找到国家教委办公厅。接待的办事人员初步了解了我的来意后说,关于高校招生问题,应该由所在产业部按国家教委规定的程序和时间上报,国家教委不接受个别学校自行上报的方式。

第一次尝试失败,说明按部就班可能会失败。为了尽早争取到当年的本科招生,只能另辟途径。经过一番冥思苦想,我想到了在国家教委工作,已是副司长的校友梁桂芝。她是我比较熟悉的同届同学,找到她后,我介绍了当时国内生产安全的严重现状和地矿部对安全技术人才的需求,以及学校迁校后的情况,恳求她为母校建立新专业给予力所能及的帮助。她表示尽力而为,但不一定能成功。功夫不负有心人,大约过了三个月,陈钟惠副校长通过屠主任告知,国家教委已正式下达1987年我校安全工程专业招收本科生的决定。1987年底,陈钟惠副校长又告知:学校已决定来年(1988年)抽出基建费为安全工程专业建500 m^2 实验室,并增拨一部分设备费。喜讯传来,安全工程专业由专科转为本科终于尘埃落定,教研室同志欢欣鼓舞,表示一定会努力工作,把安全工程专业办好。

三、安全工程实验室建设

1986年春,通过专业外调,我们认识到安全工程专业有多门安全工程技术课需要安排实验。这不仅是指大部分具有工业生产共性的常规安全技术课程,还包括特种行业,如地质行业中的地质工程和野外地质工作与野外生存中的特殊安全技术和职业卫生,需要10间以上实验室。由于安全工程是学校中的创新专业,一穷二白,一切几乎从零开始,所需实验设备费用很高。

我们把通过外调有关实验室建设的构想向系里报告后,屠主任一开始就强调:根据地矿部教育司指示精神,安全工程专业专科的培养目标主要是培养地矿省局、地质队生产管理人员,因此,专业性质是以管理性文科为主,安全技术为辅。有关实验室用房,探工系重点专业是钻探技术专业,分法应以钻探技术专业为主,掘进工程专业亦应适当照顾,基础技术课实验室也是急需的。至此,学校为探工系所建三排实验用房,已分配完毕。当年(1986年)系里只能分配给安全工程专业几万元的启动经费。

在既无实验用房,又几乎无经费的情况下,安全工程专业办学遇到困难。还是得亏在"专科"转"本科"工作的努力下,经过半年,1987年夏国家教委批准了武汉地质学院招收安全工程专业本科生的申请,学校又及时调拨经费建设安全工程实验室与支持实验设备的购置。这些喜讯极大地鼓舞了全体教研室同志,使大家感到有了"大展宏图"的机会,积极性充分被调动,随之,实验室建设工作也轰轰烈烈地展开。下图为当年的安全工程专业实验室工作人员合影。

图2 中国地质大学(武汉)原安全工程专业实验室工作人员合影(第一排:从左至右为赵云胜、罗云、魏伴云、刘汝民,第二排:从左至右为倪晓阳、李忠文、李红杰、许永胜、李列平)

梁书琴老师通过地矿部设备处及有关省局调入二手的显微镜、天平、测尘仪等十多台;张国屏老师与他的研究生陆愈实、赵云胜、李忠文等一起把科研中的长巷通风系统与测尘装置供学生实验使用;张国屏老师拿出几万元科研费购买测尘仪器供实验室用;实验室主任陈灿昌老师与孙国才、李红杰、刘汝民、魏伴云等老师,利用教研室"爆炸冲击波发生器"科研成果,经过夜以继日的努力和几百次的反复实验,成功研制出"气相爆炸极限与阻火实验装置"(图3),作为防火、防爆课程的重要实验装置。该设备申请到国家专利、国家级新产品证书并获得地矿部科技成果三等奖。

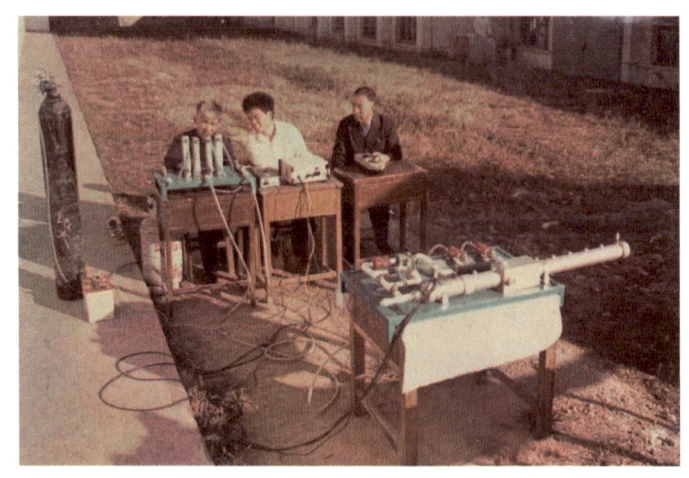

图3　DBZ-1型气相爆炸极限与阻火实验装置（从左至右：陈灿昌、孙国才、刘汝民）

此外，实验室还与武昌消防器材厂合作，厂方提供设备，在学校以展览表演方式为学生提供实验条件，同时，学校亦为厂方产品进行宣传。后来，教研室还设想通过成立爆破研究中心，用承接工程的方式争取经费来建设安全工程实验室。

在学校和系里的大力支持下，教研室齐心合力努力工作，经过近10年奋斗，安全工程实验室已可以初步完成一般性实验教学工作。

四、安全工程专业发展与壮大

20世纪90年代初中期开始，先后由陆愈实、赵云胜、倪晓阳等年轻一代接力主持安全工程系工作。在以后20多年中，他们带领全系教职工勤劳工作，努力奋斗，并与地大（北京）联合申报安全工程研究生培养资格，1993年获得安全技术与工程硕士学位授予权，2003年和2005年分别获得安全技术与工程博士学位授予权，2011年获安全科学与工程一级学科博士点，2012年设立博士后科学流动站。

我校是全国最早开办安全工程专业的院校之一，2007年我校安全工程专业被评为国家级特色专业。

我校魏伴云、张国屏、罗云(北京)、赵云胜、倪晓阳等先后被聘为国家安全生产专家组专家。

1998年、2003年、2008年、2013年,安全技术与工程专业先后四次被评为湖北省重点学科。

从1985年筹建开始,至今30余年,经过几代人的艰苦奋斗、不懈努力,安全工程专业从无到有、从小到大、从专科到本科,再从硕士到博士、博士后,形成各门类多层次人才的培养体系,所取得的丰硕成果,令地大人为之赞叹。

本文编写得到地大(武汉)安全工程系多位老师,如梁书琴、赵云胜、陆愈实、倪晓阳、刘汝民、陈灿昌等,以及88届毕业生校友李娜、蔡耀华的热情帮助,感谢他们提供有关文件、照片、信息。感谢陈紫英教授帮助修改稿件。

作者简介:

魏伴云,男,1936年2月生,浙江省安吉县人。1959年毕业于北京地质学院探矿工程系,毕业后留校任教。曾任掘进教研室副主任、安全工程教研室主任、爆破开发研究中心主任兼总工程师,教授、博士生导师。1990年至1998年被聘为国家安全生产专家组爆破组专家,任中国工程爆破协会常务理事、湖北省爆破协会副理事长、中国劳保学会地勘分会副理事长。

地大特色旅游专业创办经历与社会影响

辛建荣

中国地质大学（武汉）旅游管理专业是由当时学校领导、有关单位和热心旅游开发的老师们共同努力创办起来的。他们是：校长赵鹏大，副校长杨魏然和刘玉发，党委书记毕孔彰，常务副校长陈钟惠，副书记张锦高（当时还兼任校团委书记）、关康年、任端芳（兼任地干院院长）等；其他单位有校长办公室主任朱新国、财务处处长李正凡、综合教研室主任兼电教顾问叶俊林教授、制图教研室洪昌松教授、校医院院长韩俊杰、地史教研室杜远生和冯庆来教授；另外，还有原水文系许绍倬教授（不久调到了地矿部担任教育司副司长）、学工处陈林洲（现为深圳桃园书画院院长、中国书画家协会理事）和谭洛明老师等。他们对地大旅游管理专业的创办和招生都给予了极大的关心和热情的支持，在这里要向他们表示敬意和谢意，并对已经过世的陈钟惠常务副校长、关康年副书记、朱新国主任和李正凡处长表示深切的怀念。

一、改革开放引起的创办新专业思考

地大旅游专业是改革开放的产物。1978年十一届三中全会以后，中国开始实行改革开放的政策。这一政策在教育界也引起了思考。为了扭转招生难——家长和学生不愿意报考地大的状况，我们需要适应新形势，考虑专业创新，尤其是一些与改革开放关系密切的热门专业,这样可以拓展地质大学的办学方向和招生渠道。要尽可能地向经济建设与发展靠拢,以适应改革开放的新形势。由此,我们就考虑能不能把地质工作者的那种单纯为寻找矿藏的爬山涉水,变成大众旅游的"游山玩水"。

地大的传统专业是地质、矿产、水文、探工、物探、石油。为了适应国家经济建设和社会需求,学校也进行了体制改革:以地学类为主导的专业都重新做了调整并组建了相应的学院——地球科学学院、资源学院、环境学院、材料与化学学院、工程学院、地球物理与空间信息学院、海洋学院、机械与电子信息学院、珠宝学院等。另外,增加了以文科专业为特色的学院——公共管理学院、艺术与传媒学院、马克思主义学院等。这些都是为了适应我国改革开放、面向社会主义建设的需要而新建立的学院,目的主要是与改革开放、开门办学相适应,并改变过去以地质类专业为主的局面,扩大招生领域。这样把地质类专业大众化,让社会认可,不再是过去那种封闭的状况,不要让社会总认为地质大学就是"上山采石头、下山背石头""远看是要饭的,走到跟前一看原来是搞勘探的"。这种状况曾经使学生望而生畏。学校对专业的重新规划与设置或多或少消除了考生那种不愿意报考地大的困惑,由此扭转了我校招生难的状况。

二、旅游地学的诞生与湖北省旅游地学研究会的成立

旅游作为一种大众化的社会经济文化现象,源于近代。它是工业化、城市化及社会经济发展到一定程度的产物。在我国,旅游作为改革开放和发展经济的一项支柱产业,首先面对的是对旅游资源的开发与利用研究。如何对自然旅游资源进行合理的开发利用和规划设计,无疑成为地质、地理工作者的重大研究课题。实际上,旅游与地学相结合的研究,源于20世纪30年代。美国地理学家麦克默里的《游憩活动与土地利用的关系》被认为是旅游地质学的开山之作。1985年,随着旅游业的快速发展,我国地学工作者陈安泽、卢云亭教授等在北京成立了"中国旅游地学研究会"。他们是我国将地学与旅游相结合进行研究的先驱。在他们的影响之下,我校旅游地学爱好者也开始筹建湖北省旅游地学研究会。经过两年的努力,与湖北省有关的院校(武汉大学、华中师范大学、湖北大学、中

南民族大学、湖北经济学院等)和湖北省地质局、湖北省旅游局、武汉市旅游局、湖北省轮船总公司等单位共同协商,在我校领导的支持下成立了"湖北省旅游地学研究会"。第一任会长由我校常务副校长陈钟惠担任,我担任秘书长。副会长有我校副校长刘玉发、副书记任端芳、水文系许绍倬教授、湖北省旅游局刘大江副局长、湖北省地质局副局长陈洲其(后来调到地矿部任副部长)和郝用威高级工程师、武汉长江轮船公司总经理等。

三、湖北省旅游地学的发展促进了地大旅游专业的诞生

1990—1993年期间,随着旅游地学研究的深入和湖北省旅游地学研究会的诞生,在我校常务副校长陈钟惠、副书记张锦高和任端芳的积极支持下,学校第二课堂专门开设了旅游地学专题讲座。在这个讲座上,我给学生讲解旅游地学的基本知识,并在《地质科技情报》(1990年第3期)上发表介绍旅游地学的文章《旅游地学及其发展前景》。

鉴于这样的一种氛围和我国社会经济发展要适应改革开放新形势的需要,我在思考:能不能创办旅游开发专业?我先找了关康年副书记、杨巍然副校长(我的老师)、张锦高副书记等校领导,和他们交流创办新专业(旅游资源开发专业)的思想。在他们的支持下,我就去找常务副校长陈钟惠。陈副校长当时就表示创办旅游专业的想法可以考虑。随后,学校经过酝酿讨论,并根据我校的学科特点和专业特长,赵鹏大校长和陈钟惠常务副校长确定旅游专业的名称为旅游资源开发与管理。

在学校确定创办旅游专业的情况下,第一步工作是申请招生指标,这是因为一般学校招生在前一年的冬季就要向上级部门申报招生计划和学生人数。我们旅游专业确定下来是在第二年的春天。所以在学校讨论决定招收旅游资源开发与管理专业以后,我们还没有招生计划指标。陈副校长告诉我这个信息以后,我就去校办找朱新国老师,他说我们找一下赵校长,他们领导有办法。于是我就去找赵校长,赵校长说他给地矿部教育司打个电话,最终解决了这个问题。

第二步工作就是要进行旅游专业的生源调查。1992年冬天,由党委书记毕孔彰、副书记张锦高带队到北京有关部委进行地大招生专业的生源调查。我作

为调查组的成员也随同一起去,任务主要是调查新办旅游专业的生源动态。

四、以广东、海南两省为突破口招收旅游专业学生

1993年春节期间,我和党委副书记张锦高、关康年一起商讨旅游资源开发与管理专业的招生问题。由于在北京调查生源的不确定性,我们讨论了第一届旅游专业新生从哪个地区和省份作为切入口进行招生的问题。根据我了解的情况,我给他们介绍说广东和海南可以作为突破口。这主要是考虑广东省有深圳经济特区,海南是新成立的省份,广东省和海南省是旅游业的热点地区。选择这两个省的另一个原因也是考虑广州那边我的学生多,他们是1978年毕业的工农兵学员,在地矿系统已经工作多年,许多学生已经担任领导职务,有利于沟通。海南有我认识的两位老师,他们原来是湖北省武昌实验中学的语文老师和数学老师,后来调到海南农垦中学,这样我可以通过他们了解海南省的生源动态。

春季学校开学以后,校领导会议讨论了这件事,并决定由我和综合教研室张先进老师(叶俊林老师委派)两人赴海南和广东进行生源调查。我俩首先到海口海南农垦中学找了两位老师,他们把校长赖瑞光引荐给我们。赖校长很热情,介绍了农垦中学(海南省的重点中学)的情况,尤其是海南的学生相对比较活跃。因为大部分孩子都是海南农场来的,农场大多在山区,而山区在发展经济方面相对比较滞后,但是农垦自然资源环境好,山水风光优美,这对开发自然旅游资源而言很有优势。农垦中学的学生大多为各个农场的子弟,这样可以对他们进行宣传,并鼓励他们报考地大旅游资源开发与管理专业。鉴于此,我们随后拜访了海南省委秘书长郑行顺(我带了一封推荐信去拜会他)。他表示愿意给我们做宣传,并向海南省有关部门反映相关信息,他与当时海南省教育厅厅长符鸿合相互熟悉。

在广东省地矿厅见到了两位地大(武汉)毕业的学生,一个是副处级干部,一个在佛山地矿大队担任总工。他们都表示这个新专业有利于广东省旅游业的发展和旅游资源开发,一定为母校做宣传。随后我们到深圳考察,在那里拜会了地大过来的王新华夫妇(他们二人原来都是地大的辅导员),在那里听取了他们对

深圳旅游业发展动态的了解和学校新办旅游专业招生的意见。

回到学校后,我给陈钟惠常务副校长、张锦高和关康年副书记做了汇报。随后,学校就确定下来,决定设立旅游资源开发与管理专业,并上了学校的招生宣传广告,我亲自撰写了招生广告的文稿。到了1993年5月,有一天,校办主任朱新国给我转来一个海南的电话,是海南农垦海口中等专业学校(另一个名称是:海南省农垦函授大学)陈昭畅校长打来的。陈昭畅副校长说,他看到了我们学校关于招收旅游资源开发专业学生的招生广告。他们学校很愿意和我校合作共同来办旅游资源开发与管理专业,并真诚地邀请我们学校派人到海南与他们具体商谈合作事宜。

听到陈昭畅校长合作的意愿,我马上去找陈钟惠常务副校长汇报这一动向,希望去海南一趟洽谈合作事宜。随后,学校办公会议决定,派人去海南。开始我建议陈钟惠常务副校长亲自去,他答应了,但由于另有会议要参加,又重新决定派关康年副书记去。考虑海南那边要有人懂财务,学校财务管理也很严格,我不太懂这方面的管理和费用开支情况,于是就建议最好让财务处处长亲自去一趟。学校考虑这件事有关学校新办专业的成功与否,还是很重要的,所以就同意了我的意见。这样就决定下来由关康年副书记带队,我和李正凡处长为队员,三人出发前往海口农垦中专商谈联合招收旅游资源开发与管理专业学生的事宜。在海南,我们找了当时的海南省教育厅副厅长,参加了省教育厅组织的一次会议。农垦中专的校长在会上谈了联合办学的想法,符厅长表示,旅游资源开发与管理专业有利于海南农垦系统发展经济,因为海南的农场大多在山区,旅游资源丰富,需要调查和开发。但是他不同意搞联合办学,认为学生必须到地大上学,这样才能保证学习专业知识的质量。符厅长提议,地大可以协助农垦中专培养旅游资源开发规划和导游方面的中专人才,招生要向海南省倾斜,多招收海南的学生。

1993年高考结束后,学校委派我亲自到海南招生。同时学校决定第一届旅游资源开发与管理专业学生可以以海南为主,并兼顾其他省份(主要倾斜贫困地区较多的省份和湖北省),专业放到地球科学院。旅游资源开发与管理专业1994年继续以招收海南省学生为主,兼顾湖北、甘肃、云南、青海、江西、广西等地的学生。

五、旅游资源开发与管理专业转向旅游管理

在招收两年旅游资源开发与管理专业以后,从 1995 年开始,学校考虑旅游专业的长远发展,准备把旅游资源开发与管理专业调整为旅游管理专业,同时把旅游管理专业由地球科学院调整到人文与经济学院(后来又调整到经济管理学院),这样有利于全国统一招生。

我记得当时有一天,陈钟惠常务副校长让我到他办公室一趟。一进门,他就告知我——"把你赶出地学院"。我当时有些摸不着头脑,就问为什么?他说,根据国家招生的专业目录,学校准备把旅游资源开发与管理专业调整为"旅游管理"专业,要与国家的招生目录一致,这样放在地球科学院就不太合适了,所以要把旅游专业的编制调整到经济管理学院。我在十分不情愿的心情中只好服从学校的安排了。旅游专业的"班号"编制也由原来的"18×××"改为"85×××"。从此,旅游资源开发与管理专业就彻底脱离地学院。与此同时,学校把在汉口一家酒店兼任总经理的王林老师调到旅游管理系担任副主任,这样有力地充实了旅游管理专业,并且由此成为经济管理学院的热门专业之一。从 1995 年开始,到 1999 年由专科升为本科,旅游管理专业得到不断充实和发展。

六、地大特色旅游专业的社会影响

鉴于地大旅游专业具有很强的地质地理特色,尤其是对自然旅游资源的研究具有很扎实的地学理论基础,所以得到了社会同仁的极大认可。首先是我们凭借中国旅游地学研究会每年一次的旅游地学年会与全国各地的旅游地学同仁交流信息,并借此契机着力凸显我校旅游专业对旅游资源开发、规划和环境保护的优势。在掌握大量旅游开发规划信息的基础上,我们也开始积极参与全国各地国家级和省市级地质公园的申报工作等。与此同时,我系利用在湖北的人脉、地脉优势,积极参与湖北省有关市县的旅游开发规划(如襄阳市、保康县、南漳县、房县、秭归县等)。当时湖北省分管农业的副省长在房县主持扶贫工作会议,特别邀请了地大旅游系的老师参加会议,我有幸参加了这次扶贫会议。房县的

旅游开发规划就是这次会议上定下来的省扶贫项目之一。另外,我们受赤壁市人民政府委托,对该市导游员进行专业知识培训,尤其是有关地学的导游知识。

在武汉市,地大旅游系与武汉大学、华中师范大学、湖北大学、江汉大学、中南民族大学、湖北经济学院、武汉职业技术学院等院校旅游系有着密切的联系;经常与湖北省和武汉市旅游局沟通,策划省市大型旅游活动;多次做客湖北省电视台,畅谈湖北旅游业发展动态和热点风景区,如长江三峡、神农架、武当山、襄阳古城与古隆中、恩施大峡谷、腾龙洞、省博物馆等旅游景区;并多次参与湖北省旅游局组织的湖北风景名胜区旅游路线考察和设计等。武汉市旅游局组织各区县旅游局进行导游培训,邀请了我校旅游系和武汉大学、华中师范大学和湖北大学旅游系教师到黄冈为旅游培训班授课,并在此期间组织考察黄冈市东坡赤壁、天堂寨和薄刀峰等景区,为这些景区提出开发、保护和规划的建议。

随着我校旅游系名声在全国范围的扩大,山西省旅游局邀请我们到山西做旅游规划。我们先后编制了山西省吕梁市、汾阳市、中阳县、方山县、岚县等县市的旅游发展规划。在这期间,对山西省长治市、大同市、灵石县等县市的旅游规划进行实地指导。我作为山西省旅游局特聘专家,对介休市绵山风景区进行实地考察,并提出修复规划的指导性建议。

2010年,我受台湾南华大学教授、台湾休闲农学会理事长李谋监邀请,参加了在福建厦门召开的海峡两岸休闲旅游资源开发前景论坛,与会代表主要是台湾省和福建省、浙江省的大专院校。我作为特邀代表在会上做了题为"海南资源环境问题与可持续旅游"的发言,得到台湾参会大学同仁们的认同。与会代表还提出希望两岸大学合作,共同调查澎湖、金门、马祖等岛屿旅游资源开发的设想。

2012年,南开大学出版社孙淑兰编审来找我,她邀请我担任总主编负责编撰一套(20册)"高等院校新概念旅游教材"(后来由于南开大学出版社人事变动,决定由哈尔滨工程大学出版社出版)。这20册教材为:《旅游学概论》《旅游市场营销》《旅游心理学导论》《旅游法规解读》《旅游审美概论》《休闲学概论》《旅游文化概论》《旅游商品概论》《中国旅游地理》《中国客源国概况》《酒店管理概论》《餐饮管理》《酒店前厅与客房管理》《旅行社经营管理》《导游业务》《旅游服务礼仪》《中外民俗概论》《会展策划与管理》《高尔夫概论》《旅游信息管理教程》。

2010—2019年间,我参与了张掖丹霞地质公园、江西三清山世界地质公园的申报与规划指导;受邀请考察了甘肃省临夏市和政县晚新生代古哺乳动物化石（和政羊、铲齿象、三趾马、披毛犀、埃氏马、巨鬣狗等）基地,并对古生物博物馆建设提出布展建议。另外,我作为清华同衡规划设计研究院旅游地学与地质公园研究所的高级顾问,参与并指导了贵州安龙省级地质公园、吉林抚松国家地质公园、黑龙江漠河国家地质公园、青海同德国家地质公园的申报工作等。

作者简介：

辛建荣,男,1946 年 10 出生,中共党员,教授,原地学院地史教研室兼职支部书记;后来随专业调整到经济管理学院,担任旅游系主任;创办湖北省旅游地学研究会（挂靠地大）,担任秘书长;创建旅游发展研究院并担任院长;主编《旅游地学》《旅游区规划与管理》《旅游地学原理》《新编旅游地学原理》。

地院西藏队 1973—1985 年团结奋斗的事迹

梁定益

一、1973 年"两郭"组队热心进藏

（一）历史回顾

1951 年，中国科学院李璞先生随军进藏，携筹建中的"北京地质学院"两位助教王大纯与朱上庆首次对珠峰与日喀则进行科学考察。1960 年，北京地质学院毕业生王富洲首次登顶珠峰，同期北京地质学院青年教师纪克诚首次珠峰登山，刘肇昌参加科考。

喜马拉雅山绝大部分在中国境内，而地质矿产考察被外国人垄断。板块说兴起，炒热喜马拉雅山与西藏，国际论坛无中国一席之地。我和郭铁鹰决心进藏，一心为中国珠峰科考开创新局面。

（二）科考队赴老山集训

"文化大革命"后期，1973 年，原国家登山队恢复活动，要求北京地质学院组织"国家登山科考队"赴北京老山基地集训，为 1974 年赴珠峰科考做准备，为 1975 年登峰准备，池际尚、高元贵院长率先支持。

（三）"两郭"组队

郭兴挂帅，旗下有纪克诚、何海之、白进效、仲禹。郭铁鹰招兵买马。池际尚教授亲自点将梁定益、聂泽同、莫宣学，郭铁鹰再联络池三川、汪铁铭、韦念龙以及学员赵温霞。

1974年3月,我校参加珠峰登山科考成员在希夏邦马峰下合影(左二为梁定益、左三为郭铁鹰、左四为聂泽同、左五为郭兴、右一为汪铁铭)

(四)池老搭桥

1979年,郭铁鹰和我参加池际尚老师主导的教改小分队,我继续参加1970—1971年马兰峪与宽城的教改活动。每逢周六下午,老山基地放假大家返校,晚饭后,我们在池际尚老师家打桥牌。郭铁鹰和我依然搭档,池老师与郑伯让或江祖如配合。大家心照不宣:池老师内心是想为我校登山科考队(西藏队)继承李璞先生之"西藏地质"事业搭建"无形之桥"。

二、敢挑珠峰登山科考重担

(一)队伍组成

1974年早春,国家登山队赴珠峰,队长是史占春,成员为吴宗岳、曾曙生、许竞、王洪宝、罗哲、大次仁多吉、阿布钦、索南罗布;我校行政、后勤队长郭兴;体育教练仲禹、尚际平,司机何胃平、言宗奎;炊事员朱玉惠、白索泉。同时成立登山地质科考队,由队长郭铁鹰,队员梁定益、聂泽同、莫宣学、池三川、汪铁铭、韦念龙、赵温霞等组成;中国科学院尹集祥等三人参加;此外,还有北京动物园技师两人。记者有新华社的官天一、《体育报》的陈雷生、《人民画报》的贾玉江等。还有两位摩托车运动健将,分别是来自北京汽车总公司的大聂与"八一"摩托车队的老马。

（二）进藏之路千辛万苦

1974年3月初，大部队由京乘火车到西宁，在西宁准备七天，再换汽车进藏。

科考队守夜看管货列装备及食品等货物，卸车装车。离西宁须春衣换冬装，赵温霞主动承包洗衣任务，我教他洗衣，作《新洗衣歌》："拍拍灰，掏口袋，先洗内衣后洗外。小件用手搓，大件用脚踩。外衣反着晾，内衣正着晒。"由于老铁（郭铁鹰的爱称）不小心，衣袋里的东西未掏，许多发票在水中泡烂了。

离开西宁向西行，首座山口为日月山。据说当年文成公主到此想起"西出难归"，落泪成河，形成西流的倒淌河。

西去格尔木，公路平直，晶亮如镜，这是用察尔汗盐铺成的，吴宗岳驾小车领跑，高速驾驶出车祸，头破血流，满头纱布。

从格尔木向南爬上昆仑山首个兵站纳赤台。穿越昆仑山是青藏路上最艰难的一段。

车速不超每小时30 km，沙土飞扬，颠簸加重高山反应，好在下到沱沱河兵站，解放军指战员招待国家登山队，有如贵宾亲人。准备三大桌"宴席"，端上红烧青海湖大鲤鱼。饭后，贾玉江为我作《垂涎三尺大鲤鱼》漫画一幅，留作纪念。

过了沱沱河又上唐古拉，青藏路上最高兵站——五道梁，这里正像韦念龙小诗所说的"五道梁最可怕，夜里下大雪，白天刮黄沙，……""唐古拉，反应大，十人到此九人趴，登山健将亦喊妈……"。

再经温泉兵站，下到唐古拉山口。此时已过青海省边界，踏进西藏，大伙心情豪迈。我吟诵了下列诗句："高原蓝天低，风雪三千里；站在云头上，冰雪锁军衣。此时我最高，众山尽脚底；敢问同窗友，谁能与我比。"

两位摩托车手首次到拉萨，在布达拉宫广场表演摩托车杂技，拉萨市民惊喜。次日，地院西藏队到布达拉宫下拍照留念，小莫（莫宣学的爱称）触景生情，随口朗诵两句顺口溜："老梁在拉萨，照相满地爬，……"

（三）会战珠峰

经过一个月，3月初，国家登山队全体成员终于安全抵达珠峰绒布寺大本营。登山科考队马不停蹄，立即投入战斗。

科考队安全抵达珠峰绒布寺大本营,立即投入战斗(左图左二、右图左一为梁定益；左图左五、右图左三为郭铁鹰)

1.3月中旬

登上北坳。国家登山队吴宗岳和许竞带领藏族队员大次仁多吉、罗哲、阿布钦、索南罗布,青年助教韦念龙等,在两位藏族马工与19匹马、两头牦牛的援助下,顺利登上7700 m北坳,后来还加入老将王洪宝,为第二年国家登山队登顶珠峰做准备。

登山科考队由我和郭铁鹰、汪铁铭组成小组,在登山老将王洪宝的带领下,背着七天的粮食、帐篷、汽油与汽油炉等,重达20 kg以上的登山大背包,沿登山路线,经三天到达6400 m营地。四人分两个帐篷住下。当晚我们三人反应较大,我似睡非睡,连喊:"我要吃巧克力,我要喝水……"第二天早上,队医董医生来给我测脉搏,脉搏达90次左右。王洪宝继续登山,让我们三人留下做科考。这一天,我和郭铁鹰进入附近一座喀斯特冰洞,通过冰帘正好看到远处的珠峰,它在薄云环绕下楚楚动人,这是一次巨大的精神享受。

(1)欢庆登山科考获成果。我和郭铁鹰、汪铁铭从6400 m营地撤到6200 m高地时,我们美美地睡了一觉。早上风轻云淡,我在野簿上画了珠峰素描图,写下了一首诗:品品绒布鳞鳞影,半壁悲崖半壁冰。古海已去百万载,留下女神舞天庭。

马杏垣教授将此不整合称为"珠穆朗玛运动",首次纠正了中外学者普遍认为的"喜马拉雅地区全部地层是连续的,只有一次喜马拉雅运动"的错误观点。

郭铁鹰在珠峰北坡5400 m处,发现有高角度向北倾斜正断层。马杏垣教授对此断层非常赞同,暗示珠峰地区也存在伸展构造。

(2)探查"冰塔林"。在国家登山队登北坳出发的当天,聂泽同、郭兴、池三川、莫宣学等出发探访中绒布冰川末端——冰塔林,随同记者有宫天一、贾玉江与陈雷生等。

进入冰的世界,晶莹碧透,美不胜收。高处是冰塔成林,冰柱成群,低处是冰下流水,残壁断桥,冰牛冰马、冰风冰鹅成群。记者们不停拍照,拟作为出版年画相册,刊物封面……

1974年我校登山队在绒布寺考察冰塔林

聂泽同等的科考结论是:高原隆升,雪线提高,气候变暖,冰川融化。为后人提出的"地球变暖"提供证据。

2. 4月上旬

聂泽同陪尹集祥到聂拉木再次采集舌羊齿植物化石。舌羊齿植物群在喜马拉雅北坡被发现后,受到中外学者的高度关注,对其化石的采集也是此次登山科考的重要任务。

在绒布寺,我和郭铁鹰二人为了填绘珠峰北坡 6000 m 雪线之下地质图,天天登上 6000 m 的山头,查明"绒布组"特征与分布。

莫宣学黑夜难归。绒布寺会战第二天,莫宣学领中国科学院两位青年小伙,越过绒布寺峡谷,在绒布组变质砂板岩中,发现一层"角闪岩片岩",由此证明绒布组应属基底岩系。他们越走越远,直到日头落山,才想起归巢。但天黑了路难走。此时,郭铁鹰和我在帐篷里为小莫焦急,不时鸣枪示方向,终于在零点过后,迎来三位小伙回归。

3. 4月下旬至5月上旬

珠峰外围教学——科考。沿日喀则—聂拉木至樟木—中尼边界友谊桥,是1966—1968年中国科学院建立喜马拉雅"全部地层"的经典剖面。尹集祥(校友)是主要参加者,他愿意带领校友们熟悉这条地层剖面。重点是聂拉木公路段的古生界。老尹像教学实习那样逐层逐段详细讲解,郭铁鹰、梁定益、聂泽同、莫宣学、池三川像学生一样虚心学习。

但我和郭铁鹰、聂泽同对这条"全部地层均属单斜连续的经典剖面"提出几点新认识:前寒武老岩系上部存在同斜褶皱;"北坳组"上下地层不全,下与前寒武系为顺层断层,上与下奥陶统甲村组厚层灰岩并不连续,应为平行不整合;下石炭统与下二叠统之间,缺少上石炭统。因此,"喜马拉雅全部地层是连续的"观点并不全面。

三、校、队结合成楷模(1975—1979年)

(一)登山科考转铬矿勘查

1975年元旦,西藏自治区地质局局长李东升亲自飞往北京,请求高元贵院长派地院西藏队援助,调查勘探铬铁矿,原因是国家急需。高院长满口答应,并对郭铁鹰说:"不去,你们要后悔……。"郭铁鹰队长立即组队,4月初出发赴山南桑日县绒区——西藏地质二队基地。

(二)地院西藏队组成赴藏

队伍由多个专业的教师组成,包括我和郭铁鹰、聂泽同、莫宣学、薛君治、赵延明、胡家杰、林秀伦、池三川、刘浩龙、师其政等,还有学生赵温霞。当时,马杏垣教授得知此名单后,对郭铁鹰说:"我这辈子未能搞成多学科科研队,你有幸搞成了!"

罗布莎铬铁矿出露于雅鲁藏布江南岸陡壁上(曲松县境内),雅江在此成峡谷。

(三)校、队结合,旨在配合协作

地院西藏队与西藏地质二队二分队合作,任务是:对铬铁矿外围做普查勘探,为期五年(1975—1979年)。西藏地质二队实际上在绒区也只有两年的工作经验。分队长是徐宝文,队员有巴登珠、张宜智、向余庆、钱定宇、忻华林、雷文博、阿真多吉、李国良、奚成德、王为平等,以及甘肃援藏技术员龙世斌、柯亨芳等。地院西藏队很快融入西藏地质二队之中,二队同仁怕冷落了地院西藏队,特别新设一个角色——伙委主任。我当了伙委主任,伙食民主化,大家很愉快,更融洽了。

四、铬矿勘查与地质填图全面展开

(一)1975年

(1)郭铁鹰、莫宣学带赵温霞勘查罗布莎与康金拉。三人骑三匹马,背三支枪。在路过布满鼠洞的草甸时,郭铁鹰马失前蹄,肘部严重扭伤,但他忍受着剧痛,带领小莫、小赵登上海拔5000多米的康金拉。满山红岩"磨拉石",命名渐新世"罗布莎组"。

(2)聂泽同和钱定宇主管地层时代确定。他们俩在绒区朗杰学群中首次发现"双壳类化石",层位定为上三叠统。接着,又在雅江(断裂)北侧灰岩中采到"固着蛤化石",时代定为晚侏罗世。

(3)我和郭铁鹰负责矿床围岩地层的确认。他们根据岩层的韵律结构和印模的特征,确认为"浊积复理石"。

(4)胡家杰,从病人到楷模。胡家杰是我校1956届毕业生,留校任教,他和我们一起进藏,但他一到拉萨,因高原反应病倒了。医生劝他,不能在西藏上山搞地质了,尽快坐飞机回北京吧!当时郭铁鹰以为胡老师会听医生的劝告,所以,请在拉萨的二队同志照顾他几天,然后帮他买张回京的飞机票送走他。地院西藏队到达绒区后,那时通信条件极差,音讯全无。胡老师抱着"不到罗布莎死不罢休"的决心,请二队领导帮他实现这个愿望。就这样,他抱病乘搭二队一分队的便车来到了罗布莎矿区,一个人对罗布莎矿区进行了近一个月的勘查工作,并写了文字报告,交给了矿区领导,矿区领导评他为"榜样与劳动模范"。他为地院争了光,他成为队、院结合的楷模。一个月后,他的身体实在坚持不住了,二队领导给他买了飞机票,从罗布莎直接送他到拉萨机场,欢送他回校。

(二)1976 年

(1)桑日会战。1976 年 4 月,二分队决定,立即开展"桑日会战"。巴登珠率梁定益、忻华林、刘浩龙、奚成德、龙世斌、柯亨芳、钱定宇、杨胜秋(女)等十余人,在桑日县城边上,安营扎寨。梁定益、龙世斌、刘浩龙、柯亨芳、小余等实测剖面,巴登珠、忻华林、钱定宇、杨胜秋等进行专业研究与填图。

每天十余名好汉背十余条枪,飞骑十余匹马,列队出发,赛马回寨。新建了上侏罗—下白垩统桑日群三个组,以及上白垩统基性岩与超基性岩组。桑日群的中、上两组,由中基性火山岩及放射虫硅质岩组成为岛弧型。

(2)加查会战:铬铁矿勘查有进展。桑日会战后,巴登珠马不停蹄,率薛君治、郭铁鹰、聂泽同、阿真等考察朗杰学组砂岩及其中超基性岩小岩体群与铬矿。地点是加查县藏木乡苏夏沟。薛君治发表惊人观点,超基性岩小岩体为热侵入形成。郭铁鹰接着发表看法,这些小断层与雅江大断裂同方向,高角度朝南,属雅江大断裂伴生断层,最少有两期,反映雅江大断裂最少有两次开合运动,超基性岩也可能有两次侵入。巴登珠仔细观察超基性岩含铬矿,这是当年铬矿普查的一个大进展,地学认识由此大大提高。

(3)1976 年阶段总结。当天下午,最后一个填图小组,郭、梁、阿真、老龙平安、健康归来。地院西藏队与二分队的同志们团结协作,取得超出预期的成果。这一年冬天,二分队和地院西藏队大部成员回内地休假,唯独巴登珠、郭铁鹰、莫宣学留在达孜二队部,做室内研究和写阶段报告。

(三)1977 年

(1)我带新手师其政老师进藏,遇昆仑山大雪灾难。二人离京乘火车直达格尔木,在等了一个星期后,二队进藏的大货车终于来了。副驾驶座上挤了两个人,货车立刻开到了纳赤台运输站。司机说:"昆仑山这场大雪,车辆何日能运行很难说,我们只有在此等候。一旦扫雪车下来,我们第一个抢时间进藏。"还好,只等了一个星期,我们日走夜宿,终于到了拉萨。那时通信条件极差,将近一个月的时间里,没有亲人的音讯,提心吊胆,我们两家的家属,每天到系办公室等候消息,直到一个月后,才接到拉萨发来的电报:"安抵拉萨,放心。"

(2) 1977年,我和阿真小组继续在加查填图。巴登珠布置的任务是:三天内完成加查西部森林区填图。阿真背枪当保镖、打猎,我带笔加罗盘,穿着军雨衣,徒步出发。"第一天傍晚,下起了小雨,阿真说:为防野兽侵犯,我们必须住在树上。他找了一处树枝密集的大树,上盖雨衣,下铺雨布,半躺在树枝上。这个晚上,两人一根接一根抽着香烟,等待天亮。天亮了,阿真下到树下时,意外地拾到一块完整的麝香,惊喜万分。这是他家几辈子人才能得到的天宫赐赏!

第二天,我和阿真空腹在林中觅寻食物,毫无所获,遂继续前行。第三天,梁定益和阿真找到了加查林中唯一的"朗杰学群砂岩露头",完成了任务。

(四) 1978年

五年任务四年完成,地质成果超预想。

(1) 会战泽当。巴登珠领队会战泽当,成员有我和郭铁鹰、莫宣学、阿真多吉、李国良、奚成德等。我们新建了"泽当岩群",为岛弧型中基性火山岩、放射虫硅质岩及超基性岩。其中,放射虫硅质岩质地纯,老巴爱不释手,视为宝石级玉石,时代也为晚侏罗世至早白垩世,与北缘"桑日岩群"年代一致。

(2) 建立始新世郎舌岭组。郭铁鹰和我还在"桑日岩群"之北,建立始新世郎舌岭组。该组岩性为滨海相含砾火山碎屑岩,含货币虫化石碎片,不整合于泽当岩群之上,是早喜山运动产物。

(3) 雅鲁藏布江大断裂真相。20世纪60年代中后期,中外学者几乎一致认为,隔着大洋的印度板块沿雅鲁藏布江断裂带,向下俯冲到欧亚大陆拉萨板块之下,雅鲁藏布江大断裂被想象为一条低角度向北俯冲的断层。

早在1966年,张宜智等人就发现过罗布莎至加查藏木乡一带,雅江断层为高角度南倾逆断层。1976—1978年,巴登珠、郭铁鹰、莫宣学等再次对上述地段做实地调查,也证明雅江大断裂带为高角度南倾逆冲断裂带,郭铁鹰认为,雅江大断裂带至少有两期小开小合运动。

我国对西藏有实地调查研究的学者多认为"西藏境内为由多个地体(小板块)组成,其间为多次小开小合(运动)的小洋盆"。地大与中国科学院学者认为"东特提斯称为多岛洋"。他们的观点实际上是对板块说的纠正与补充。

四、池老如愿进藏,郭梁科考喜山南(1979年)

(一)池老进藏

1979年春,西藏自治区政府召开第一届喜马拉雅学术讨论会,池际尚院士接受邀请,在聂泽同陪护下,池老坐飞机进藏,实现了她数十年来的愿望。

池际尚院士在布达拉宫前合影

池老身体不好,又加上严重的高原反应,当晚在招待所是坐在床上度过的。第二天,她坐在主席台上出席大会。在晚宴上,老聂带我和郭铁鹰、莫宣学、徐宝文、巴登珠、张宜智等,向池老敬酒祝贺。会后,在刘增乾总工、聂泽同、莫宣学、王毅等人的陪同下,沿着李璞的脚印,观察了藏南花岗岩,在莫宣学的带领下,参观了罗布莎超基性岩体。遥望藏北和藏东——李璞先生走过的地方。

(二)藏南科考收获多

为了实现池老的愿望,我们队校结合,参加1980年开始的"'六五'青藏地调项目"。1979年,郭铁鹰、我和赵崇贺、何科昭、赵其强、李国良、王为平等人赴藏南考察。

1. 康马科考成果大

团队成员住在公路边的"康马兵站",一天三餐在食堂解决。每天骑马工作归来,可在兵站旁的私人浴池里泡温泉。构造行家何科昭说:"温泉的地热来自康马花岗岩。"何科昭填图发现,康马花岗岩岩体成北东向,为藏南存在北东向构造树先例。岩石行家赵崇贺指出,岩体周围地层受热变质作用明显,比区域变质要强烈得多,属"燕山运动产物"。

我和郭铁鹰、王为平一组,新发现白定浦组二叠纪茅口期灰岩风化壳之上部分,直接被下三叠统砂、板岩平行不整合覆盖,即郭铁鹰和我首次发现"藏南运动"第一例。

2. 帕里——亚东国境界地质考察

(1)在进入亚东路上,我与王为平考察帕里区南的"多塔灰岩"。我不幸摔跤,但有幸拾到一块含小型腕足类砂质灰岩,确定"多塔灰岩"为下奥陶统。无独有偶,2001年我在参加"江孜—亚东幅"地调期间,与李尚林对"多塔灰岩"进行追索,确认下奥陶统的"多塔灰岩"与下伏前奥陶系浅变质岩为"平行伸展不整合",称"泛非运动"的产物。

(2)我和郭铁鹰、赵崇贺等人,在亚东河国境界附近的亚东老岩群发现有"花岗片麻岩"。赵崇贺认为它可能与乃堆拉花岗岩有关。当年,乃堆拉哨卡还不能进入,赵崇贺只能"望岩兴叹"。没想到,有一位哨卡战士,骑摩托车将一麻袋"乃堆拉变质岩"样品,送到老赵手中,令老赵感慨万分。

3. 拉孜中贝雅江带"混杂岩"新知

郭铁鹰、我和赵崇贺、李国良、王卫平转战中贝,落脚的地方位于中贝一条小河沟旁。

中贝段的"混杂岩",实际上是中二叠统茅口期与下三叠统灰岩大大小小岩块"混杂"在上三叠统朗杰学组浊积(复理石)之中。这里最大的岩块长达1km,我们的驻地就在这巨型岩块之上。

我和郭铁鹰亲自对此巨型岩块考察,其中所含小型无鳞板单体珊瑚,时代属中二叠世(茅口期),其上为含克氏蛤的下三叠统薄层灰岩不整合覆盖,这是"藏南运动"又一例。单体珊瑚由王鸿祯教授亲自鉴定。郭铁鹰等队校结合人员联合发表《藏南运动》等文章后,澳大利亚地质古生物学家Dickins对文章中的"单体珊瑚"特别关注。

我对"浊积岩"中巨大岩块的来源提出看法:"统一大陆"在"晚三叠世"雅江带才开裂断陷,正是强震发生时期,形成的中贝"震积岩"。

五、"拼命三郎"闯阿里,队校结合定乾坤(1980—1982年)

(一)队伍组成与进军路上

在西藏有二十多个分队,但没有敢闯阿里的,连自治区的领导都不主张我们去,唯地院西藏队表示要"勇闯阿里"。友队纷纷竖起大拇指,说:"郭铁鹰带领的西藏队是'敢死队''拼命三郎队'。"实际上,郭铁鹰为人并不粗鲁,他心里明白,一支院校或科研单位队伍,是不可能单独闯阿里的,必须与西藏地矿局的队伍结合,才能完成任务。

地院西藏队由队长郭铁鹰、技术负责我和聂泽同,以及赵崇贺、赵延明、何科昭、陈昇平及研究生肖劲东、孙特、胡昌铭十人组成。西藏二队由队长徐宝文、总务长张宜智,以及队员李国良、奚成德、李仲标、冯玉昆,两位伙食员,以及大盛、小钟、老伯孙和李师傅等八位司机组成。

(二)勇进阿里难处多

从拉孜出发,越过地热喷泉山,便进入了阿里海拔 4500 m、寸草不生的高原,砂土裸露地表。阿里高原本无人无路,车队只能找前人车迹行走,陷车、挖车乃"家常便饭"。第一天,到达沙尘飞扬的措勤县,我们满脸、满身都是沙土。进阿里,遇到的第一人是措勤县招待所藏族服务员,晚餐是"油炸全鱼"。

次日,车队平安到达寒冷改则县,路上伙食仍是"油炸冷水鱼",是藏族哑巴师傅连夜油炸的。晚上,大家围着火炉烤火,五月份烤火,在阿里是平常的事。

第三天中午,小钟驾驶的牵引大车又抛锚了。老伯孙的检查结果是,小钟将电风扇安反啦!水箱被电风扇打穿一个小洞,必须到狮泉河区里修理。老徐果断决定,由他带着老伯孙、小钟,带着破水箱,开往狮泉河修理,修理好了再送回来。郭铁鹰带领车队及人员同时到狮泉河办理各种手续。我和聂泽同及三位研究生留下,看守牵引车及车上行李。梁定益、老聂和三位研究生背着五支枪,守车三天两夜,防止歹徒抢劫。更苦的是,这里方圆数公里范围内没有水源,我们只好挖井求水,但水质咸苦,冲碗奶粉,难以入口。团队会齐狮泉河,张宜智派车队为狮泉河区政府到新疆库尔勒购买三年的石油,供应地调四分队使用。我和郭铁鹰、老聂马不停蹄北上多玛区工作。

(三)我和郭铁鹰三上龙木错(湖),聂泽同有重大发现

1. 我和郭铁鹰一上龙木错

龙木错位于日土县多玛兵站之北八十多公里处,是阿里地质项目北界。在阿里地质调查的首日,大盛驾驶小车带我和郭铁鹰北上龙木错。在距离兵站约70km新藏公路西侧的一条大沟,小车开到沟顶,误停在冻土层之上。铁鹰在这里定了阿里地质点"No 1"。

中午之后,我和郭铁鹰踏勘归来,坐在车上,大盛发动小车准备离开,这才发现,车轮已经深深地陷入融化的冻土层的沙土之中。此时,天不作美,又下起了阵阵雨雪。三人又饿又冷,轮流用一把铁锹试图撬起陷入泥沙中的车轮。好半天过去了,却毫无进展,大家已经筋疲力尽。这时,大盛只好牺牲了一个备用车胎,插进后车轮之下,才使小车脱险离开。回到多玛兵站,已是半夜三更。第二天中午醒来,才在兵站得知,我们车陷的山沟正是当年筑路班几位战士误喝毒水而遇难的"死人沟"。

2. 聂泽同多玛重大发现

我与郭铁鹰北进龙木错的同一天,聂泽同与三位研究生——肖劲东、孙特、胡昌铭,在多玛托塔拉首次发现二叠纪以 Eurydesma 宽铰蛤为首冈瓦纳相冷水动物群。它的重大意义在于否定了中外主流学者主张的石炭—二叠纪时期,冈瓦纳大陆(板块)以雅江-印度河断裂带为北界的错误主张。

当晚,为躲避歹徒抢劫,小钟开车将他们四人从公路拉到了一条渠沟里,又冷又饿过了一个晚上。

第二天,聂泽同小组实测多玛的经典剖面,建立了以 Eurydesma 动物群为首的曲地组,以单通道蜓为首的"脱塔拉组"和以新希瓦格蜓为首的吉普组,时代定为下二叠世至中二叠世。

3. 我和郭铁鹰二上龙木错,创建"印支开合带"

次日,我们乘大盛小车,向北 80 km 到达龙木错南岸,向东追索。车子又陷到"沙滩"中。我们艰难步行一个多小时,发现一块含"单通道蜓"的灰岩岩块。

郭铁鹰留下定点填图,我向南方奋勇追索,从滚石到基岩露头,清一色上三叠统"浊积复理石"沉积,并被花岗岩体侵入。后来,郭铁鹰将龙木错断裂带与双湖断裂带相连,称为"印支期开合带"。

4. 梁定益和郭铁鹰三上龙木错,登上两高山

我和郭铁鹰、李国良分乘小车、大车,直奔龙木错,在西端的散尔东山脚下,支帐篷住下,次日早晨,三人快速登山,六千多米的雪顶山,一天拿下。在近山顶的灰岩中,找到厚壳腕足类化石,与藏南康马白定浦组化石相似,时代定位中二叠世茅口期。

次日,我和郭铁鹰乘司机大盛的小车直往多玛南山东端——聂泽同小组实测中二叠统与下三叠统假整合的剖面之地。

我们决定再追索一段,最后再定论。这里地层北倾偏东,山形南陡北缓。我们与司机大盛约定,小车回到北坡等候。郭铁鹰和我自东向西,沿陡坡向上追索,终于在多玛南山六千多米近山顶陡壁上,确定了"藏南运动"平行不整合的存在。但越过山顶到达北坡,必须登上三米多直立的陡壁,铁鹰想起"搭人梯"的办法。我赋诗铭记:

不为名不为利,患难时刻见高低。

不惊天不动地,关键时刻当人梯。

(四)探访高原海军营:赵崇贺追索超镁铁岩

1. 1980 年 8—9 月,探访班公湖

徐宝文、聂泽同、赵崇贺、赵延明、奚成德、冯玉坤等乘坐海军汽艇,探访班公湖中、印分界内的班魔掌营。班公湖呈东西向,在我国境内约 100 km,淡水,海拔约 4200 m。在印度克什米尔境内约 30 km,为咸水。

老徐他们到这里考察班公湖断裂带,班公湖断裂带是青藏高原上最重要的一条构造断裂带。

营队官兵对考察队员如亲人。每当队员们上岸考察归来,小战士们都端来热水,供队员们洗脚。队员们拒绝时,战士们说:"你们不洗,我们就要挨批。"徐宝文等经过多天的考察,向海军军营告别那天,我方汽艇刚开动,印方汽艇也发动响声。真不知他们是对抗我方还是欢送我方(队员们)。

在班公湖东岸,郭铁鹰和我发现:晚白垩世砂砾岩系(磨拉石)不整合在侏罗纪浊积砂、板岩夫红色放射虫硅岩之上,郭铁鹰称之为"燕山期开合带"。

2.1980年10月,再次探访且坎哨卡

在且坎哨卡欢迎晚宴上,连长、排长、班长与战士们轮番敬酒,老徐、老聂、赵延明都顶不住了,此时,躲在后面的赵崇贺挺身而出,端起两大杯酒,反敬各位首长们,这场敬酒大战才宣布结束。次日,岩石专家赵崇贺率众人,在持枪战士的保卫下,从夕尔地向下追索变质的含铬铁矿包体的超镁铁岩体,直到中印边界为止。

3.归途路上再遇险

1980年10月中旬,郭铁鹰、徐宝文两位队长考虑进军阿里已有半年之久,也取得了辉煌战绩,天气已经变冷,决定收队,然后南下普兰经马悠木山口,直奔拉萨。到普兰县后,大家得知马悠木山口已大雪封山。老徐当机立断,决定返回噶(嘎)尔县,再到仲巴县,向东回拉萨。若从普兰出发,仲巴县当天就可到达。我和聂泽同、奚成德、肖劲东乘小车开路,我们当天傍晚就到达了仲巴河东岸,与仲巴县隔河相望。要开过河才能到达仲巴县,不料,小车陷入了河中央,进退两难,只能等待后面大车相救。此时,奚成德突然全身发抖,口吐白沫,幸好"队医"聂泽同及时救助,才化险为夷。后面的车队到来,"救"出了小车。大家到达仲巴县招待所住下,已是三更。回拉萨还需两天路程。

(五)1981年会战札达县

1.马拉山口发现大铜矿

1981年春季,队伍驻进波林兵站。第一天,我和郭铁鹰、聂泽同、张宜智、李国良、陈昇平等人,骑着骏马,扛着枪,沿着端真龙日曲(河),向马拉山口前进。河滩上,冰川巨砾密布,马匹难以向上,只能就地搭起帐篷住下,众人夜里都出现了不同程度的高山反应。第二天,李国良鼻青脸肿,不成人样。我和郭铁鹰、聂泽同、陈昇平等四人,自我感觉良好,"越是困难,越要向上"。

在离冰雪覆盖的马拉山口(海拔约6200 m)不远的坡地上,我和郭、聂、陈四人惊喜看到河水对岸一片孔雀石与黄铜矿闪闪发光。此时正值五月,是冰雪消融、洪水暴发之时。这里端真龙日曲河水宽度不足8 m,但水流湍急,令人生畏。但是,在阿里找到矿产的责任感使郭铁鹰下了狠心。我和他不顾地冻水寒,两人手拉着手,举起榔头,毅然裸身跳入水中。好在水深只没腰,但河底密布冰川巨砾,每走一步都摇摇晃晃,令岸上的聂泽同、陈昇平非常担心。但看到郭铁鹰和我抱着两大块铜矿样品归来,兴奋不已。此时,我和郭铁鹰二人冻得全身发紫、发抖。在归来路上,我和聂泽同又意外地发现了含小腕足类化石的下奥陶统灰岩。

2. 聂泽同又有大发现

从端真龙日曲返回野外驻地途中,聂泽同又拾得一块下奥陶统"大而扁"的腹足类化石。聂泽同与张宜智决定,第二天他俩带领奚成德、李仲标实测下拉孜剖面。下拉孜海拔约 6000 m,连马匹都望山退缩,他们坚持登山实测剖面。惊喜的是,他们在奥陶系中发现三叶虫动物群化石,这不仅是阿里新知,连西藏也是罕见的。意外的是,奥陶系之上还是连续的,有含化石的志留系与泥盆系,呈不整合关系,称"祁连运动"产物。这一实测剖面,又成为阿里地区的经典。

接着,他们又在波林河界西山,实测侏罗系剖面,采到大量菊石化石。

3. 我们小组首闯扎达"未改区"——马阳

1981 年 5—6 月,郭铁鹰请求县政府批准我们小组参加一年一度的工作队慰问未改区——马阳的活动,县政府满口答应,于是,我、郭铁鹰、赵延明及二队的炊事员小王(兼任藏语翻译)等四人,持枪与县政府马帮队和两名持枪武警战士一起,首次进入未改区——马阳。

札达县未改区位于喜山末端南坡,与印度交界,是西藏解放后唯一保留旧的农奴制度的一块地方,交通极为不便。从札达县城出发,北渡象泉河,经香孜土林区,再绕回喜山北坡。首日晚,搭帐篷住下。次日上午,众人或俯身爬行,或拉着马尾巴,才能登上海拔 4000 m 的山顶。下午,众人要拉着马匹,"从天而降"下到马阳。未想到的是,受到了妇女和姑娘们的列队欢迎。晚上,一位最年长的老奶奶,设晚宴招待,姑娘们的列队跳舞、唱歌,并逐一为来宾们举杯敬酒,直到连干两大杯青稞酒,才转向另一位来宾。晚会必须喝光众家送来的两大罐酒,才能罢休。往年,类似的晚会,男士们都要喝到次日凌晨,醉倒各家门前。这一次,工作队领导专门为北京来的贵宾说情,郭铁鹰等四人可以提前离开,避免一醉。

次日,工作队将马帮带来的物品(盐巴、酥油茶、衣物等)分发给乡亲们。工作队带着马匹原路回扎达,留下我们四人在马阳进行野外考察。

我们四人亲眼看到了马阳未改区仍保留着农奴制度,所有农奴都为农奴主种田、养牛、牧羊。这里没有电灯、电话,没有货币,没有货币交易,没有公路,也没有带轮子的车辆……

在马阳,我们四人有时帐篷搭在农奴们的凉台上,有时与马工们一起住在马阳山上。我和郭铁鹰、赵延明三人,穿着与藏族民众不同的服装,骑着马,背着枪,被印度密探或哨兵夸张地称为"来历不明的一群人"。

我和郭铁鹰、赵延明三人,在马阳经过十多天的野外调查探明,马阳的二叠系、三叠系,与库蒙基本相同。特别值得高兴的是,我们发现了三叠纪的菊石宝库,于是采集了五麻袋连围岩在内的标本,由赵延明和小王请马工带着马匹,驮着五麻袋标本,运回札达县。

我和郭铁鹰送走老赵、小王后,接着到什普奇考察。什普奇村是马阳的主人(农奴主)的驻地,什普奇小河在中印两国的交界处,河上一座小桥,印度商人过桥到马阳来做"以物换物"的生意。

马阳主人(农奴主)见到我和郭铁鹰两人,高兴地说:"你们到马阳乡,我毫不知情,今天遇到你们,请到家里做客。"他特意为我和郭铁鹰二人做了"杏仁油炸油饼",杏仁油是珍贵的油类,一般不食用,而他用杏仁油炸油饼请我们,可见他的诚意和对我们的招待规格之高。

晚上,他让我和郭铁鹰将帐篷搭在他的杏园林里,每逢微风吹来,成熟的杏子就落在帐篷里,张着嘴巴,就能吃到甘甜的杏。白天上山考察,不带干粮带杏果,别有一番乐趣。

十天什普奇之行,我和郭铁鹰完成了石炭系至侏罗系地方性地层单元的建立。十天之后,我和郭铁鹰两人离开什普奇时,全村妇女敬青稞酒和酥油茶欢送。

由什普奇返回札达县,我和郭铁鹰决定不走回头路,而是沿着中、印(印控克什米尔)边界北上,穿过喜马拉雅山脉末端,越过象泉河,到狮泉河的首府——甲岗。甲岗兵站地处新藏公路旁,事先约好,李国良带小车一辆等候我们一起返回札达县。

我和郭铁鹰背着枪,各骑一匹骏马,马工带着一匹驮着行李的老马。未曾想到,刚刚上到喜山时,我骑的骏马突然受惊,跳将起来,将我连枪带人,从马头翻转 180°,重重摔在山上,骏马飞奔下山约 1km 远,我疼痛难忍,不能行走。马工说:我乘坐的是一匹烈马,受惊了,短时间内,不能再骑了。郭铁鹰心地善良,把他骑的骏马让给我。三天时间,郭铁鹰当了"苦行僧"。待到甲岗兵站时,李国良和小车司机李师傅无奈苦苦等了一个月,才将我和郭铁鹰带回扎达县。

4. 畅饮鱼头汤,发现铁矿神山旁

我和郭铁鹰、李国良乘坐李司机的吉普车,逆狮泉河东上,在左左乡附近横渡河水,逆坡而上,到达狮多平台上,在狮泉河边住下。白天上山找矿,傍晚炸鱼当饭,光吃鱼肉,后来只喝鱼头汤,味道鲜美异常。

狮泉河位于冈仁波齐峰神山西北脚下,雪山上的雪水、泉水会师狮泉河。狮泉河铁矿为矽卡岩磁铁矿,品位较高,目估储量可能是中小型。

5. 大杂家聂泽同,独特新发现

古生物专家兼大杂家聂泽同,率奚成德、冯玉坤等,赴扎达县象泉河北香孜,在含大量箭石的侏罗系薄层灰岩、覆盖新近系上新统砂岩发现了鲜为人知的土林地貌景观。砂土半固结,厚度深,垂直节理发育,在风沙与雨水的长年冲刷下,形成了蔚为壮观的"土林",在西藏境内绝无仅有。

在一座小山上,有一座"古格王国",在残墙断壁下,满地都是盔甲残片与弓箭断支。显然是一处战事的遗址。据老聂后来考证,这是一场 300 多年前的"古格王国"(是象雄文化的一支传人),被拉达克部队所灭的战役。

接着,老聂等人又到门土温泉探查,这里是另一番景象:古泉华形成一座高阶地,晶莹剔透,而新泉华沉淀在沙滩上,一片片,在水下沉淀的泉华则出五颜六色,美不胜收。这是西藏境内少有的岩溶景观,可惜游人极少。

6. 赵崇贺挑重担,两大岩基献普兰

1981 年,岩石专家赵崇贺与李国良、奚成德、李仲标等人,调研普兰喜马拉雅深成中酸性岩侵入体。他们圈定了两个岩基,一个是高喜马拉雅带的阿依拉岩基,面积 1400 km^2,迄今 50.90Ma(地质年代单位,百万年);另一个是喜马拉雅带翁波岩基,面积 700 多平方千米,迄今 38 Ma 侵入。粗略计算表明,不同时期的两个岩基,先后侵入围岩一起,每年都与围岩一起以略小于 1 cm 的速度持续上升,这乃是喜山运动阶段的特色。

1981 年 10 月 1 日,正是聂泽同与赵崇贺两年阿里地质科考大功告成之日,这天,拉萨歌舞团在国庆节之际,来普兰为军民慰问演出,老聂、老赵作为地调四分队的代表,特邀在主席台上观看慰问演出。

(六)1982年开门红,捧回三趾马头

二度探访札达县,我多次看到藏族老乡手中的"龙骨"碎片,说是"龙骨在西藏也能入药"。当问到这些龙骨碎片产于何处时,老乡指向国境线上的达巴区。我当然知道,这些龙骨,无疑是三趾马化石碎骨。郭铁鹰在与札达县县长交谈中,得知20世纪60年代初达巴乡亲们在一座土山兴建水渠时,挖出许多龙骨及一枚像是马头的化石,藏民将"马头"献给了老藏医。以后再无人提起此事,估计"马头"还在老藏医家中。县长又说:"我与老藏医也是老交情了,此事我可以帮忙。我给你们准备两匹马,由县里放映员当向导,带上你们一位专家到达巴,找区里的书记。他带你们找到老藏医,马头就可以捧回来啦!"次日一早,我跟随放映员骑着马向海拔4500m的达巴区艰难出发,第二天傍晚到达。

达巴区委书记在月光下的篝火旁,举起青稞酒,接待我。我想起了李白的诗句:"举杯邀明月,对饮成三人。"三巡过后,我将来意禀告。书记未等我说完,就用汉语说:"放映员已经将县长的意见告诉我了……老藏医已经云游四方,向藏民施药治病,难得在家……"见我着急的样子,书记急忙补充说:"我已经派人通知老藏医家属,明天一早将马头送到你手中。"书记接着说:"老藏医一旦知道马头献给中央政府、中央院校,他一定满足啦!"

(七)普兰——好结局

普兰位于阿里地区之南,分别与尼泊尔、印度接壤。普兰以两湖、两山闻名于世。

两湖:神湖——玛旁雍错("错"即"湖"之意)。

鬼湖——拉昂错,地质特征由赵崇贺、张宜智、李国良确认。

两山:女神山——纳木那尼峰。

神山——冈仁波齐峰。

1. 神湖显风采——"泛非运动"

1982年夏,地调四分队技术人员七人与司机四人,聚集于神湖西岸的一所中学住下(学校放暑假),全队最年轻的奚成德和冯玉坤突发剧烈头痛,被军区医院诊断为:"这是从印度传来的无名病毒造成的,无药可治。"据当地老百姓和外来的众信徒说:神湖圣水,可以健身治病。好心的司机每天泡澡后,带回两壶圣水,煮开后给小奚和小冯饮用,三天后,他们两人的头痛居然好了。

我和郭铁鹰两人,在神湖玛旁雍错西岸,建立了浅变质岩系"玛旁雍错组",地层时代改为前奥陶系,其上为下奥陶统灰岩不整合覆盖,称其为"泛非运动"的产物。

2. 女神山——纳木那尼峰

女神山海拔 7790 m,由中浅成片麻岩组成,峰顶为侵入其中的花岗岩,年龄高峰值为 6.4 亿年前[①],纳木那尼岩系定位前震旦系,称为"软基底",这与"女神"的性格相似,也与整个喜马拉雅基底相似。

3. 鬼湖——拉昂错

鬼湖被超镁铁岩围绕,湖水咸、苦,寸草不生、牛羊远离。

鬼湖岩体侵入于含放射性硅质岩的巨厚的浊积岩系之中,时代为晚三叠世,特提斯洋盆之始,是雅鲁藏布江对接带的西延,代表雅江的最早打开时期。浊积岩系之北,为"门士煤矿",是一套渐新世含煤砂砾岩系(磨拉石),代表喜山运动晚期雅江开合带的最后"关闭"。

(八)1983 年两部专著声誉高

1983 年,队校结合继续工作,西藏地质二队的张宜智、李国良入驻北京地质学院一年,共同完成了《西藏阿里地质》《西藏阿里古生物》两部专著的撰写任务。阿里地区地质科考成果受到国内外专家关注,澳大利亚著名地质古生物学专家 Dichins 专程来到学校,观看阿里多玛的冈瓦纳相古生物化石。1983 年底,我和郭铁鹰、张宜智、赵崇贺完成专著《西藏阿里地质》初稿,郭铁鹰与李国良完成了阿里地区 1:50 万遥感地质图。与此同时,杨遵仪、聂泽同、何心一、殷鸿福、宋志敏也在鉴定了上千块化石之后,完成了《西藏阿里古生物》专著。1985 年,两部专著通过我校王鸿祯、池际尚、马杏垣、杨遵仪、郝诒纯和肖序常等院士,地矿部总工刘增乾,西藏地质局科研处处长的验收通过,于 1991 年正式出版,并在 1992 年双双荣获地矿部科技进步奖二等奖。

---

① 峰顶花岗岩样品,1985 年由中日大学生联合登山队我方队员包德清采集,地质年龄由中国科学院测定。

1985年院士们和有关领导验收两部专著后合影

1994年在我国北京召开的第三十届国际地质大会上，展出的《西藏阿里地质》《西藏阿里古生物》两部专著，受到中外学者的关注，并获得地质图书一等奖。任纪舜院士说：《西藏阿里地质》《西藏阿里古生物》两书，是阿里地质与古生物的宝库，意义不亚于中国科学院的《珠穆朗玛峰地区综考报告》。

其他还有一些论文获奖，如《阿里及邻区地质特征及其构造意义的初步研究》，1985年获地矿部科技进步奖三等奖；《中国构造演化中的开与合》，1985年获地矿部科技进步奖四等奖；《西藏自治区曲松县罗布莎铬铁矿研究》，1997年获西藏自治区科技进步奖一等奖，1998年国家科学技术进步奖三等奖。

六、写在最后

1999年，中国地质大学地球科学院成立十周年，已经离退休的我和郭铁鹰受邀赴汉参加院庆活动。在大会上，校长张锦高特意表彰以当年的武汉地质学院郭铁鹰和我两位老教师为首的西藏队所作的贡献，我们深感欣慰。这是西藏队成立以来，第一次受到校领导公开表彰。在地球科学院成立的十年之间，还有第二支西藏队，其成员有李紫金、薛君治、李德威、赵令湖、邹海卿等，他们也为西藏的地质事业作出了很大贡献。

2002年校庆五十周年前夕，温家宝总理来校看望校领导及老师们，他特意来到我和郭铁鹰面前，紧握郭铁鹰的手说："你是现实生活中的肖继业。"

实际上，在我校的教师中，"现实生活中的肖继业"还有很多，如莫宣学、王成善、聂泽同、万晓樵、徐钰林、刘文灿、王根厚、赵志丹、张克信、李德威等。

作者简介：

梁定益，男，1936年11月出生，1959年参加工作，中共党员，教授。曾任周口店教学实习大队队长，多次获优秀共产党员称号。1997年从地学院退休。

弘扬北地体育精神，谋求武汉新的崛起

——回顾我校体育教育教学改革发展的历程

胡燕生

北京地质学院迁汉经历了半个世纪的传承与发展，代代地大人用责任和信念，履行地质学府的使命，铸就今日地大之辉煌，其中就包含着特色鲜明、绚丽夺目的"体育之花"，并成为宣传学校的一个重要窗口。学校迁汉后，发扬北京地质学院的优良传统，全面贯彻党的教育方针，在"地质大体育观"的指导下，形成以人为本、文体兼修、全面发展的办学特色。学校结合地质专业特点，在湖北省和全国高校中率先大力开展了登山、攀岩、定向越野、户外运动、野外生存等深受广大青年学生喜爱的特色体育项目，以此作为体育教育内容，开创在高校中试办高水平运动队的先河，实现了高校体育的战略思想、科研方法和教学体系等方面质的飞跃，在继承、发展、创新的实践中，使我校体育工作全面跃居湖北省高校榜首（图1）。

图1 1964年，我校教职工田径队参加北京市高校运动会获奖归来后，受到以高元贵校长（二排右三）为首的校领导的接见（后排右六为胡燕生，前排右五为熊慕侠）

一、北京地质学院体育教研室主要教学骨干力量，为地大体育部的发展奠定了坚实的基础

　　1975年5月和9月，原地矿部军代表两次作出决定，要求北京地质学院外迁。先是选址在湖南石门，后又改变，决定迁至湖北江陵并更名为湖北地质学院。1972年北京地质学院老院长高元贵恢复工作，第一件事就是抓迁校。他到武汉多次向湖北省委反映，努力争取，希望能在武汉市建校。1974年5月湖北省委批复，同意湖北地质学院在武汉市选址建校，并更名为武汉地质学院。1975年4月，武汉市委批准我校在武昌南望山南面建校，学校随后开始了武汉地质学院的创建工作，也开始了大规模的整体南迁。1975年8月，上级部门要求学校全体教职工务必于暑期迁往武汉，同时决定当年在中南五省招收500名新生入学。在这么紧迫的情况下，学校成立迁校领导小组，进行紧急动员，仅给十多天的准备时间。因洪水中断的京广铁路，经抢修恢复通车后，首次"专列"满载我校教职工和家属于8月下旬迁至武汉，分别安置在临时借用的分散在汉口和武昌的5个分点。在当时特定的条件下，广大教职工思想上不愿意离开北京，地矿部领导在动员大会上表态：大家可以不迁户口，先到武汉工作，退休后可以回京养老。最后绝大多数教职工在行动上做到顾全大局、服从迁校的安排。学校南迁后，广大教职工克服各种困难，自觉按照湖北省委和武汉地质学院领导的要求，力争把武汉地质学院建设好。原北京地院体育教研室的教师南迁时，除因病的3人和家庭困难的2人在京留守，其他16位教师分批迁汉，教学工作分别安排在汉口原武汉地质学校、华中农学院和湖北教师进修学院。当年迁汉的原北京地质学院体育教师是：白进效、我（胡燕生）、温树朴、张雪琴、朱发荣、仲禹、赵金龙、陈君松、熊慕侠、朱文华、李并才、尚子平、徐能、冯国良、王学良。

　　1975年北京地质学院迁汉后，原武汉地质学校停办，教职工合并到武汉地质学院。原武汉地质学校共有5名体育教师：孙金山、王玉炉、蔡道铿、梁先仁、甘洪。1975年9月，校领导决定成立武汉地质学院体育教研室，任命白进效为主任，我和孙金山为副主任，白进效兼任党支部书记。1980年调整，温树朴担任主任，我和张雪琴担任副主任，孙金山任党支部书记。1984年再调整，我担任主任，张雪琴和朱发荣任副主任，孙金山任党支部书记。（图2）

图 2　1996 年，赵鹏大校长在北京与原北京地质学院部分体育教师合影

1986 年 10 月，湖北省教育厅组成专家组对我校贯彻《学校体育卫生工作条例》的情况进行了评估检查，结果为"优秀"。学校党委、行政根据学校开展体育工作的需要，并参照全国教育部直属高校的经验，决定将我校原体育教研室提升为校二级单位，更名为"体育部"。同时任命我为主任，张雪琴、朱发荣任副主任，孙金山任党支部书记。1990 年进行调整，我担任主任，朱发荣、张军任副主任，孙金山任党支部书记。1992 年再进行调整，我担任主任兼党支部书记，朱发荣、郑超任副主任。1997 年又进行调整，郑超担任主任，金连坤、冯岩任副主任，杜国生任直属党支部书记。

二、弘扬领导重视体育的优良传统

学校历届党政领导都把体育教育教学置于治校育人的发展战略的高度，从建校初期的场、馆、池建设，到后来的教学改革创新、招收体育特长生、培养特色优秀人才等，都给予大力支持。

（一）分工明确，责任到位，保证体育工作的顺利开展

北京地质学院迁汉创建武汉地质学院伊始，学校党政领导就把体育工作置

于重要地位,每届领导班子都有一位党委副书记或副校长分管体育工作。曾分管过体育工作的校领导有王良、彭山、王兆纪、张锦高、余际从、赵克让等。这些领导在分管体育工作时,经常到体育教研室听取工作汇报,指导体育教研室制定中长期发展规划,还亲临运动场与师生打成一片,发现问题及时协助解决。体育教研室教师在工作中遇到困难能与学校有关职能部门协商解决。学校有关部门非常关心、支持体育学科的建设,在学校职称评审委员会和教学指导委员会中都有体育教师代表参加。

我校领导重视体育工作的传统与特点是:分管体育工作的领导能沉下来,直接参加各种级别的体育活动。凡是由我校承办的大型体育活动,领导都要亲自挂帅,成立专门机构直接指导。参加省、市、全国性各种体育比赛和有关体育工作会议,凡是应邀出席的他们都能到场,表现出对有关主办单位工作的支持。

我校分管体育工作的副校长杨昌明和邢相勤曾分别担任过中国大学生体育协会副主席。副校长赵克让和杨昌明分别担任过中国大学生体育协会羽毛球分会主席和中国大学生体育协会攀岩分会主席。1989年湖北省政府授予我校"体育先进院校",以表彰我校领导重视体育工作,为湖北省体育事业作出突出贡献。这在湖北省的历史上还是首次(图3、图4)。

图3 中国大学生体育协会羽毛球分会于1996年12月27日在我校成立,原国家教委副主任、中国大学生羽毛球协会名誉主席邹时炎同志与我校校长赵鹏大院士在揭牌后亲切握手

图 4　中国大学生体育协会攀岩分会于 2003 年在我校成立

（二）我校历届领导高度重视体育场馆建设

北京地质学院南迁后，在新校区建设的规划中把修建配套的体育设施安排在一期工程开建。负责基建项目的叶俊林老师曾多次到体育教研室听取意见，并邀请教研室负责同志到新校址实地商讨体育场、馆、池修建的位置及有关要求。体育教研室安排朱发荣老师专门负责与建设部门联系，从学校发展长远考虑，尽可能修建多功能体育设施。为此，叶俊林带领设计院的有关负责人和体育教研室朱发荣老师专程到北京、上海去调研，借鉴修建运动场馆的先进经验，结合我校的实际情况，形成设计方案，并很快上报。经批准后，运动场馆立即开工兴建，为我校体育事业的发展创造了良好的条件。

在修建新校区配套体育设施的过程中，学校负责基建的叶俊林老师、设计院有关负责同志及使用单位体育教研室负责人，经共同研究确定了几条原则。

（1）首先要修建一座带看台的标准田径场，场内含标准足球场，选址位置放在教学区和学生宿舍楼中间，便于学生锻炼和观看比赛。在施工中考虑武汉雨多，要特别做好排水系统，能做到下雨后，场地无积水，保证体育教学的使用。

（2）修建一座简易体育馆（因当时政策不准修体育馆），经基建部门多次争取，获批并建造一座简易体育馆，保证雨天体育课和运动队训练正常开展。

（3）修建两个游泳池，一个浅水池供教学和初学者使用，一个深水池供有一定基础的游泳者锻炼和游泳比赛使用。原北京地院体育课曾规定:由于地质专业的特殊需要,所有在校生必须学会游泳,男同学一次要游完100 m,女同学游完50 m,体育课才能通过。武汉地质学院体育课教学也采用了这项规定。两个游泳池的修建不仅保证了体育教学,同时也为全校师生进行游泳活动提供了良好条件。借助便利的条件,为附中、附小的学生举办了游泳培训班,培养了大批的游泳能手。参加游泳培训班的学生在当时武汉市举行的中小学生游泳比赛中名列榜首。

当时在武汉高校中修建游泳池的仅我校一家。1980年,武汉地质学院一期工程的体育场、馆、池完工并投入使用后,受到湖北省教委、湖北省体委的高度重视,相关人员亲临学校参观,并希望学校今后能负责承担一些湖北省大型体育比赛。

1987年,《体育报》驻汉记者廖辉非常关注我校的体育工作,曾多次采访。当年11月曾在《体育报》上刊登专题报道:《武汉地质学院的领导十分重视体育工作,肯为学校师生的健康投资》,文章中介绍了武汉地质学院在建校初期配套体育设施的修建情况,宣传了学校的体育工作,在湖北省高校中引起了较大的反响。

三、适应新环境、创造新条件,开创我校教育教学工作的新局面

迁汉初期完成体育教学任务,面临两大困难:一是没有新的教学计划和教育大纲;二是没有能保证体育教学任务的场地和器材。

体育课是新生入学后的必修课,为保证新生入学后能按计划进行体育教学,经校教务处同意:体育课教学计划、教学大纲、教材、教学常规沿用原北京地院的有关规定。因场地器材无法满足教学需要,只能根据三个教学点的具体情况,因地制宜调整教学内容,安排有条件的项目进行教学。在这种条件下,迁汉教师们积极发挥创造性,保证了迁汉初期体育课教学工作正常开展。

我校体育教研室迁到新校区后各项工作逐步走上正轨。首先制定、恢复体育工作管理规章制度,做好近期和长期的发展规划,要想有全新配套的体育硬件设施和较好的教学条件,就要有一个高的起点。为优化体育教学,我们做了以下

几方面的工作。

1. 制订新的教学计划,严肃教学纪律

根据我校教务处关于体育课的具体规定,体育课是一、二年级本科生的必修课,每周安排两个学时共 90 分钟,一学期缺课超过 1/3 不准评定成绩,体育课不及格者报考研究生将不予录取。从 1980 年起,在沿用北京地质学院的有关规定的基础上,结合武汉地质学院发展的实际情况,重新修改制定了一套完整的《体育教学工作管理规范》《体育课教学常规》《体育教师业务学习制度》《体育课新的教学计划》,对每位体育教师提出具体要求。

(1)全体教师必须按照体育教学计划要求安排教学内容。

(2)在课堂教学中,教师必须做到为人师表,以身作则,增强教书育人的责任感。

(3)师生要共同维护体育课教学秩序和课堂纪律。

2. 结合地质专业特点,不断充实、修订体育教学大纲

在教学实践中组成老、中、青三代结合的专门班子,研究、总结体育教学工作,于 1978 年、1985 年、1989 年和 1994 年先后四次修订体育教学大纲,不断充实、完善、更新教学内容,同时还专门编著关于登山、攀岩的基础知识、基本技术教学参考资料。

在地矿部教育司的领导和支持下,1994 年由我校体育部组织编著了全国地质院校统编《体育课教程》教材,统编教材首次把登山、攀岩、定向越野、户外运动、毽球等新兴体育运动项目纳入教材中,填补了我国高校体育教材在这些体育运动项目上的空白。

3. 重视师资队伍建设

坚持教师集体业务学习制度,加强对青年教师的培养,使整体师资队伍优化,达到"一专多能"。由于迁校,教师流动较大,武汉地质学院新、老体育教师的比例各占 1/2,到 20 世纪 90 年代中期,青年教师占到 2/3。为此,我们对青年教师培养采取了以下措施。

(1)将工农兵大学生派出去进修,从理论到实践系统培训,优化教师队伍。

(2)坚持集体备课与个人备课相结合,坚持教学评优制度,结合体育项目的

特点，要求教师在课堂教学中做到"精讲多练"。在开展特色体育项目中，特别注重安全教育，保证了我校几十年的体育教学工作平稳发展。

（3）有计划地帮助青年教师把好教学关。每年体育教研室都要有计划地安排公开课、检查课、示范课，安排有经验的教师对新参加工作的年轻教师进行指导，任课一年后要上一次公开课并组织教师进行评议。不定期地抽查教师的教案，对优秀教案进行展示，促进教师互学互鉴。

（4）充分调动和发挥各年级教研室的作用。根据不同的教学对象和教学内容，体育部下设一年级教学研究室、二年级教学研究室、女生教学研究室、群众体育研究室、运动竞赛研究室。各研究室统一制订计划，分别贯彻执行，形成良好的工作氛围。

（5）规定教师互相看课制度，要求全体教师每一学期互相看课一次，看课教师和教学内容自选，提倡看课后能主动相互交流，达到相互学习的目的。

（6）重视和积极组织教师参加学术交流活动，每两年安排一次体育教师学术交流报告会，为教师参加省内外有关体育的学术交流活动创造条件，取得了较好的效果。

（7）加强与各院系的联系，听取对体育课教学的意见。各院系也能主动配合支持体育工作，在制订工作计划时把体育课成绩"达标"与学籍管理挂钩，体育课不及格不能毕业和不能参评"三好生"等，共同着力培养合格大学生。

1988年12月，地矿部教育司组织的有关专家组对我校水文系系列教学进行全面检查、评估，其中体育教学被评为"优秀"。

1994年4月，地矿部教育司组成的专家组对我校各院系教学工作进行评估，体育课获评学校"一类课程"。

四、发挥体育教师的能动性，形成"地质大体育观"的特色体育

开展学生群体活动是体育课教学的延伸，也是我校"地质大体育观"中十分重要的教学内容。我们制定了有效的实施与管理制度，具体措施如下。

（1）按照全校各院系人数，将体育教师分配到各院系，担任院系体育专职辅导教师，协助各院系开展多种形式的群众体育活动。各院系对体育教师院系辅

导工作情况进行反馈,将其作为教师的考核内容。

(2)认真贯彻大学生国家"体育锻炼标准",把每年的五月份定为达标月,通过多种形式开展"达标"测试活动。各院系在每年的运动会中安排一些达标的内容作为比赛项目,提高学生参加"达标"锻炼的兴趣。多年来,由于开展全校群体活动目标明确、组织到位、措施得力,我校学生的达标率逐年上升,平均年达标率都在92%以上,在省教育厅和省体委重点检查中位居湖北省高校前列。

(3)坚持做早操制度。它是"地质大体育观"内涵延伸的重要体现。为使学生养成锻炼身体的好习惯,从1978年起,我校形成一、二年级学生每天早上集体做早操制度。每天早上,由校广播台按时播放起床号,随后播放广播体操音乐,学生一起做早操。坚持多年,没有间断。在每年举行的全校运动会开幕式上,第一个比赛项目就是各院系的广播体操比赛。这项工作起步时难度较大,短时间坚持较容易,长期坚持较难,学生、教师各有想法。我们通过各种渠道不断宣传,最终统一认识,一致行动。体育教研室明确规定:除了家庭有困难和家住在校外的教师可不参加做早操外,其他住在校内的教师一律与学生一起做早操,教研室的负责人都要带头。学校把做早操纳入工作量计算,并有专人负责统计。时任党委副书记、分管学生工作的张锦高对这项工作给予有力的支持并起到示范作用。他坚持每天早上与学生一起做早操,带动各系分管学生工作的党、团负责人也坚持天天出现在运动场。由于领导的重视和直接参与,形成一种优良的校风。上级许多领导先后来我校视察工作,如1991年国家教委主任朱开轩、1992年地矿部部长朱训、1994年地矿部部长宋瑞祥,他们都曾参观过体育工作展室,听取体育工作汇报。朱开轩主任在没有通知人任何的情况下,独自来到校运动场观看学生集体做早操的情况,之后给予了充分的肯定。

1993—1994年,国家教委委托华中师范大学举办中南五省高校学生工作辅导员培训班。该培训班的学员连续两年都专门安排到我校参观、交流,其中都要到我校体育馆参观体育工作展室,并听取我校的体育工作情况汇报,对我校迁校后短时间内所取得的成绩给予了充分的肯定。

(4)积极支持校学生会自发组织的各种体育单项团队,发挥学生的"三自"(自我组织、自我管理和自我服务)作用,并选派有专长的教师给予指导。各种单项协会组织的体育活动异常活跃,丰富了学生的课余生活,还培养了一批体育骨干。在校期间,他们是开展体育活动的积极分子,毕业后走向工作岗位,也是各单位体育活动的骨干。体育教研室还注意培养各种项目的裁判员,派教师传、帮、带,有相当多的学生经过培养、实践,拿到国家二级裁判员或一级裁判员证书。

(5)增强学生体质,促进德、智、体、美、劳全面发展(图5)。从新生入学开始,体育教研室在实施体育教育教学的过程中,始终坚持从地质专业特点出发,贯彻普及与提高的方针,促使我校群众体育活动蓬勃开展,学生的体质健康状况不断增强。例如:1985年我校体育部与校医院配合,按照国家教委对全国大学生体质健康状况抽样调查的有关要求,分两次对我校不同年龄的大学生进行了抽样调查,对同等条件下的抽样结果进行了对比,除身高一项指标外,其他五项生理指标均优于湖北省大学生测试结果的平均值。在女学生测试中多增加一项哈佛台阶的测试,结果我校女学生的平均值也都超过湖北省大学生女生测试的平均值。

图5　1991年,国家教委主任朱开轩(前排中)来我校视察

五、充分发挥体育优势,彰显学校体育优势的魅力

学校体育教育是培养学生德、智、体、美、劳全面发展的重要组成部分,竞技体育是宣传学校的一个重要窗口。在完成体育教学任务的前提下,我们开始谋

划逐步开展课余训练,并试办高水平运动队。首先把田径、游泳和"三大球"高水平运动队建立起来,随后又把创建特色体育项目逐步开展起来。经过几年的努力,全校的体育竞赛活动不断取得优异的成绩。

1975年,我校迁汉后刚开始恢复招生,在校生人数不多,再加上无运动场馆,各种器材严重缺乏,开展正常的运动队训练较困难。1976年,我校召开第一届田径运动会,借用了同济医学院的运动场举行(图6、图7)。

图6　1976年4月4日,武汉地质学院首届田径运动会在同济医学院运动场举行

图7　武汉地质学院成立初期,参与武汉地区高校各项比赛的运动员合影

1975年,湖北省教育厅通知我校参加武汉高校举行的各种比赛。学校要组队参赛,只能从在校学生中选拔运动员。当年准备参加运动会的运动员,训练要借用同济医学院田径场。篮球队员分散在三个教学点,需乘车来回奔波。1976年,我校参加武汉地区高校运动会时没有统一的运动服,临时派仲禹老师去北京把原北京地质学院仓库中印有"地质"两字的运动服托运到武汉,供运动员参加武汉高校运动会比赛时使用,这些运动服使用了多年。特别值得一提的是:当年全校教职工和学生对我校运动员参加高校的足、篮、排三大球的比赛非常感兴

趣,只要有比赛,车队就派车送助威的师生到赛场。遇半决赛和决赛时,前去观战助威的人要坐满四五辆车(当时条件差,只能乘大卡车)。

1. 武汉地质学院建校初期,涌现出一批德、智、体、美、劳全面发展的优秀运动员

例如,武汉地质学院组建的第一支男、女篮球队,在参加武汉市高校篮球比赛中,战胜许多名校强队,多年来都保持前三名。这批篮球队员毕业后,男篮队长侯刚,队员李力跃、陈树正,以及女篮队长温子英,先后都赴美国留学或工作。他们在美国还组织一支"老马"篮球队,每年都要去世界各地参加华人组织的一些比赛。2012年,这支球队回武汉母校和母校职工篮球队打了一场友谊比赛,他们没有忘记母校对他们的培养,也希望母校送他们每人一套印有"地质"字样的运动衣留做纪念。在2010年成立运动员校友会时,他们还专门发来贺信表示祝贺。当年篮球队队员邓军毕业后留校工作,后来任地大(北京)校长,成为中科院院士。

又如,武汉地质学院水文系田径运动员刘一新同学,曾于1982年代表湖北省参加了第一届全国大学生运动会,获得十项全能比赛第二名,被评为全国"三好"学生标兵。他毕业后去加拿大攻读博士,后留在加拿大工作,2010年专程回母校参加运动员校友会成立大会。

又如,方晓宇同学是武汉地质学院建校初期的田径运动员,曾多次获得武汉市高校运动会200 m、400 m和800 m的前三名,毕业后曾任共青团河南省委书记、中共安阳市委书记和海南省副省长、常务副省长等职。

2. 继传统、抓机遇,创办高水平运动队

1980年,新校区举办了首届全校运动会,邀请了湖北省教育厅、省体委的有关领导出席。比赛获得圆满成功,运动员在比赛中创造了许多优异成绩,打破了多项武汉市高校田径项目纪录。在闭幕会上,湖北省教育厅和省体委的领导向我校领导提出:希望我校承办1981年举行的湖北省大学生运动会。这是我校迁汉后第一次承办全省大学生运动会,也是一次展示学校南迁后办学水平的良好机会。校领导很重视,成立了以王良、彭山同志为首的筹委会,全校齐动员,分别落实各项工作。经积极筹备,湖北省高校田径运动会如期于1981年10月在我校举行,湖北省委、省教育厅、省体委和各参赛院校有关领导应邀参加了开幕式。在各参赛院校的大力支持下,运动会获得圆满成功。从大会的组织工作到竞赛

的全过程都得到主办单位(省教育厅和省体委)的高度赞扬和充分肯定。我校运动员包揽了男子团体总分、女子团体总分和男女团体总分三项冠军,并获得金牌数和奖牌数第一名。此后,我校的田径队员连续多年在武汉地区高校田径运动会和冬季长跑比赛中独占鳌头。

1980年,湖北省教育厅邹世炎厅长找我校领导王良及体育教研室负责人商谈,希望学校在1982年北京举行的第一届全国大学生运动会上为湖北省作出贡献。王良表示:武汉地质学院愿意积极备战,全力迎接首届全国大运会,为湖北作贡献,并借机向邹世炎提出创办高水平运动队的设想和要求,希望省教育厅能在招生政策上给予一定的支持。建议得到省教育厅的支持和批准。此后,我校每年从参加高考的学生中,挑选运动成绩达到国家二级以上的学生作为体育特长生,对考生运动成绩复测之后,择优上报省招办,降低考分20分进行录取,达到国家一级和运动健将级别的学生降低200分录取,入学后这些运动员都成为各项运动队的骨干。

图8 1982年8月,时任地矿部部长孙大光与我武汉地质学院代表湖北省高校参加第一届大学生运动会的运动员合影

图9 1981年,湖北省高校田径运动会首次在我校举行,我校运动员获得男、女团队总分第一名。分管体育工作的校领导与全体教练员、运动员合影

自1983年起,湖北省和全国一些有条件的院校逐步开始了试办高水平运动队,教育部正式出台了关于招收体育和文艺特长生的有关政策,招收体育特长生的标准和我校当年获湖北省教育部门批准的标准相同。在各校招收运动健将级运动员时,规定考分可降低200分。此举推动了全国高校运动队水平的快速提升,中国大学生参加世界大学生有关比赛也取得较好成绩。

1982年,北京举行第一届全国大学生运动会。在湖北省田径项目代表队的25名运动员中,武汉地质学院的运动员就占21名,并夺得女子团体总分第一名和男子团体总分第三名的好成绩,被大会授予"五讲四美精神文明"运动队称号。我校运动员刘一新同学参加男子十项全能比赛获得银牌,被大会评为"五讲四美优秀运动员",为湖北省争得荣誉。运动会结束后,地矿部部长孙大光亲临运动员驻地看望了全体运动员、教练员和工作人员。这是北京地质学院南迁后,首次参加全国大赛并取得优异成绩,在全国高校中引起较大反响,也是武汉地质学院向湖北省送上的一份厚礼。

由于1982年全国大学生运动会上没有设游泳比赛项目,武汉地质学院于1981年10月发起举办第一届全国大学生"长江杯"游泳邀请赛,我校运动员获得女子团体总分第一名和男子团体总分第二名的好成绩。

1983年,北京航空学院(今北京航空航天大学)举行了第一届全国大学生"兴华杯"排球比赛,我校女子排球队以3∶0战胜东道主北航代表队夺得冠军。

在参加一系列全国大学生的体育比赛中,武汉地质学院成绩显著,引起了全国高校的关注,一些有条件的高校也都开始试办高水平运动队。此后,到武汉地质学院参观交流的院校较多。徐州矿业学院(今中国矿业大学)体育教研室主任马中华一行3人来我校进行了参观座谈,从场馆建设、教学改革到高水平运动队的创建和管理,进行全面交流,并把我校修建体育设施的图纸和高水平运动队招生办法及有关管理制度等资料带回学校作借鉴。徐州矿业学院很快就创建了田径、篮球等高水平运动队,成为江苏省高校试办高水平运动队的重点学校。徐州矿业学院男、女篮球队很快就在全国大学生篮球联赛中夺冠,1988年在南京举行的第三届全国大学生运动会上,为江苏省夺冠作出了突出贡献。

1992年,第四届全国大学生运动会在武汉市举行,我校是大会羽毛球项目接待和比赛赛点,并负责羽毛球和田径比赛运动员组织任务。在比赛前,学校举行了隆重的出征誓师大会,赵鹏大校长做了动员讲话,勉励运动员要奋力拼搏、力争取得好成绩,为湖北省和学校争得荣誉。会上,教练员和运动员代表进行宣誓,学生代表为运动员献花,附小的学生们为运动员戴上红领巾。由校学生乐队奏响校歌,欢送运动员出征,气氛热烈,给全体即将参赛的运动员极大鼓励。比赛结果:我校运动员获得普通大学生组(体育院系另设一组)田径比赛女子团体总分、男子团体总分和男女团体总分三个第一名,并获得"体育道德"风尚奖。我校女子田径运动员刘丽萍、李洪二人还达到国家运动健将标准。我校羽毛球队队员夺得五个比赛项目的全部冠军。运动员总得分以252分获全国"校长杯"第一名(图10、图11)。

图10　1992年8月,第四届全国大学生运动会在武汉举行,我校田径队、羽毛球代表湖北省高校参赛。运动员出征前在学校召开誓师大会,赵鹏大作动员讲话

由于我校在本届大学生运动会上各方面都取得了丰硕成果,为湖北省争得了荣誉,圆满完成了湖北省教育厅下达的各项任务,在大运会结束的总结表彰大会上,湖北省人民政府授予我校"特殊贡献奖"。

图11　1992年,湖北省代表团副团长、地大(武汉)党委副书记张锦高率队参加第四届全国大学生运动会入场式

3. 立足学校,面向全国,放眼世界,为学校"211工程"建设作贡献

1992年,瑞典举行第二届世界大学生羽毛球锦标赛。在国家教委和国家体委的支持下,我校羽毛球队代表中国大学生去参赛,这是我国在校大学生运动员首次出国参赛。此前的世界大学生的各项比赛,都是由国家青年队代表参赛。1993年起,国家体委才正式把参加世界大学生体育比赛的组队权移交给教育部。这次参赛准备时间短,经验不足,对世界大学生运动水平了解不多,所以这次参赛只拿到一块铜牌和一个第四名。回国后,我校羽毛球队认真总结经验,有针对性地加强训练,后来连续参加五届世界大学生羽毛球比赛,共获得3金、3银、4铜的好成绩。

1994年,在捷克斯洛伐克举行的第三届世界大学生羽毛球锦标赛上,我校夺得女双冠军。回国后,国家教委大学生体育协会在北京专门举行欢迎庆功会,庆祝我校羽毛球队夺得世界大学生羽毛球比赛首块金牌。时任国家教委领导周远清、武汉地质学院院长赵鹏大、地矿部教育司司长吕录生、地矿部体协秘书长姚秉忠、国家教委体卫艺司司长宋景贤应邀出席。周远清在致辞中讲:你校羽毛球运动员参加世界大学生羽毛球比赛夺得一块金牌,为你校正在申请的"211工程"计划增添了一个重要的砝码(图12)。

图12 我校羽毛球队代表中国大学生参加了在捷克斯洛伐克举行的第三届世界大学生羽毛球锦标赛,夺得一金、一银、第四名,回国后,国家教委大学生体育协会在北京举行了庆功会。时任国家教委领导周远清和国家教委体卫司、地矿部的领导出席(1994年)

2006年,在学校体育馆,我校成功地举办了第七届世界大学生羽毛球锦标

赛,从组织工作到竞赛成绩都堪称一流,得到世界大学生羽毛球联合会的高度赞扬,也开创了一所大学也可以举办世界大赛的先例,成为我校体育工作走向世界的一个标志。

4. 以登山、攀岩为代表的特色体育,为国家培养了一批优秀特色人才

以登山、攀岩为代表的户外运动是我校开展的主要特色体育项目。北京地质学院1958年成立中国第一支业余登山队,曾培养了以王富洲为代表的一批批登山健儿。1986年,武汉地质学院恢复了校登山协会,从此开展了登山教学、登山与科考活动,并组建登山队参加国家登山协会组织的有关登山活动。由于地大人与登山运动有一种特殊感情,在校内开展了多形式、多层次的登山运动后,登山热就很快形成了。在选拔校登山队员时,报名人数非常多。

1986年,在中国登山协会的大力支持下,我校登山队参加了中国登山协会和日本长野县山岳会联合举办的登山训练活动,我校校友李致新、王勇峰就是从这批登山培训活动中涌现出来的登山运动精英。毕业后,他俩都分配到国家体育总局中国登山协会工作,分别担任中国登山协会主席和副主席。

1988年,我校登山队和日本神户大学山岳会签订了两校联合开展登山、登山科考和登山冰雪训练的合作计划协议。1988年8月,两校登山队员首次联合攀登四川境内海拔6168 m的雀儿山主峰,两校各有7名队员登顶成功。这是武汉地质学院登山队第一次独立组队进行国际合作并获得圆满成功。现任中国登山协会副主席张志坚和我校原体育学院院长董范都是登顶雀儿山的队员。下图为登山队员在雀儿山山脚下合影(图13)。

图13 登山队员在雀儿山山脚下合影

1997年,我校登山队在中国登山协会和地矿部体协的大力支持下,与日本长野县山岳会联合攀登我国西藏境内海拔8012 m的希夏邦玛峰,这是我校大学生登山队第一次挑战8000 m以上山峰。有3名队员登到离主峰20 m左右高度。主峰就在眼前,这时因山顶前进路上大雪太深,行动困难,3名队员感到体力不支,为了确保安全,决定放弃登顶,平安下撤。这次登顶虽然没有成功,但为以后攀登8000 m以上山峰积累了经验。当年准备登顶的三名队员中,有两人(次洛和董范)后来登上世界最高峰——珠穆朗玛峰。2008年奥运会在北京举行,在珠峰火炬传递活动中,我校校友李致新担任总指挥,王勇峰担任火炬传递队长,次洛和袁复栋担任火炬手,为奥运会圣火传递活动创造了一个奇迹。目前,在中国登山协会从事各种工作的校友多达14人,登上珠峰的地大学子共有9人。

　　攀岩运动是由登山运动派生出来的一项新兴的竞赛项目,在我国起步较晚,我国水平与世界先进水平还有一定的差距。1987年,中国登山协会在北京举办了全国首届"中软杯"天然壁攀岩比赛,我校也派队员参赛,整体水平都不高。1987年,学校在体育馆内修建了一座国内唯一的人工攀岩壁,高13 m,分两个赛道。1990年10月,中国登山协会在学校举办了全国攀岩教练员培训班,培养我国第一批攀岩运动教练员,全国地质院校都派体育教师参加学习。此后,这项运动才逐渐开展起来(图14)。

图14　1994年5月16日,国务院副总理李岚清在湖北省委书记关广富、副省长韩南鹏和地大校长赵鹏大的陪同下,到地大体育馆参观攀岩岩壁并观看运动员的攀岩表演。

1993年10月,在中国登山协会的支持下,在武汉电视台和武商集团的赞助下,我校成功举办了中国首届国际攀岩邀请赛,有俄罗斯、法国、瑞士、日本、韩国等国家,以及中国香港等地区世界高水平的攀岩运动员参赛,中央电视台播音员宋正平应邀到赛场进行解说。此次比赛促进了我国攀岩运动的进一步普及,也让我们学到了世界先进技术。

攀岩运动被称为勇敢者的运动,深受广大青年学生喜爱。2003年,我校成立了大学生攀岩协会,会址挂靠在我校,首届攀岩协会主席由时任我校副校长的杨昌明担任。

2016年在上海举行的世界大学生攀岩锦标赛,我校运动员第一次参加比赛。2019年8月举行的世界攀岩锦标赛中,我校运动员牛笛夺得女子速度攀岩比赛银牌。2022年第33届奥运会在日本举行,首次把攀岩列入比赛项目。我校特色体育项目的运动员正逐步走向国际赛场,争取能实现参加奥运会并夺奖牌的梦想。

六、推动学校体育工作再上新台阶

迁汉重新建校以来,我校党政领导始终把体育工作置于治校的重要战略位置,引导学校体育工作步入良性可持续性发展轨道,铸就了今日我校体育工作的辉煌,提高了学校的影响力和知名度,引起省内外有关上级领导部门的重视。

1985年,国家体委副主任、中国奥委会副主席、国际奥委会执委何振梁到湖北省体委视察工作时,专程到我校参观并听取有关开展体育工作的介绍,并与当年分管体育工作的副校长王兆纪进行长时间座谈,对我校体育工作,特别是开展特色体育和试办高水平运动队的探索给予肯定。

分管体育工作的原国家教委副主任邹时炎,曾先后十多次到我校调研指导工作,并专程到我校参加中国大学生羽毛球协会成立大会,亲自揭牌。2012年,我校"八十年代和九十年代运动员校友会"成立时,他还专门给大会发来贺信。各方面领导的关怀和支持,为加快我校体育工作的持续发展提供了极大的保障。

"专兼结合"是我校实施"地质大体观"特有的鲜明色彩。在我校几十年实施体育教育教学的工作中,逐步造就一支业务"一专多能"、结构合理的老、中、青三结合的教师队伍,同时还有一支人数可观的、体育积极分子参与的兼职队伍。他们热爱体育工作,在完成各自本职工作之余,积极投身到运动场上,与运动员交朋友,成为运动员的良师益友,也是体育部开展各项体育活动的参谋者和参与者。由于这些兼职老师们的付出和特殊身份,他们的辛勤工作发挥了独特的作用,促进了我校良好体育工作氛围的形成。

原武汉地质学院校办主任王宣堂、朱新国等同志,能主动了解体育工作不同时期的计划和安排,与学校各方面工作进行协调,在校各层次领导中起到承上启下、综合协调的作用,使学校体育工作开展得非常顺畅。

原马列主义教研室副主任凌敬升教授,在完成本职工作后,将业余时间全身心地投入到运动场上和运动员身上。他乐于研究一些体育比赛的战术,以及运动员技术上存在的问题,善于与教练和运动员交朋友,并做一些思想工作。他曾长期担任学校运动队的顾问、领队等职,一旦遇到省内外的大型体育比赛,都要亲自前往助战,并协助教练出谋划策。他对体育工作的热爱和为我校体育工作作出的特殊贡献,应记上浓重的一笔。

朱立、姚俊安、姚今淑等教授和张建国老师,只要有重大的体育比赛,他们必到场助威。他们对运动员都很熟悉,经常利用业余时间给运动员专门补课和进行耐心的辅导。姚俊安老师当年给运动员上课时的点名册和考试成绩至今保留着,与一些运动员还保持着联系,这种师生情怀是多么珍贵!

学校负责高考招生工作的李玉和、余心根等,在招生工作中充分利用有关招生的政策,积极与湖北省和全国各省市招生办公室做好协调工作,确保计划内特招的运动员都能录取入校。

各院系和学校分管学生工作的各级领导都能全力支持体育工作,积极做好运动员入学后学习、生活各方面的安排,为运动员排忧解难,解决后顾之忧,使运动员能安心学习和专注投入训练和比赛。邵锡昌和关景太等同志为校运动队和运动员们做了大量的协调工作。

学校机关、后勤部门和一些专业教师也都非常关心、支持体育工作,他们从另一条战线积极投入到实际工作中。每年的学校运动会和一些球类比赛,他们都争做裁判员、记录员等,有些项目如运动会计时裁判等,每年都由相对固定的人员来担任,因他们熟悉业务,从而能保证圆满完成任务。

我校体育工作与卫生工作密切结合,在国家教委教育部和湖北省教委的评估检查中获优秀称号。特别是在登山、攀岩等户外运动中都派专职医生参加,他们给参与活动的学生讲解安全和自救医护方面的知识,使得我校从建校、建队以来从未发生过体育运动人身损伤的重大事故。

学校科研处和校办等单位的胡轩魁、王方正、朱新国、闻立峰等同志协助体育部认真总结了体育工作中的优良传统和经验,完成了学术论文《结合地质专业特点的地质大体育观》。这篇论文成为我校不断攀登体育工作新高峰的指导思想,在全国高校中还是首例。

我校独有的专兼结合、体育育人的特色,使全校上下形成一种合力,共同作用在学生身上,取得了很好的效果。这批兼职的体育积极分子,为我校"地质大体育观"的形成和不断发展、创新,作出了巨大贡献。今日我校体育的辉煌,离不开这些曾为我校体育作过奉献的"地大人"。

七、1975 年至 1997 年历经 22 年的发展,学校体育工作取得辉煌的成就

1. 获八项国家级奖励

1988 年第六届全国运动会和 1993 年 10 月第七届全国运动会,我校两次被国家体委授予"全国群众体育先进单位";1989 年我校体育部完成的"结合地质专业特点,改革体育教学"教学成果,获国家教委"国家级优秀教学成果奖"(图 15);[1992 年 9 月在第四届全国大学生运动会科学报告会上,我校完成的《结合地质专业特点的地质大体育观》获全国优秀论文二等奖(一等奖空缺);]1992 年在第四届全国大学生运动会上取得"校长杯"第一名;1993 年 4 月被国家教委授予全国试办高水平运动队"先进院校"称号;

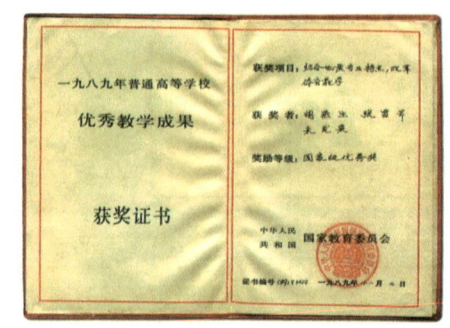

图 15　获奖证书

1993年10月在第七届全国运动会上我校再次被授予"全国群众体育先进单位"称号;1996年我校被国家教委、国家体委和卫生部授予《贯彻学校体育、卫生工作条例》"优秀学校"称号;1999年10月在全国学校体育工作经验交流大会上,我校被教育部、国家体委联合授予"全国学校体育工作先进单位"称号。

2. 获得六项省、部级奖励

1989年8月被地矿部授予"全国地质战线群众体育先进院校"称号。1989年10月被湖北省人民政府授予"湖北省体育先进院校"称号。1999年获湖北省教委教学成果一等奖。1992年8月获得湖北省人民政府授予的"特殊贡献奖"。1995年9月被地矿部授予"全国地质战线体育工作先进院校"称号。1995年9月,女生体育课教研室被湖北省教委授予"教书育人先进教研室"(图16)。

"全国群众体育先进单位"奖牌

"全国学校体育卫生工作先进单位"奖牌

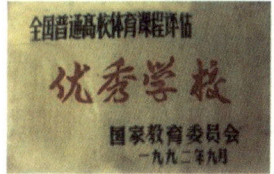

"全国普通高校体育课程评估优秀学校"奖牌

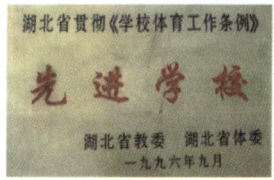

"湖北省贯彻《学校体育工作条例》先进学校"奖牌

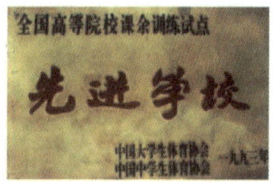

"全国高等院校课余训练试点先进学校"奖牌

图16 获奖称号及奖杯

3. 获得四项学校奖励

1990年在校内教学评优中,体育部女生体育课教研室被学校评为"学校教学先进教研室";1993—1995年体育部连续三年被学校评为"教学管理先进单位",优秀流动奖旗因此永远留在本单位。

八、结束语

1975—1997年22年的艰苦探索、倾心付出和顽强拼搏,处处浸透着老一代地大体育奋斗者们的心血与智慧,愿地大体育的明天更美好。因时间太久,加上年岁已高,本人记忆的事情中难免有些不够准确,仅供参考。

作者简介:

胡燕生,男,汉族,籍贯山西,1936年1月出生。1961年9月参加工作,1997年2月体育部退休,教授,体育部主任,享受国务院政府特殊津贴。曾任第五届中华全国体育总会委员、中国大学生田径协会副主席、中国大学生排球协会副主席等职。1999年10月被教育部授予"全国高校体育工作先进个人"称号。

见证武汉地质学院成为全国体育强校

凌敬升

北京地质学院1970年迁至湖北江陵,改名湖北地质学院,1973年各路人马(江陵、干校、丹江口)汇聚至京后,1975年秋乘专列到武汉,这就有了武汉地质学院,在北京只存一个留守处,挂的是"武汉地质学院北京研究生部"牌子。

武汉地质学院在湖北仅用6年时间,于1981年就成了湖北省首屈一指的体育强校,1982年参加全国第一届大学生运动会时一炮打响,成为全国知名的体育强校。

一、北京地质学院本就是一所传统的体育强校

1956年秋,北京高校田径运动会在北京师范大学举行。北京体育学院作为普通高校参加,也就和我校打了个平手,男队他们总分第一,我们第二,女队我们总分第一,他们第二。决定胜负的都是接力比赛,男队是4×100 m和4×400 m,女队是4×100 m和4×200 m(当时就是这样设项)。男队4×100 m,我们赢了,4×400 m,他们赢了,女队我们都赢了。那个过程至今还历历在目。著名运动员中我记得男队有高正铨、何浩生、蒋良弼、郑可邨,女队有曲礼娥、刘馥、刘湘君、隗家秀等。足球队更厉害,有那么几年,在北京除了北京体育学院就再也没有其他对手。1956年春,我们邀请八一队和中国青年队(就是国家队)来校比赛,张俊秀、年维驷、张宏根、陈复赉、陈家亮、丛者余、哈增光、王陆等国家队的名人都来了。结果是:我们校队同八一队打成1∶1;国青队也只以1∶0小胜我队。顺便对

比一下我这个不入流的球员，1959年去人大读研，一下子就成了该校足球队的主力。1960年，去沈阳同沈阳军区队踢了一场，打了个9∶0，如果不是他们的首长关照，他们还不知道要被灌多少个呢？著名球员中，我记得有崔万英、沙志、马家驹、周光甲、李克声、洪忠跃、陈忆元（现在北京，住我对门，我们是一个班的）等。1957年在西操场（现在展春园的路西）同北京体育学院校队打了个3∶3，李克声在左路打进一个世界波。其他学校均不是我们的对手，我校二队（三好杯队）打北京钢铁学院4∶0。1958年春，我校足球队因许多主力调北京石油学院（今中国石油大学），实力大大下降，可客场还是打了清华大学一个4∶1，这里面有我这个有等级的球迷现场指导的功劳。

还有举重队、棒球队、垒球队、羽毛球队，在北京市都是名列前茅的，有些队员还进了国家队。至于登山，只说一点，王富洲二年级是普查七班的，1956年5月23日入党后调到石油系，1958年毕业后去登山。那时，学校的登山队已颇有成绩了。由于学校体育名声在外，国家举重队和国家田径队还来校作表演，举重队破世界纪录的陈竞开、黄强辉、赵庆奎，田径队刚打破世界纪录的女子跳高选手郑凤荣（1.77 m，剪式），以及当时的"亚洲女飞人"姜玉民都来了，举重队的表演在原教工之家（现眷37楼所在地），田径队表演在东操场（现图书馆以及办公楼所在地，学九楼和教四楼之间）。我也是这些表演的忠实观众。

二、传统体育强校的传统

北京地质学院作为一个传统的体育强校，确实有其优良传统。

第一个优良传统就是坚持贯彻党的教育方针，德、智、体全面发展，把体育放在非常重要的地位。"地质工作的性质要求我们有一个强健的身体""锻炼身体，保卫祖国""锻炼身体，建设祖国""为祖国健康工作五十年"这些话，不仅是体育教师放在嘴边的话，也是各级领导在各种场合的动员令，至于专业课老师们更是经常以亲身体会告诫我们。这样，锻炼身体就成了同学们的自觉行动。以我为例，短跑100 m速度从15″5提高到12″3，跳远从不到4 m提高到5.7 m，引体向上从不会提高到15个以上。我今天的身体相当不错，应归功于学生时期的体育锻炼。

学校全面贯彻教育方针,学生们努力求全面发展,这一传统一直延续至今,武汉地质学院继承、发扬了这一传统。

第二个优良传统就是各级领导特别重视在体育方面的投入和努力,这一点武汉地质学院表现得很突出:一、二年级学生坚持早6点做早操,从未间断,其中一个原因就是,学校领导定期巡视,系领导经常参加,辅导员、班主任几乎每天到场;开运动会时,系党总支书记们、机关的许多部(处)长们都成了学生的服务员,还有当终点裁判员和计时员的,每年如此,没有例外;另外,学校招了高水平运动员,各个系都抢着要,到校后就派专门的老师辅导他们的功课。

第三个优良传统就是学校师生员工中的体育迷、球迷特别多。究其原因,大概有两个:第一个原因是有时间。去武汉的有1000多人,可学生很少,1975—1976年招工农兵学员不到1000人,1977年高考招生也只有500多人,教师和学生的比例也就是1∶3。教师的科研基本上还未开展,所以有的是时间。第二个原因有点不好说。那就是,我们在湖北是个外来户,各方面都或多或少不太受重视,或者说有点受歧视,这在体育方面表现得有点突出。在武汉高校中也有传统的体育强校。当时的华中工学院(今华中科技大学)就是体育方面的"霸主",还有在某个项目上的"霸主"。在同他们进行比赛时,裁判有意无意的偏向在所难免。这累积起来就成了"迷"们振兴体育的动力。

第四个优良传统是群众体育、竞技体育一起抓。北京地质学院当年是抓劳卫制(劳动与卫国制度)分一级和二级,田径、体操共5项,各有标准,考核通过以后,发相应奖章。奖章别在胸前,令人很开心,大家为此都很努力。学校在这方面,因劳卫制通过率高于其他学校而受到过北京市的表彰。

武汉地质学院做广播操,那是一道亮丽的风景线。每天早上,在体育教研室老师的带领下,在辅导员、班主任的引导下,随着大喇叭的节拍,学生们认真地、一丝不苟地为自己也为国家锻炼身体。这还引来了许多高校派代表参观学习。竞技体育更是继承了北京地质学院的光荣传统,并发扬光大。

三、我和我的体育强校之一:艰难的发展过程

学校1975年迁到武汉,1975年和1976年在中南五省招了两届工农兵学员,竞技体育虽无明显起色,处于中下游水平,但学校业已相当重视,不甘长期居于

人下。1977年恢复高考招生制度,武汉地质学院走向体育强校的路程就由此开始了。在校领导的支持下,招生办赴各省的招生人员特别注意招收体育成绩优秀的考生。我这个超级体育爱好者,也就正式开始了参与武汉地质学院走向体育强校的征程。那年我负责广西招生,招生办给我多拿了五张入学通知书,要我扩招体育生,在计划招生完成后,又扩招了5名,其中有温子瑛、陈健、李力跃3名体育生。他(她)们都已上了重点线,但档案都在档案室,我进入档案室,大海捞针似的找了出来。

从广西回来后,我又参加了湖北省的走读生扩招,那档案放得满地都是,找到谁是谁。我校由教务处纪言处长带队一共去了七个人,我只挑了两名考生,其中一人就是慎乃齐。

1978年,我在浙江招生,如同上述程序,招来了刘一新、陈小珍;1979年在福建招来了黄颖、何枫和梁晓凤。这些体育生都是参加高考,且上了重点线的考生,入学后成绩优秀。其中刘一新是全国"三好学生",他们毕业后或留校或读研或出国留学。

温子瑛——女篮、女排、田径队主力;陈健——男篮、田径队主力;李力跃——男篮主力;慎乃齐——女篮主力中锋、跳高;刘一新——短跑、跳高,后转十项全能;陈小珍——女排主力二传;黄颖、何枫——女排主力;梁晓凤——女篮主力。他(她)们是1980年之前学校竞技体育的中坚力量。其他著名的运动员我记得还有男篮的余平、侯刚、邓军、陈树正。到1980年上半年,我们学校在竞技体育的总体上已超越除华工(华中工学院,今华中科技大学)外的其他院校成为"老二",在某些项目上可以同霸主华工较量一下了。

四、我和我的体育强校之二:水到渠成

1980年招生是一个转折,副院长王良带着体育教研室的负责人温树朴和胡燕生在北京特招了约40名运动员,他(她)们大多数是高考未上线。有两个学校都想特招,互不相让,结果我们学校捡了一个大便宜。我和有关同志将这批运动员从武昌火车站接回,那是一个"大轿子",坐得满满的。那天刚下过雨,道路泥泞。车内坐着的,田径的有孙凯、尹宏、余晓、姜立、贺谊(还能打篮球)、裴芳、柴春媚、佟璐(也是篮球队的),女篮的有陈凤贤、崔亚莉、熊北荣,女排的有孔冰、程

航、王瑾,足球的有孟大虎,游泳的男生叫龙伟,男篮和男排也有。同时,我们在武汉也招来了七名田径运动员,四男三女。男的有郑曙、秦伟忠、严春杰、陈长河,女的有曾金娥,还有两名女子中长跑运动员、女篮运动员喻春香和姓李的同学。紧接着到了1981年又从北京招了一批,把一个体校的女排主力二传手李萍等人全拉来了。同时,王良带我去江西省体委招来四名田径运动员,有庄小丽、石江萍、朱惠敏三名女生和一名男生(长跑运动员),他(她)们都是江西省队下来的。

自此,我们学校在体育方面羽翼丰满,整体实力上全面超越华工。1980年,学校成立体育大队和体育教研室,胡燕生任队长,张锦高任政委,李玉和与我任顾问。王良让我兼体育教研室的书记,我怕耽误上课没答应,后来他又说过一次,我说我只在体育大队干点事,不到体育教研室去。在体育大队,我还是尽心尽力的。

1981年秋,我校举行湖北省高校田径运动会,除女子标枪的冠军由武汉化工学院(今武汉工程大学)夺去,其余各项的冠军由我校囊获。与此同时,男、女排也击败华工获得冠军,女篮只输给武汉钢铁学院(今武汉科技大学),因为她们的队员都是省二队下来的。

1982年暑期,北京钢铁学院(今北京科技大学)举行第一届全国大学生运动会(以下简称大运会),湖北省代表团田径队在我校成立。党委副书记彭山领队,我当指导员。队员共25人,其中武大、华工各1人,武汉化工学院2人,其余21人都是我校的。男女100 m、200 m和4×100 m接力的冠军,我们全拿下。我记得比较清楚的还有,女子跳高裴芳,男子十项刘一新,男子200 m、400 m孙凯,男子110 m栏尹宏,男子400 m栏余晓,男子跳远陈长河,男子三级跳远严春杰,女子1500 m佟璐,女子100 m栏朱惠敏,400 m栏石江萍,铅球姜立,女子五项柴春娟,女子跳远贺谊,均名列前茅,不乏拿冠军的。湖北省男女团体总分第一,男子总分第三,女子总分第一。辽宁总分第三,男团第一,女团第三。北京是三个第二。我们拿了三个奖杯。凯旋之日,由于代表团其他领导都有事,就由我守护这三个奖杯乘火车回汉,省里有关领导赴武昌火车站迎接。

由于这次全国大运会的出色成绩,武汉地质学院也成了全国知名的体育强校。

我们是体育强校,但我们从不言"称霸",这一点得到了湖北省有关领导和同行们的赞誉。1979年在我校、武汉水电学院(今已并入武汉大学)同华工男篮比赛中,因裁判问题我们退赛后,省教育局在武汉工业大学(街道口附近,今武汉理工大学)开会处理此事。体育教研室负责同志约我骑车一同前往,由我在会上做了检讨。现在看来,这是我这一辈子写的最好的检讨,检讨深刻,不卑不亢,有理有节。最后按弃权论处,无其他处分,领导和同行们应该对我校有了一个好印象。1980年大运会前夕,田径队组队期间,发现武大、华工无人入选,武大是没人可以参加比赛,而华工只有李斥白一人合格,不好意思参加。因此,我约体育教研室主任胡燕生一同前往华工邀请李斥白参加。我俩做了许久工作,他们才答应。她是短跑100 m,参加大运会4×100 m接力获得冠军。此外,武大出一名跑400 m栏的女生作为后补,我们的组队工作总算比较圆满。

1982年以后,武汉地质学院仍继续着体育方面的峥嵘岁月,特招体育生从未间断,体育比赛成绩仍居全国前列,第二届、第三届大运会成绩仍比较突出。1992年,在武汉举行第四届全国高校运动会,我校再次取得优异的成绩,虽无绝对优势,但仍总分第一。著名的男运动员有马彦周、卢杰、肖增光、孟中毛、闫海军、杜争、王旺生、齐福超等,女运动员有姜玲、刘丽萍、陈艳、李红、闫春玲、商爱梅、雷春红、王雪芬、何艾荣等;还有羽毛球队的男女选手共六名,他(她)们基本上是湖北、山东、河南三省的。羽毛球女队全是湖北的,是省队下来的,在大运会上是绝对冠军实力。

1992年那一年,我去石家庄参加地质院校田径运动会,当领队。我开展工作主要依靠熊慕侠和其他教练们,运动会共两天。第一天下来,我们只比河北地质学院(今河北地质大学)多几分。当晚我召开了动员会,第二天姜玲在其副项200 m上拿了第一,其他同学也都争气,没有输给东道主,以高出20分的成绩夺得总分第一。

此后,学校在羽毛球、攀岩诸多项目上一直保持全国领先的地位。至于登山,不仅是领先,而且是"唯一"。在提到王勇峰、李致新的时候,请不要忘记他们俩已仙逝的启蒙教练仲禹和朱发荣。

北极地质考察追忆

吴瑞棠

一、奔往北极

1982年6月21日至8月30日，我和卢顺容在北极斯匹次卑尔根群岛腹地进行地质科学考察。当时，我和卢顺容是在英国剑桥大学地球科学系做访问学者，作为进修的一部分，参加导师哈兰德（W. B. Harland）教授主持领导的"剑桥北极大陆架"项目，去北极科考两个多月，科考的足迹到达北纬近80°。

哈兰德教授是国际著名的北极地质学家，从1938年起便在北极考察。几十年来，他的科考队足迹遍布全岛，对北极地质研究作出了重大贡献。伸展在该岛最高峰牛顿峰东北面的巨大冰川以及该岛与格陵兰之间一条走向滑动断裂，是以他的名字来命名的。

1982年夏，我们按计划到该岛新、老地区做进一步的考察工作。我们选在当年夏至前一天，即6月21日星期一，离开剑桥前往挪威首都奥斯陆。当夜转飞挪威北部近北纬70°的城市特罗姆瑟（Tromso）。虽然已是夜里，但太阳仍挂在天空，我们开始领略到北极区的极昼景象。同一晚我们又乘小飞机越过大西洋，奔往斯匹次卑尔根首府朗伊尔城（Longyearbeen）。同机的一位刚在比利时度完假的煤矿工人得知我和卢顺容是来自中国的地质学者，热情地讲述北极区自然风光、白昼、冬夜和煤矿工人的生活。

机窗外，巴伦支海一望无际。据说晴天从飞机上能看到勘探开采石油的钻探平台。越向北飞去，洋面上浮冰越多。转眼间，冰天雪地的斯匹次卑尔根岛便展现在眼前。巨大的冰川像一条条巨蟒,沿着银色的低凹地带伸向北冰洋(图1、图2)。

图1　俯瞰斯匹次卑尔根岛

图2　远眺斯匹次卑尔根岛

在朗伊尔城的海滩上,我们支起帐篷睡了一宿,又匆匆继续北飞,奔向位于岛北部的"国际北极考察基地"——新奥勒松(Ny Alesund)。这次所乘的飞机是笔者见过的最小的老旧飞机,它没有轮子,轮子的位置是两个可在冰雪上滑行的大型雪橇板。看来它经历过无数北极的严寒昼夜。我们好不容易挤进机舱。连驾驶员在内,只能容下4人。驾驶员是位久经风霜的五十来岁的汉子,他对有中国人来乘坐他的飞机感到很兴奋,不时向我们讲述岛上的奇闻趣事。我和卢顺容被茫茫冰原、漂浮的冰山和极地奇观深深吸引,贪婪地抢拍下一个个向往已久、难得一见的画面(图3)。

图3 吴瑞棠与茫茫冰原、冰山、报地合影

6月23日,我们终于抵达目的地新奥勒松,进驻我们地质科考队的木屋营房,名字叫"墨西哥"(图4)。

图4 在营房前,吴瑞棠与导师夫妇一起留影纪念

二、新奥勒松——国际北极考察总站

总站原为挪威的国王湾(King Bay)煤矿公司及运煤码头所在地,20世纪初曾是岛上重要的经济活动场所,有小火车由煤矿矿井通往码头。此地开采第三系煤层,瓦斯含量很高。1963年煤矿发生严重瓦斯爆炸,煤矿工人死伤惨重,煤矿公司被迫停产倒闭,至今仍可见到当年的小铁道、运煤码头和坚固的水泥建筑物。这里的一些建筑及设施便发展成为现在的"国际北极考察总站"(图5)。它位于斯匹次卑尔根岛北部偏西一个海湾的尽头,南面靠山,东濒巨大冰川,往北通向大洋。我国的北极考察基地——黄河站,于2004年在这里建立。当时它只有二十余栋房子,绝大部分是木质的,被称作世界上最北的居民点,冬天只有几个人留守。每年夏季,一批批来自世界各地的探险家和科考人员来到这里,以它为基地在岛上进行不同学科领域的考察活动。偶尔也有学生团队到冰川上体验极地生存的刺激。

图5　国际北报考察总站

进驻营房后,哈兰德教授带着我和卢顺容去拜访国际北极考察总站负责人——一位慈祥的挪威长官。他得知我俩是来自中国的地质学者,非常热情地接待我们,并说,我和卢顺容是来北极区做地质考察的第一批中国地质学者,他表示热烈欢迎,然后向我们介绍了总站的基本情况。

来到这里的探险者、考察者都会到英雄墓地瞻仰先驱者,向那些长眠于北极的探险英雄致敬,送上这里特有的美丽小花。

三、不放过任何一个露头,哪怕是一块滚石

我们科考队分为构造地质组和地层组。构造地质组有导师夫妇、卢顺容及技师共六七人,主要在沿岸地带考察,生活在航船上。地层组共 5 人,在冰雪覆盖的陆地上工作(图 6)。

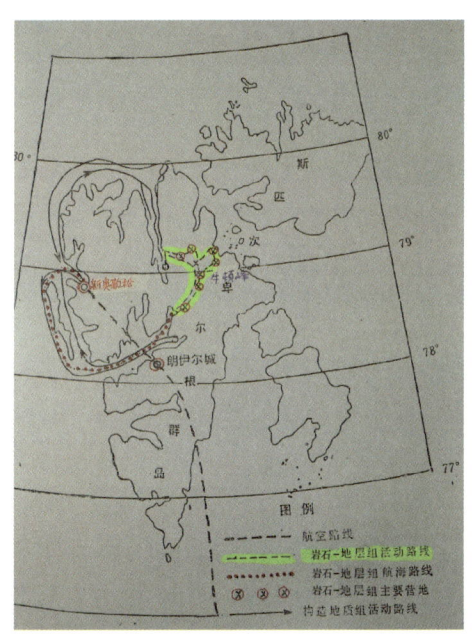

图 6　岩石-地层组和构造地质在斯匹次卑尔根岛地质考察路线图

地层组组长是现代冰川及前寒武纪冰碛岩专家汉布雷(M. J. Hambrey)博士,成员有我和来自伯明翰大学的岩石学博士菲尔采尔德(I. Fairchild),配有两名技师助手查理和罗伯特,他俩有丰富的南北极探险考察经验。主技师查理是伦敦某造船厂工人,会修理机械,是驾驶雪地车和滑雪的好手。罗伯特是一名海洋生物系即将毕业的学生,加入考察队做无薪兼职。每个成员都非常友善,助人为乐,踏实肯干(图 7)。

图7 吴瑞棠(前右一)和岩石-地层组队员在冰原上商定前进路向

在科考总站新奥勒松检修好各种机械,准备齐所有装备,我们地层组于7月1日向冰原进发。两名助手驾雪地车,搬运汽油、装备及食粮,三个地质考察队员滑雪爬冰坡。经过五六个小时的跋涉,好不容易抵达目的地,我的双脚几乎磨出血泡。

地层组考察的重点地区是斯匹次卑尔根岛中部及东北部腹地。登上冰原后,在计划考察路线上选择观察点,安营扎寨(图8、图9)。

图8 我们在一处良好露头旁安营扎寨

图 9　吴瑞棠在扎营外

每个营地周围地区考察天数不等。选择考察点是很关键而又很困难的事。在北极地质考察非常艰苦，难度极大。这是由以下因素决定的：①斯匹次卑尔根群岛 80% 地区被冰雪覆盖，露头稀少。地质现象在正常地区随手可得，但在极地则粒石难求。②什么地方能见到岩石露头呢？只有极陡的山坡和峭壁，冰雪覆盖不了，挂不住，才露出岩层。但在这样的地点，考察人员很难攀登触及，难以观察地质现象（图10）。③露头很零星，不连续、不完整，罕见的一小段连续的地层剖面也难以作出准确结论。因此，每当遇到能近距离作地质描述、采集标本和照相的露头，我们都如获至宝。科考队员都明白，即使一点点露头，甚至一块滚石，都是宝贵的，都要珍惜，它可能会给研究提供重要信息。

图 10　吴瑞棠在考察途中

有一次，我和菲尔采尔德博士被石炭纪石灰岩中丰富的化石及多变的沉积现象深深吸引住了，只顾不断往上爬，追逐着一层层岩石展示的地质现象，直到实在太陡峻的峭壁为止。此时俯瞰脚下，不由得一阵寒栗，我们已爬得太高了，向远处营地望去，几顶帐篷就像漂泊在冰海里的浮冰（图11）。

203

图 11　漂泊在冰海里的几顶帐篷

记得在挪丹斯基尔德冰川南缘,有出露十分良好的石灰系和二叠系。在石灰系岩石里含有丰富的煤层,巨厚的石膏层产在二叠系中上部。四亿多年前的一次强烈地壳运动,使下伏的早古生代地层发生褶皱,造成一个非常显著的角度不整合面,晚古生代地层近乎水平地覆盖其上。这种现象与世界别的地区的不少方面可以进行对比。

在斯匹次卑尔根岛最高峰——牛顿峰旁,我们也支起帐篷扎营。这个最高峰是加里东期花岗岩形成的,高达 1717 m(图 12)。

图 12　在斯匹次卑尔根岛最高的牛顿峰旁扎营考察

我们考察前寒武纪变质岩时,发现了以前未报道过的火山岩三层,火山弹保存良好。

四、北极考察的日常生活和威胁

大家一定好奇:在冰天雪地的北极地区,考察队员的日常生活是怎样的?我们地层组 5 人,两个多月完全活动在雪地上。每到一处考察点,首先搭帐篷,两人合用一顶帐篷,我独自用一个,另有一个做厨房兼工作室(图 13)。由于夜里气温较低,雪面较硬,利于滑雪,便于安排野外考察。日间我们经过一天劳累,即使太阳当空,躺下也能立即进入梦乡。

图 13　难得有太阳的好日子,把睡袋、衣物在帐篷顶上晾晒

每天上午九十点钟离开睡袋,十一点左右上山,下午七点左右返回营地。早餐有麦片粥、奶粉调的奶、面包片、饼干和牛油果酱。午餐定量,每人四五块压缩饼干,奶酪、巧克力各一块,一把花生,葡萄干等干果。渴了有取之不尽的冰雪。晚上在营地能吃到热腾腾的米饭或面条,伴着蔬菜干和肉罐头,美餐一顿。边吃边聊一天的奇闻趣事(图 14)。晚上九点多钟定时与船舱上作业的导师所在的构造地质组无线电通话,报平安,通知天气预报,简单汇报一天的考察情况。活动在冰盖上两个月里,天天用雪擦脸和刷牙,经常用雪擦身。

图 14　辛苦一天,晚餐后在"厨房"边聊天边整理野外记录

　　我们的营地都尽量靠近岩石露头。天天出去都需滑雪,沿途较远的还需乘雪地车。滑雪尤其是滑雪爬坡,即使天寒地冻,也满身大汗。到了露头停下来做观察记录时,身体骤然凉下来,湿了的内衣贴在身上,冰冷刺骨(图 15)。

　　遇到暴风雪天气,解决大小便最令人头痛。在茫茫旷野,狂风卷着飞雪,猛力钻进你的背脊裤腿,难受自知。

　　每次搬家,由一个营地搬到下一个营地,行程几十千米,都靠滑雪和雪地车搬运。旅途上会隐藏着各种危险。在北极考察,随时随地可能有意想不到的生命危险。你可能首先想到北极熊,

图 15　吴瑞棠在滑雪途中

但其实经常遇到的最大威胁是隐蔽的冰裂缝和冰窟窿。晴朗的日子,由于阳光折射的差异,易于发现大裂缝。若在阴暗的时候,就难以觉察。每次迁徙,查理总是自告奋勇当开路先锋,一旦发觉可疑,就命令我们停下,他用特备的长条铁棍小心探查,证实无险,或绕过可疑区,继续前行。有一年,一个考察组人员都陷进冰窟窿。八月中旬,当我们返程时,许多地区冰雪消融,原先被冰雪掩盖的一些地带,露出恐怖的大裂缝或冰窟窿。

北极的天气变幻莫测,暴风雪会突然降临。如果在山上,要尽快躲在安全的地方避险。每个队员都随身带一个救生小包,用一片御寒薄膜包着高热量小块特制食物,另配一个哨子和一枚照明弹,以防万一。屠杀北极任何动物都是不当行为,包括屠杀凶猛的北极熊。如果遇到它,就发射照明弹把它吓跑。北极熊最常出没于海岸地带,尤其在冬天长夜季节。构造地质组在7月的一天,在北部狭长的海峡考察时,曾遇到过北极熊。在岸边考察,常常会有一位队员背着来福枪警戒(图16)。

图16 北极熊常出没在岸边地带,考察队员背着来福枪警戒

五、感恩祖国和人民

40年前北极地质考察的惊险经历,仍历历在目。回首往事,最大的体会是:我很幸运,有机会奔赴北极考察地质。我要感恩,感谢祖国人民对我的抚养和栽培!

在北极考察的日子里,天天面对的是茫茫雪原,见不到人影。有时难免出现思乡之情,思念家人,想念朋友。这时我常不由自主地向东方眺望,那是我们祖国所在的方向!我还曾在一处奥陶纪石灰岩大石壁上,用中文刻画上"中国万岁"四个大字,祝愿我们伟大的祖国像北极的雪山,屹立于世!

两个多月的地质考察,我们获得了大量珍贵的北极地质第一手资料,采集了大量岩石及化石标本,获取了许多野外照片。作为访问学者进修的重要内容,通过考察完成了导师下达的任务。考察结束后,我们撰写了综合报告。卢顺容完成了两册,我撰写的两册是《北极区三叠纪地层》和《北极区二叠纪地层》。同时在国内外发表了北极地质科考论文(图17)。我和卢顺容成为最早在北极做地质考察的中国地质学者。有幸出国进修,有幸到达北极做实地地质考察,这是祖国人民和母校的赐福。感恩祖国,感恩党和人民,感恩母校!

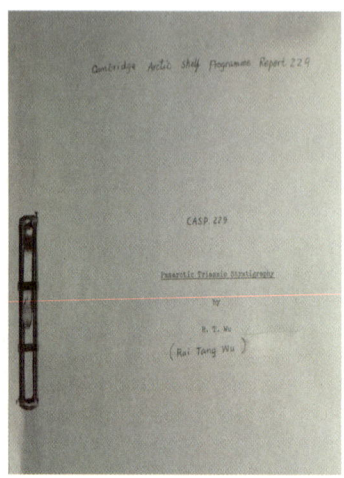

图17 吴瑞棠在研究整理北极地质考察资料

作者简介:

吴瑞棠,男,1936年9月出生,原地质系教授。主要著作有《现代地层学》《地层学理论与方法》等。1992年退休移居香港,受聘于法国地基建筑公司(香港),任资深地质师、首席地质师。

登山科考活动追记

纪克诚

幅员辽阔的祖国大地处处盛开着五彩的鲜花。我校的登山科考犹如万花丛中的一朵永不凋零的小花,绚丽多彩,令人难以忘怀。难以忘怀那些为高山探险、登山科考事业而牺牲的英雄们,难以忘怀勇于奉献的战友,难以忘怀冰峰岩壁下的日日夜夜,难以忘怀几十年为之奋斗的登山科考事业。

众所周知,我国拥有世界屋脊之称的青藏高原,拥有包括世界第一高峰珠穆朗玛峰在内的无数名山险峰,它们不仅是世界登山探险家们所向往的,也为世界科学家们所瞩目。我校负有揭示地球科学之谜、为开发边疆而寻找矿产资源、填补高山地区地质空白的历史重任。1958年,我校组建了全国第一个基层登山科考队,从此正式揭开了我校登山科考的帷幕,至今已走过了64个年头。64年来,我校不但为国家培养了大批登山运动员,向国家输送了一批又一批优秀的登山人才,涌现了王富洲、袁扬、李致新、王勇峰等为国家作出卓越贡献的登山家,而且登山科考也结出了硕果。

学习登山技术

地质院校开展登山运动一定要贯彻与科学考察相结合的原则,做到登山为国民经济建设服务,培养不怕牺牲、勇于攀登的大无畏精神。我校于1958年选派王富洲、袁扬、石竞等10位同志赴苏联学习登山技术。他们回国后,在校内广泛开展群众性的登山技术培训,从而使全校师生及受训的地质队员如虎添翼。1984年,我有幸到中国科学院兰州冰川冻土研究所出差,该所同志高度称赞我校毕业生(登山运动员)王彦龙在高山冰川考察中不畏艰险勇于攀登的可贵精神,被该所同志誉为"雪山虎将"。我校登山科考队员郭铁鹰、梁定益等在"世界屋脊"科考度过了10个春秋,他们的足迹遍及工作生活条件最为艰苦的阿里地区,终以80万字巨著刻写了他们高山科考的功绩。

高山地质专门化

1960年底,为适应我校蓬勃发展的高山探险登山科学事业,经上级批准,高山地质专门化专业成立了,它标志着我校登山科考与高山探险步入一个新的发展阶段。该专门化专业云集了当时我校从事登山科考的精英。该专业成立不久,便迎来了承接青、川、藏高原地质调查任务。师生们在风雪高原上奋战了150余个日日夜夜,他们翻越大雪山、过草地、涉急流险滩,燃料用完了捡牛粪烧,干粮吃完了挖野菜,猎捕地老鼠充饥。在一次对新发现的铝土矿调查中,董林竹同学不幸遇难,师生们为他举行了追悼会,并在他的墓前用木牌写下这样的两行挽词:"血气方刚来找矿,高山战士美名扬。"2018年,我曾托正好到此地工作的同志为董林竹扫墓。高山地质专门化专业的首届毕业生,有些终身从事高山探险工作,有些从事高山冰川、地质研究工作;有些虽被分配在内地的教学和生产机关,但仍没有忘记从事登山科考的组织与宣传工作。特别值得一提的是,1966年经学校党委批准,组建了以我为首的20余人登山科学考察队,准备执行一项长达10年的昆仑山登山科考计划,西越新疆的大红柳滩,东至青海拉刺台,长达2000 km,计划攀登四五个7000 m左右的高峰,最后写出《昆仑山地质志》,但该项宏伟计划因"文化大革命"而夭折了,令人遗憾。

登山科考结硕果

我校自1958年开展登山科考以来,先后对"七一"冰川、太白山、阿尼玛卿峰、玉龙雪山、雀儿山等进行了登山探险和科学考察,此外还多次参加了由国家体委(今国家体育总局)与中国科学院联合承担的珠穆朗玛峰地区的科考任务,获得了丰硕的科考成果。先后出版了五部专著,即1958—1959年的《珠峰科学考察报告》、1966—1968 年的《珠穆朗玛峰科学考察报告》(与外单位合作)、《阿尼玛卿科学考察与登山探险》、《西藏阿里古生物》和《西藏阿里地质》，并发表了《青、川接壤地区大地构造发展特征》《云南丽江玉龙雪山地质构造》《阿尼玛卿冰川构造》等多篇学术论文，这些专著和论文均受到有关专家的高度评价，不少曾获部省级科技成果奖。有关阿尼玛卿的论文和专著，专家评审一致认为有许多重要的新发展、新认识，特别认为冰川构造研究不但开拓了构造研究领域，而且填补了我国在这一领域的空白，具有很高的学术水平。关于《西藏阿里地质》专著，王鸿祯教授认为："这是第一次在本区进行的系统的和全面的区域地质调查而获得的丰硕成果……本书的出版将受到关心欧亚大陆特提斯构造演化研究的学者们的特殊欢迎。"

请不要忘记他(她)们

在历届校党委的关怀下，我校登山科考队走过了光辉的历程，它继承并发扬了我校艰苦奋斗、勇于攀登的光荣传统。我作为一名老的登山科考队员，回首往事，不禁感叹：有多少人为之奋斗，有多少人为之伤残直到献出宝贵的生命，从而为国家、为学校争得了荣誉，作出了贡献！我们不应该忘记他(她)们的奉献；对那些曾经赴青藏高原考察的人们以及为登山科考事业尽过微薄之力的人们，我们也不应该忘记。请记住他们的名字并向他们祝福吧！他们是：王富洲、袁扬、石竞、彭淑力、丛珍、王贵华、刘肇昌、何海之、白进效、见秋、黄桥、艾顺奉、周聘渭、王洪宝、李智陵、强祖基、胡海燕、刘东鲁、李玉柱、李并才、周泉英、毕先梅、尚子平、金庆民、仲禹、朱发荣、朱鸿、李致新、王勇峰、佟璐、包德卿、郭兴、郭铁鹰、梁定益、赵温霞、汪铁铭、韦念龙、肖树堂、刘学山、李绥远、韩温溪、韩俊杰、张之亮、李高腾、安大爱、董林竹、庄小丽、段连秀、熊继平、刘强、宋玉玲、熊昌进、董强、孙昭民、杨仁毅、陈仁林、张泽民、王大纯、朱上庆、池际尚、吴顺宝、丰茂森、张康富、宋鸿林、薛君治、何科昭、莫宣学、徐钰麟、池三川、陈昇平、赵崇贺、聂泽同、林秀伦、王新华、师其政、刘浩龙、朱立、许绍倬、肖劲东、吴龙林、胡昌铭、孙特、胡家杰、赵延明、李紫金、赵令湖、周海卿、刘玉发、杨巍然……。历届校领导，特别是高元贵、周守成、马杏垣、王鸿祯、郝诒纯、杨遵仪、赵鹏大等，更是给予了登山科考队直接的关怀。

作者简介：

纪克诚，男，1935年8月出生，河南新乡人。中共党员，教授，多年从事构造地质学教学、科研工作。1959年参加我国首次攀登珠峰活动，任二号高山营地负责人。1984年组建武汉地质学院登山协会，任副主席、秘书长。1965年、1973年、1984年多次任登山队队长，组织学校登山、科考活动。1995年从地学院退休。

在中国地质大学（武汉）创建的日子里

黄伯裔

1975年8月8日，一场特大暴雨使河南驻马店地区板桥水库溃坝，冲垮了京广铁路。经过全力抢修，中断了多天的京广线恢复了通车。从北京发出的第一列开往武昌的列车，成了载着北京地质学院迁校的教职员工的专列，我就在这趟专列上。

车到武昌站，下车后我们去哪里？当时说迁校，学校的校址尚未选定。我们坐上汽车，一部分人到了位于汉口航空路的武汉地质学校，先安顿下来，还有一部分人则到了华中农学院（今华中农业大学）。当时，上级指示学校要贯彻"三边"，即边迁校、边建校、边招生，但学校建在什么地方还不知道，我们北京地质学院的高元贵老院长带着一伙人，坐着一辆破旧的苏联的嘎斯69吉普车还在武汉市区的周边选校址呢（当时武汉市不同意学校进市），一直没有选到合适的校址。突然有一天，不知道什么原因，武汉市同意学校进市区了，并给了三个地址，由我们讨论选定。第一处在华工（今华中科技大学）的东面，东湖一港汊边上，环境较好；第二处在鲁巷的南面；第三处就是现在建校的地方。我们讨论的结果是一致同意建在第一处，但武汉市批准建在第三处，也就是现今的南望山下。地点确定后，基建就开始了。浙江来的建筑队伍负责职工宿舍的建设，贵州来的建筑队伍负责教学区的建设。不久，我们也就从航空路搬到了新校址。

迁校本是一件非常复杂的事情。安人心、保队伍这是其中一项重要的工作。当时我在政治部搞"落实干部政策"。一天，政治部主任找我，说人事科现在缺人手，需要我去帮忙。我一到人事科，接手的是干部调配和劳动工资关系等工作。从当时的形势来说，要保住学校，首先要保住教师这支队伍。于是学校决定，将教职员工中一方不在学校的都设法调入学校,即解决夫妻两地分居问题,我参与了人员的调配工作。工作程序就是向对方单位发商调函—调档案填报表—送省委组织部审批—发调令。因工作原因我经常跑水果湖,成了省委大院的常客。经过努力,这方面的工作取得了一定的成果。

当时领导决定,工人不迁武汉,由地矿部下达招工指标来弥补。此时,学校就想方设法将在东北、内蒙古和云南等地兵团的职工子女招来武汉(当时兵团是不放人的)。我在人事科也参与了这项工作。子女的到来,在当时来说对安定人心起到了一定的作用。

到了1981年,学校已逐渐恢复元气,"三馆"(图书馆、资料馆、博物馆)大楼落成。校领导周守成同志找我,要我去参与博物馆的筹建。原计划北京的博物馆要迁武汉的,后来因学校在北京成立了研究生部,所以也就留下了,武汉的博物馆实属重建。要建博物馆,谈何容易。标本从哪里来?我到博物馆上任,首先是购置设备和搞标本。在中国地质博物馆的支持下,我们搞到了部分矿床标本;在各教研室和老师们的帮助下,我们收集了一些矿物、古生物的标本;与此同时,我们还出去采集了一部分标本。就这样,大约用了一年的时间,博物馆总算初步"搭"起来了。开幕的那天,时任武汉地质学院院长的王鸿祯院士参加了开幕式。

博物馆要发展,须大力收集标本,增加馆藏。怎么办?我们依靠老师、依靠校友,同时自己也出去采集标本。我曾经五去哈尔滨,弄来了恐龙(黑龙江鸭嘴龙)化石。当时,我们得到信息,在黑龙江省地矿局任总工程师的徐衍强同志(1956年毕业的校友),要帮助学校搞一条恐龙化石。这一工程由我负责启动,但好事多磨。恐龙在黑龙江博物馆,为了支持教学与科研,他们愿意将恐龙转让给我馆,但提出要2万元的挖掘费用。我们随后签订了协议,先支付1万元,待装架完成后结清。交完定金,我们等待了很久,不见对方有动静。后来我们得到信息,原来我们支付的钱被他们的上级截留了,所以影响了他们的积极性。经过协商,他们提出是否将未支付的钱直接给博物馆购置照相设备。我们立即同意,并到兄弟院校借了购买相机的指标(当时没有指标是不能采购的),很快就将事情促成了。1986年,从武汉开了一辆卡车直达哈尔滨,我也从北京出发,在办好一切手续后,珍贵的黑龙江鸭嘴龙就被拉到了武汉。与此同时,对方也派人来学校协助完成了装架,完成了博物馆的一件大事。

在此期间,我去了长春地质学院博物馆,接受了馆长赠送给我馆的吉林陨石标本;到了辽宁第六地质队,在校友的帮助下,我们采集到了金刚石及金伯利岩标本;在大连金州石棉矿又采集了石棉;在五大连池,采集了火山熔岩的标本。1984 年,我在负责周口店实习站工作时,利用空闲时间,带领部分教师去天津蓟县,完成了中、新元古界剖面岩石标本的采集。并将十三陵附近的一块有双脊波痕的大标本拉回了武汉。

1986 年,中国博物馆学会地质博物馆专业委员会成立。我被委任为秘书长,并借调到中国地质博物馆主持秘书处的日常工作和每年召开一次的学术研讨会。虽然后来工作很忙,但我还是一直惦记着学校博物馆的发展。逸夫博物馆建成后,规模非常大、藏品非常丰富,总算是完成了我的一个心愿,实现了我久久盼望的梦想。

地大(武汉)成长了、壮大了,我们这些建设者们的汗水没有白流,我在武汉的 3650 多个日子也没有白过!

作者简介:

黄伯裔,男,1934 年出生,中共党员,博物馆副研究员。曾任中国博物馆学会地质博物馆专业委员会副秘书长、秘书长。1994 年退休。

地大校医院变迁

邵器行

1975年,北京地质学院从北京迁往武汉。1977年,我从铁三局四处医院(北京三家店)所属卫生所调入武汉地质学院工作。

校医院的筹建琐事

我报到时的卫生科是在眷14楼1层的两套单元房里。门诊部仅有几张简单的办公桌椅等,其中有一间作为注射室、换药室之用,几乎很少有输液。另有一套房为药房和药库。所有的医生和护士没有很明确的分工,一切尚未走上正轨。大概过了半年,新盖的卫生科(校医院前身)楼房落成,三层小楼,前后两幢,中间有一个小花园,有花坛,有座椅等。一楼是门诊楼,二楼是普通病房和手术室,三楼是传染病房。历经筹建的艰辛,医疗工作站在了新的起点上。

当时科内的医务人员绝大多数是在迁校前后调入学校的教员的配偶,是从全国各地来的。这些医务人员基本上都是市县医院或工矿企业中具有多年资历的医生,均有十年左右的临床经验,加上从京迁汉的原班人马作为中坚力量。多科室的医疗框架已经搭建。

当时卫生科所有的设备都需要添置,包括办公桌椅、医疗器械、手术室设备,X线机都是医护人员、行政人员自己动手筹办的。记得那年冬天,天蒙蒙亮,要过江到汉口去把采购到的设备运回来。我当时三十岁刚出头,可我们儿科的刘瑞林、墨文萱大夫都已经四五十岁了,也同样担当此任。在20世纪70年代,谁也没有现在这样的羽绒服御寒。我们坐的是解放牌大卡车。冷风刺骨的清晨,呼啸的北风吹透了棉袄,可没人叫苦。大家一次次任劳任怨地去运回器械设备,齐心协力完成了卫生科的筹建工作。

从创始初期到大展宏图

当初学校还分三处办学,分散在华中农学院(今华中农业大学)、湖北教师进修学院(今湖北第二师范学院)及汉口的武汉地质学校。每天借助喻家山的教员坐班车去讲课,医务人员也分别去帮助这三处的同事承担门诊任务。一早坐班车出发,帮助各站点的医务人员工作,午餐就在外面买一碗热干面吃,还吃得香喷喷的。这种情况也持续了三四年,直到学生全部集中到校本部安置后才结束。

校医院(当年的卫生科)各科室的工作至此才渐渐走上正轨,实行24小时值班制。上午8:00—11:30,下午2:00—5:30是门诊时间,各科室开门接诊,门诊分内科、外科、妇科、儿科、耳鼻喉科、眼科、口腔科、中医科,还有理疗科和化验室也开展了工作。中午、晚上至凌晨,都配有一个医生、一个护士值班,兼管楼上病房的工作。

一般的患者都能在校卫生科门诊处解决医疗问题,略重的病人可以收治在楼上病房,疑难杂症或重危病人才能送关山医院、地质职工医院等处就诊。

卫生科(校医院的前身)的外科手术室从建立开始便沿袭了北京地质学院的传统,开展了中小型手术。如疝气修补、包皮切除、阑尾切割术、痔疮手术等,还有产科的人工流产术、宫颈息肉摘除、囊肿切除等,并开展妇科普查工作。1980年底,外科手术室被评为武汉市先进模范科室。多年来,外科手术未出现过意外,患者在术后住在病房休养约一周即可拆线出院。

内科病房更是每天都有病人出、入院,病房患者以学生居多,感冒发热、化脓性扁桃体炎、肺炎、急性肺炎及溃疡病伴上消化道出血、泌尿系统结石或感染也较多。每天上午走廊里穿梭着查房诊疗的大夫和推着治疗车进入病房的护士。

门诊24小时值班制实施之后,无论春夏秋冬,总是不间断地有病人来诊,配备一名医生和一名护士值班,小夜班是中午11:30—凌晨2:00和晚5:30—晚9:30,大夜班是晚9:30—次日上午8:00。大夜班交接完毕方可回家休息。遇到最忙的时候一夜要处置急诊病人五六次,甚至更多,那就基本上是彻夜难眠了。记得有次半夜有重病人需出诊,那时校园里的路灯稀少,光线昏暗,医生在出诊的路上掉到排水沟里,擦破皮肉都顾不得处理,只为早点解除病人的痛苦而忙碌,等处置完病人才想到给自己清洗包扎。全体医务人员就是这样年复一年、日复一日地为广大师生员工服务的。

外科手术室在校园的工作中是比较突出的,校医院老院长曾瑞云大夫带着柯国钧、陈大刚等医生克服了人手不足的困难,每年做阑尾手术最多。大家的评价是:去大医院做阑尾手术,还不如在自己学校做,那都是"高年资"大夫在主刀啊!

克服困难,努力工作,提高生活质量

作为地大的"家属",每年暑假各家"顶梁柱"出野外带学生实习,而我们自己仍要参加值夜班,还要轮流去周口店、北戴河实习站的医疗点工作,这是不能推辞的任务。记得有一年我丈夫陈德兴去河南灵宝出野外带学生实习去了,轮到我值夜班,家里两个10岁上下的女孩在家睡觉,相互壮胆。还有一次我值夜班,突遇狂风暴雨,家里的窗户吹得无法关闭,雨水直落进屋内,大女儿拼尽全力关窗,却差点被刮下的玻璃割伤,吓得直哆嗦,事后说起这事还后怕。那时候还没有液化气灶,做饭靠蜂窝煤,男同胞一出野外,我带着两个女儿拉着斗车去华工(今华中科技大学)的煤站买煤,我在前头拉车,孩子在后面推,到了宿舍楼下还要搬到四楼楼道存放。那时的困难就是这么熬过来的。后来有了液化气灶,有专人送气瓶到家,解决了许多缺乏劳动力家庭的生活困难。现在回想起来,真应该感谢学校后勤及校领导为后勤保障所做的努力。虽然我们这一代人在建校初期吃过不少苦,但想想当初、看看现在,也是无限感慨的。

精益求精,及时诊断,减轻病人痛苦

在二十世纪八九十年代,校医院曾经历过几次传染病的艰难关口,第一次是全国甲肝流行。当时三楼传染病房住满了肝炎病人,包括教职工、在校学生及家属院里的中小学生。很多病人生化指标(GDP)很高,天天要输液,治疗工作量尤

其大,医生、护士都要承受被感染的风险。但他们任劳任怨、克服困难,精心为患者服务,度过了艰难时期。除个别重患因为出现肝功能衰竭转到市传染病医院外,其余病人的肝炎症状都逐渐得到了缓解,平安出院,保障了学校正常的教学秩序。

另一次印象深刻的波折应该是1985年冬天,医院病房收治了很多高热不退的学生,但是化验的血液指标和心肺功能均无明显异常。当时是按呼吸道感染收治在二楼普通病房,给予抗病毒药物(病毒唑)输液治疗,但3~4天后仍未见效。每天查房时均发现学生口腔溃疡明显,身上开始出现细小红疹,这是什么病症呢?何子莱院长和保健科主任邀请儿科医生会诊,当时我参加了会诊。经过全身检查,发现这几个高热不退的学生均在口腔颊黏膜上出现了费科氏斑,背部皮肤上有较多散在或密集的红疹,这似乎是绝迹于城市多年的麻疹的临床表现啊!我想起当年在铁路工程局家属院里的一次麻疹发病情景,何其相似!当时,在全国广泛接种麻疹疫苗后,麻疹已基本绝迹,怎么还在大城市、大学生群体复燃呢?后经保健科大夫研究才知晓,发病学生基本上都是偏远山区来的学生,因为没有接种疫苗,缺乏对该病的免疫力而发病。保健科当即将此疫情上报,武汉市卫生局防疫站进行了全面调研后,立即调来麻疹疫苗,逐一调查学生中未接种过疫苗的易感染者,给予补种,很快控制了疫情。此事不仅让我们积累了临床经验,也给了防疫部门一个启发。

医院的二楼是病房,那时内科、外科、儿科病人没有严格的病房分割或床位分配,我查巡儿科病房时,常会遇到内科或外科的病人。一天,看到一位熟悉的男教员因为大脚趾疼痛肿胀在输青霉素治疗,我走过他床边时,向他打招呼,跟他聊病情。看到他放到被子外的大脚趾肿得厉害,却没有红肿痛热的情况,这不是炎症啊!我便问他:"你的脚趾肿痛是怎么造成的?挤压了?足沟炎啦?"他说:"没有啊!"我说:"我觉得你像是痛风发作的包块呢!你最近是不是喝了啤酒,吃了海鲜和肉食啊?"他说:"这有关系吗?"我说:"这是血尿酸值升高引起的高尿酸血症——痛风,而不是炎症。你做一个血尿酸数值检查,鉴别诊断看看。如果是痛风,必须修正治疗方案。"第二天,患者去大医院查了血尿酸数值,证实是高尿酸血症。服用别嘌呤药后,很快控制了尿酸值,红肿消退。这件事说明:基层的医护人员应该是全科的,集思广益才能有利于患者的治疗。

还有一年冬天,一位女教员一个月内两次因胃痛且伴有黑便(柏油样大便)而在病房内输液控制病情。因为曾是邻居而聊起来,我说:"你连续出现黑便怎么不去查个胃镜(纤维胃镜)看看,应该首先排除一下胃癌啊!"她说:"你莫吓我啊!"我说:"这是应该的呀!你怕受罪也要查呀!"她听劝而去做了胃镜,可惜的是:检查结果是胃癌的中晚期,不久便病逝了。事情过去了20多年,我还是常想起这件事。人在生命的过程中,肯定会遇到想不到的事,有病早发现早治疗,是保证家庭幸福美满的重要前提。

地大(武汉)的校医院成立至今已经40多年了,能有今天的规模和水平,离不开全体医护人员的默默付出,也离不开广大师生的关注、体谅,更离不开各级领导的关心和支持。我已经退休十余年了,现在医院的硬件设备和各种待遇都有了大幅度的改善,一代胜过一代。愿地大校医院越办越好,为师生员工的健康作出更大贡献!

花开花谢,云卷云舒,春夏秋冬,寒来暑往,中国地质大学迎来建校70周年的日子。回顾我在学校工作和生活的40多年生涯中所经历的风风雨雨,无限感慨。谨献此文,祝学校越办越好,越来越兴旺!

作者简介:

邵器行,女,汉族,籍贯浙江,1945年9月出生,1967年参加工作,2005年从校医院退休,主任医师。

剖析我校校风的形成和特征

杨巍然

校风是一个学校的显著特征和优良传统，它反映了学校要培养什么人和怎样培养等方面的教学理念。校风的总结和弘扬，对学校的发展起到了积极的导向作用，它常成为衡量一个学校好坏的重要标志。

我校校风的形成，有两个背景因素非常重要。第一，我校是由北京大学、清华大学、天津大学和唐山铁道学院等有关院校的地质系（科）合并而成的（即北京地质学院），这些学校都有很深的文化底蕴和优良传统：如北京大学的"博学审问，慎思明辨"的校训和蔡元培校长倡导的"思想自由、兼容并包"的校风；清华大学的"自强不息，厚德载物"的校训和梅贻琦校长阐述的"俭朴好学、独立精神、文理兼通、学术自由、百家争鸣"的人格教育和通才教授理念；天津大学"实事求是"和唐山铁道学院"理论联系实际"的作风等。这些先进的教学理念和优良的传统及时地、有力地促进了我校校风的形成。第二，因为地质学的性质和地质行业的特点的影响。我校是一个以地质学为主体的学校。地质学目前研究的对象空间上从纳米级到全球以至太空星体，时间上从数秒钟的地震、火山爆发到50亿年以来地球演化的历史和地球星体的形成，内容上包括了物质组成及形变等各个方面，故地质作用非常复杂，需要对各种地质作用造成的结果进行实地考察，通过分析判别、推断和推理，从而得出理性的认识，所以地质学是一门内容广泛、探索性强、理论深奥、争论性大的学科；同时它又有广泛的应用领域，与国民经济的发展和人民生活息息相关，在解决人类目前亟待解决的资源能源、环境与灾害三大问题中具有举足轻重的作用。所以它又是一门实用性强、实践性强、艰苦性大的学科。这些特性促使我校校风具有鲜明特色。

我校校风的形成大致分两个阶段:第一个阶段为北京地质学院阶段。1952年建校时,由于继承了原先学校的文化底蕴和优良传统,学校很快就走上正轨,经历一段地质教学和地质实践的磨练,逐步形成了有特色的校风。其中,1957年刘少奇在中南海接见我校应届毕业生代表,对促进我校校风的形成起到了决定性的作用。刘少奇在接见中授予我们"建设时期游击队员"光荣称号,并提出了具体的要求和标准。刘少奇亲切地说:"地质工作是光荣而艰苦的行业,你们要做好艰苦奋斗的思想准备,甘愿自己受点苦,要为六亿人民谋幸福……你们要走理论与实践结合、知识分子与工农结合的道路,要到实践中锻炼、考证、丰富知识;到人民群众中去了解人民,培养自己的感情,希望你们能成为会说、会做的体力劳动与脑力劳动结合的革命知识分子……"我有幸参加了这次接见,与刘少奇亲切握手,他的一席肺腑之言深深感动了我,教育了我,鼓舞了我。实际上,这次接见与谈话不仅对我,而且对一代又一代地大人产生了深远的影响。它是对我校优良传统的总结和升华,为我校校风的形成奠定了基础,是我校校风形成的第一个里程碑。第二个阶段为中国地质大学阶段。改革开放以来,学校与时俱进。1987年,学校由单科性的地质学院改名为综合性的中国地质大学,正式确定了"艰苦奋斗、求实进取、严格谦逊、团结活泼"十六字校风。2002年学校50周年校庆之际,温家宝将校风精辟地概括为"艰苦朴素,求真务实"八个大字,成为我校优良传统和校风建设的第二个里程碑。

我校校风特征可以概括为"艰苦奋斗、务实求新、包容并蓄、团队精神"四个方面。

1.艰苦奋斗——地大人的思想素质和情怀

艰苦奋斗是我校最优良的传统和最显著的特征,也是我校校风的核心标志。它的思想基础是为人民服务,所以艰苦奋斗为人民是地大人的精神支柱。"甘愿自己受些苦,要为六亿人民谋幸福"成为地大人的座右铭,艰苦奋斗体现了地大人的思想素质和深厚情怀:为了人民的利益,主动承担艰巨任务,勇于克服各种困难,不达目的决不罢休。艰苦奋斗为人民的思想精神渗透到我们生活、学习的各个方面和学校工作的各个角落。正是艰苦奋斗为人民的思想精神,有力地培养了一代又一代地大人,他们奋战在国内外许多工作岗位,取得了优异的成绩,也出现了一批优秀人才。其中,最突出的代表是温家宝。他入学后不久因生病不能上课,他在治疗的同时自学,经过刻苦努力,逐渐增加上课的时数,毕业时他不仅彻底治好了病,并取得了所有课程全优的成绩,还考取了马杏垣院士的硕士研究生。他虽然身体欠佳,但无论是学习上,还是工作中都是最勤奋的,实习时他跑的路线最长,记录最详细、清晰,背回的标本最多,接触人民群众非常自觉。温家宝毕业工作后,继续发扬艰苦奋斗为人民的校风,在各个方面都取得了喜人的成果,深受领导的信任和群众的爱戴,很快被提升为地质小队、地质大队、地矿局、地矿部、中央办公厅、国务院的领导。特别是10年总理生涯中艰苦奋斗、为人民群众做实事的精神受到各方面的好评,被誉为"平民总理"。温家宝自己在几次谈话中提到,他在思想和工作方面的进步得益于母校的教育与培养。

2. 务实求新——地大人的学习目标和做人准则

务实求新首先表现在做学问的态度上,就是要认真地做实际工作,静心、精心进行研究,不断实践,勇于创新。这里牵涉务实与求新的关系,也可以说是实践和创新的关系。地质学比其他学科具有更强的实践性,我们学校一贯重视实践,加强实验课的教学和野外实习的环节,建立了周口店、北戴河、秭归等实习站,将周口店实习站建成为国家理科实践教学基地,建立了地质过程和矿产资源国家重点实验室以及三峡地质灾害研究中心等。培养师生亲自观察、分析、实验、综合提高的思维方法和实际工作能力。同时不停留在实践阶段,更倡导进行创新。大学特别是重点大学师生的任务就是要创新,强调实践和创新结合起来:实践是创新的基础,同时又是检验创新成果的唯一标准。只能通过实践(包括科学实验)来修改补充创新的成果,不能用创新的成果来修改事实。在实践中创新,在创新中实践,沿着"实践—创新—再实践—再创新"的道路前进。其实不只是做学问、做事,做人也是如此:就是要踏踏实实做事,不断进取、不断提高,做出更大的成绩。因此,"务实求新"反映了地大人宽广的胸怀,是地大人做学问、做人的准则。务实是基础,求新是奋斗目标,我们地大人树立创新意识,学习创新知识,提高创新技能,通过实践,取得创新成果。务实求新对我校师生的培养起到了积极作用,在社会上获得好评。如,1992年我做过社会对我校毕业生的能力和水平的调查,普遍反映我校学生有较强的工作能力,又有一定的理论水平,常提出一些新的见解和有益的意见,单位欢迎这样的学生。由于我校对务实求新的重视和弘扬,使其成为我校校风中另一个重要标志和优良的传统。在校内外涌现出一批务实求新的先进分子，其中最突出的是彭志忠。他1952年清华大学毕业后在我校矿物教研室工作，是我校的矿物学任课老师，大家对矿物学的晶体对称性和结构感觉最为困难。当时年轻的彭志忠老师亲自动手，做了许多矿物晶体结构的模型，用他制作的模型结合矿物的实际标本进行讲解，他的这种理论与实践相结合的教学不仅解决了我们学习中的难题，而且加深了对矿物晶体结构的理解和兴趣。经过烦琐的测试和研究，他二十多岁就测出了一种未知矿物的晶体结构，命名为葡萄石。后来又陆续发现了几种新矿物，获得了国际同行的赞赏，他也以优秀青年的身份当选为全国人民代表大会的代表。1969年，他参加了我校丹江口五七地质队工作，在习家店找矿时发现当地烧火用的石煤（含碳页岩）燃烧后的矿渣表面有一层非常鲜艳的黄色、红色、蓝色的风化薄膜，取回化验含有极高的钒、铜、磷、铈等元素，立即和五七地质队的同志一起对石煤层进行系统采样，证明这是一个以钒为主并含多种有用元素的矿层。经五七地质队的进一步勘探，最终找到了一个大型钒矿床。彭志忠利用春节假期，背上一大包的矿石标本回北京进行系统测试和研究，在非常恶劣的条件下，不仅圆满完成了生产任务，同时又发现了两个含钒的新矿物。尔后，他还和他的学生一起先后发现了二十多种新矿物，使我校矿物晶体结构和晶体形貌学的研究进入世界先进行列。可惜他过度劳累成疾而英年早逝。但彭志忠同志为我校务实求新树立了一面光辉的旗帜。

3. 包容并蓄——地大人的民主学风

包容就是包容万物，包容不同学术观点和派别，通过相互交流争论，辨明真相，提高认识，达到兼收并蓄的效果。这种包容并蓄的民主学风对我校尤为重要，因为地质学诸多特征而导致不同认识、不同观点的情况非常多，更需发扬学术民主。通过广泛的讨论和充分的交流，可以相互启发、补充和修正，更全面、更深刻地认识事物的本质，反之则会阻碍科学的发展。我校在这个问题上，一直处理得较好，如20世纪五六十年代，我国大地构造学研究非常活跃，形成了"四大学派"或"八种观点"争鸣的大好局面。我校马杏垣教授领导的集体虽然也是"八种观点"之一，但我们主动请"四大学派"领军人李四光教授、黄汲清教授、张文佑教授和陈国达教授来我校作学术报告，特别是聘请了张文佑教授来我校讲授"中国区域地质学"课，充分阐述他自己的大地构造观点；同时派年轻教员到李四光教授那里系统学习地质力学,这些都有效地活跃了学术气氛,促进了我校大地构造学的发展。迁汉办学以来,板块构造观点席卷全球,我校积极引进并介绍板块构造学说,是全国最早开设板块构造课的院校,同时我们还坚持学术民主、百家争鸣的方针,如支持郭铁鹰等同志以反板块构造观点在青藏高原连续进行8年研究,帮助他申请到科研项目,该项目研究后来获得了地矿部科技成果二等奖。郭铁鹰根据大量实际资料的分析,提出青藏高原不是板块俯冲所致,而是地幔隆起引起一个好似开花馒头一样的热隆构造的新认识。当时许多人都反对他的观点,认为他不接受新鲜事物、思想保守。但二十多年以后一些国内外学者认识到青藏高原的构造特征很难用板块构造解释,而提出许多超越板块构造的新模式,其中有些和郭铁鹰同志的模式非常相似。包容并蓄是地大的民主学风,是群众路线在科教领域的贯彻和落实。正因为坚持学术民主、百家争鸣的方针,我校一直有良好的学术环境,目前学校出现了学术气氛愈来愈浓、国内外学术交流愈来愈频繁的新气象。包容并蓄有力地促进了我校学术水平的提高和学科的发展。

4. 团队精神——地大人的育人模式和途径

团队精神有双重含义:一为培养集体观念和团结合作的品质;一为发挥集体力量,组织不同学科的师生形成教学、科研、生产(任务)相结合的团队,培育高水平的人才。学校的中心任务就是培养人才,我校一直在探索培养人才的途径,马杏垣院士是这方面的倡导者和践行者。早在20世纪50年代,他组织了五台山前寒武系团队,在科研和培养人才方面取得了显著成绩,后来因一些外在的因素而中断了此项工作。1959年,他吸取了过去的经验教训,又探索新的途径,以普地教研室构造组和地貌组为主体,合并地史教研室中国区域地质组,并从其他教研室调进有关老师,组成了区域地质教研室,按照教学、科研、生产(任务)相结合的原则,规划教研室工作,并把培养师资放在显著位置,有计划地安排教师到兄弟院校、科研院所、中苏混合十三地质队等有关单位进修。为了增强实际工作能力,马杏垣亲自带领教研室年轻教员到周口店培养填图基本技能,狠练200 m过硬功夫。同时还带领老师和学生编制教学用大地构造图和中国区域地质教科书。他把全教研室拧成一根绳,齐心合力,在各个方面都取得了丰硕成果,区地教研室被评为北京市的先进集体。后来他调离了学校,但区域地质教研室的许多同志仍继承马杏垣院士的办学思想,努力探索,如20世纪七八十年代的湖南团队取得了突出成果,被评为湖北省高校系统的先进集体,由我写出了一篇《教学、科研、生产(任务)三结合是培养高水平人才的有效途径》的论文,并以此为题,在表彰会上进行交流。目前,我校已批了四个青年创新团队,他们有人才、有经费、有设备,有很大的潜力,希望他们能很好吸取过去团队的经验教训,踏踏实实地取得更多的成果,作出更大的贡献。

上述四个方面有机配合,形成了我校有特色的、有意义的校风,它反映了我校的办学理念和特征。最后,我以一首诗概括我校校风。

地大校风

艰苦奋斗勤耕耘,务实求新度人生。

包容并蓄百花放,团队精神育精英。

以上是我个人对我校校风形成和特征的剖析,目的是希望引起大家更多的重视,自觉地总结我校校风,使我校优良传统发扬光大,共同努力把我校建成地球科学世界一流、多学科协调发展的先进学校。

作者简介:

杨巍然,男,汉族,籍贯湖南,1933 年 7 月出生,1957 年 7 月参加工作,2004 年 2 月从地学院退休,教授、博士生导师、副校长。

下 篇

"南望"难忘
——地大的新家园

难忘的岁月

李紫金

1975年夏秋之交的季节，我们怀着彷徨、惆怅、焦虑、郁闷、无奈及留恋的心情，告别了生活20多年的北京地质学院，搬运着全家的行李，跟随扶老携幼的队伍，乘上北京到武昌的专列。火车上除叹息声及孩子的哭叫声，沉闷的气氛让人透不过气来。我把年幼的两个孩子（11岁、6岁）及刚从农村老家接来的老姐姐暂留北京，丢下他们，我心里空荡荡的，放心不下，39岁的我不时地到车厢的洗脸间偷偷地擦去流不完的眼泪。

我们勘探教研室教师被分到华中农学院（简称华农，今华中农业大学）的学生宿舍，每户12 m²。我丈夫是地质系讲授构造课的教师，他每天必须早出晚归乘班车到湖北教师进修学院（今湖北第二师范学院）或武汉地质学校上课，当时大家生活上遇到的困难一言难尽。但是，"文化大革命"中10年停课荒废的业务，一位中年教师走上讲台的迫切愿望，使我们战胜各种困难，愉快地投身于教学及科研之中。

我们勘探教研室数学地质小组由赵鹏大老师领导，在华农为我系金属专业三年级学生首次开出"地质勘探中的统计分析"（即通称的"数学地质"）课程。为了讲好这门课，我们冒严寒、战酷暑，骑自行车到华师（今华中师范大学）及武汉大学旁听"概率论""数理统计"课程。赵老师开课后是单课独进，每周24学时的讲课、12学时的实习课，加上答疑辅导、考试持续近两个月，大大增强了我们连续作战的能力。仅统计1978—1992年共15个年头，数学地质小组共给本科生讲授（31个班）1030学时、研究生（9个班）460学时，到各地举办各种类型培训班讲课55次，共2900多学时（听课人数2200多人），15年平均每年讲课290多学时。

在完成上述教学任务的同时,承担并完成部级以上科研项目21项,其中获部级科技成果二等奖以上6项,迁安、宁芜、铜陵、月山,以及云南、川西、新疆、西藏、湖南等地无不留下我们战斗的足迹。在科研中,我们始终坚持"生产+科研+教学"三结合的原则,即根据生产需要选择研究课题,以地质科学为基础参加生产实践,运用数学方法,以计算机为工具,最终达到解决地质问题的目的。我在科研中不断提升自己并培养学生,将研究成果及时地充实到教学内容中去。每个项目的开始,我总是踏踏实实地进行基础地质研究,所以每年出野外时间较长,而且条件艰苦。我们忘不了,铜陵项目第一年出野外时,赶上了发洪水,齐胸高的大水淹没了铜陵码头,又正值天黑,我们乘救生筏先渡至高地,背着行李、打着手电,冒雨沿铁路线奔走了一夜才脱险。更令人难忘的是在西藏罗布莎矿区工作的日日夜夜。那里海拔4200~5200 m,我们经历了缺氧发喘、嘴唇发紫、头脑发昏且疼痛,昼夜难眠。更加怀念一起工作的李德威同志,当时他最年轻,上山总是奔走在最前头,遇到沟坎时,他总不忘回头拉我一把迈过险阻,处处照顾我们年纪大的同志。他无限热爱地质工作及地质教育事业,刻苦钻研、追求科学、敢于创新、无私奉献的精神永远留在我的记忆里。可惜他英年早逝,至今都令人感到无限悲痛和惋惜,他不愧是我们广大地质工作者的楷模!

当时缺少教学科研设备和经费。课堂上挂的全是我们自己画的图表,后来有了点经费,制成了幻灯片及投影胶片。首次科研经费是200元周转资金,用完后到拨款单位实报实销。后来承担的部级攻关项目或国家级重点科研项目,平均经费也只有10万元左右。在完成宁芜项目时,我们每人一把大小不等的计算尺,全组一个手摇计算机,记得我小儿子做小学算术作业时偷偷地用手摇计算机,于是我就把手摇计算机藏了起来,总怕他给搞坏了。后来,我们到中科院计算所学习大型计算机,为了省钱,总是安排在夜里2—4点上机,多半时间是在做纸带穿孔和修理纸带的活儿,把一盘盘的程序和数据黑纸带像宝贝一样珍藏着。到20世纪80年代初,铜陵项目用上了卡片输入的大型160机,野外工作时每人有了一个小计算器,直到80年代中期,我们才有了一台PC-1500型计算机。

随着我国改革开放的迅猛发展,随之而起的是现代化的美丽大学校园。我们学校进入了"211"工程行列,又迈向教育部"双一流"学科的建设。当年勘探教研室的数学地质小组由数学地质研究所演变为国家重点实验室的一部分。每位走上讲台的数学地质老师使用的都是多媒体,每位老师的家里和办公桌上放的都是电脑,厚厚的格子纸手写讲稿及备课、查资料用的一盒盒卡片已成为历史。我们发自内心地对年轻一代的老师说:我们多么羡慕你们啊!你们赶上了我们国家发展强盛的年代。衷心希望你们:不要忘记过去,珍惜现在,永不满足,为更加美好的未来和你们下一代的幸福而不停奋斗!

作者简介:

　　李紫金,女,汉族,祖籍河南,1936年11月出生,1959年7月参加工作。中共党员,地大(武汉)原勘探教研室教授,博士生导师,享受国务院政府特殊津贴。2006年6月从资源学院退休。

南望山下的非常岁月

高建华

1978年上学期,矿床教研室给我的任务是收集资料、备课,准备下学期给"金属"专业的学生主讲矿床成因(附矿床工业类型)课。

1978年5月,我和林新多等老师到鄂东程潮铁矿和附近的几个矿点调查,为大学生实习选点。野外工作结束后,我们高高兴兴地回到学校。当我一进家门(眷12栋141),屋里坐满了人。我有点惊讶,还没回过神来,胡祖桂老师就说:"你们可算回来了,给你们打了好多个电话,又派人去鄂东,都说没找到你们。"这时候我还发现丰淑庄老师在偷偷地抹眼泪,猜不出到底发生了什么。原来是几天前,朱有光(我的丈夫)在湖北教师进修学院(今湖北第二师范学院)上完课回家后,上厕所时发现自己尿在便池中的是鲜血(医生叫全程血尿),为此已在家中躺了几天,全靠胡祖桂等老师照顾,校医院有大夫说,这种无痛血尿有可能和肾癌有关,弄得大家特别紧张,这几天家里常有好多人聚在一起出主意,想办法找关系,联系医院。学校领导对朱有光的病也很重视和关心(因为朱有光是病倒在教学第一线,又是当时的教学骨干)。经多方努力,朱有光很快就住进了湖北中医学院(今湖北中医药大学)附属医院(简称中医附院)。

当时,我毫无思想准备,朱有光身强力壮,怎么一下子就和癌症有关系了呢?在他住院的日子里,我精神恍惚,两腿发软。有一次去华中工学院(今华中科技大学)买菜路过池塘边时,差一点就掉进了池水中;每天乘公共汽车去中医附院探视,下车后要走一段小路再从侧门进去(因不是规定的探视时间),我常常会不由自主地踩到大妈们晒在路面上的纸板(晒好的纸板是用来卖钱的),听到大妈们喊叫时我才发现,只好跟大妈道歉。更让我难受的是,为了不让朱有光知道无痛血尿可能和癌症有关,白天在医院里我内心的苦闷和无奈,不但不能对他倾诉,还要在他面前装作坦然无事的模样,晚上回家后要面对一双无知儿女(11岁和6岁)的无助目光,我没有流泪的权利,只有晚上在被窝里以泪洗面,自我发泄,缓解压力。

那段时间,朱有光的病情牵动着关心我们的老师和朋友们,胡祖桂老师帮助照顾家里和孩子,陈紫英老师几乎每天都帮我做好要送往医院的饭菜,并叮嘱我说,只要能打起精神去医院就行。还有很多老师和朋友默默地为我们做了很多事情。

姚金城的妈妈还帮我给朱有光做了一件丝棉袄(隐约有一种作"寿衣"的感觉,但谁也没说穿),老人家边做边劝我:"当年我四十多岁就守寡,现在不也过来了吗,一定要爱护自己,渡过难关。"

是同事们的无私关爱,给了我勇气和力量,帮助我度过了那段难熬的日子;是孩子们无助的目光,激励我必须面对当前的现实和生活——如果我再倒下,孩子们怎么办?

经过漫长的等待,医院的各种检查终于有了结果:没有发现癌症迹象,但血尿原因不明。在中医附院拿不出更好治疗方案的情况下,王岫云老师和我决定带着朱有光的病历和X线片,送到武医二院(现华中科技大学同济医学院附属同济医院)请专家看看。武医二院泌尿科主任一看就在X线片上发现了输尿管结石(中医附院没有发现)。为慎重起见,又让朱有光在武医二院重拍了X线片,结果在输尿管的相同位置也照出了结石,说明尿血是结石引起的。至此,我们悬着的心终于放了下来。

后来,朱有光从中医附院出院,改到武医二院门诊治疗,主要是吃排石汤排石。通过吃药和调养,身体逐渐康复。这时,我发现白发已悄悄爬上了我的头顶。现在很多人(包括我家孩子们)都不知道,我这满头白发竟和这段往事有关。

朱有光生病这段非常岁月,花费了我太多的时间和精力。"惊险"过去,我克服了各种困难,加倍努力备课,按原计划在1978年下学期完成了主讲矿床课的教学任务。

离开武汉三十多年了,无论走到哪里,我仍然眷恋着南望山下这片土地,忘不了那段艰难岁月留给我的勇气、坚韧和奋斗精神,忘不了人间真诚无私的友好情谊。

作者简介:

高建华,女,汉族,祖籍四川,1936年2月出生,教授,1975年乘迁校专列到武汉,1984年调回北京。

情系地大武汉

姚今淑

我在武汉工作了二十余载,经历了迁校建校。退休后我们作为老有所归人员回到地大(北京),距今也有二十余年了。但我们仍然属于地大(武汉)的人。在湖北武汉,我们经历了湖北地质学院的工作。1972年,学校把我们几个外语教研室的人调出来到湖北江陵,编写英语专业的教学大纲、课程计划等,为招收英语班学生做准备。在借住的武汉地质学校的两栋房子里备课。不久,高元贵院长让我们都回北京。1975年,北京地质学院正式南迁到武汉,成立武汉地质学院。我和许高燕是"双职工",即两人都在北京地质学院工作,且都是教师,所以都要到武汉上课,我们只能把自己尚未成年的孩子(在上中学)孤身留在北京。当时北京发煤气炉,因为我们是迁汉人员,所以没有发给我们。我们的孩子几年没有用热水洗过脚,这也是我们舍了小家为大家吧!

1987年,我是校务委员。当时的院长赵鹏大召集开会,说为适应教育改革形势和我校发展需要,学校将更名。大家认为,地球科学为我校的基础,而且在教学、科研等方面,具有世界同学科的一流大学的办学水平,所以应冠有"地质"二字。同年,国家教委批准成立中国地质大学。校长为赵鹏大,总部在武汉,分设武汉、北京两部,京、汉两地为相对独立办学单位。从此,一所单科型学校一步步迈向以地球科学为主要特色,理、工、文、管、经、法、教、哲协调发展的多学科型高等学府。

建校初期,我们的外语教研室只有一间录音室、一间资料室、一间打字室、一间阅览室,总共才四十多人,却承担全校的外语课教学任务。当时有的楼刚建好,我们去上课需要走跳板。有一次因下雨,跳板上有泥水,我一下就滑倒了。

这一跤摔得"好",基建处立刻就把进楼的道路修好了。后来,学校给每个教师配了一台录音机,两人一部打字机,这就是我们的全部装备了。

那时我校学生的外语成绩与其他院校比还是有差距的。当时我也很着急,开会讨论如何提高教学质量。但大家说,反正学校也不重视外语,就这样下去也让学校着急着急。1993年,当时的党委副书记兼文管学院院长(后来的学校党委书记、校长)张锦高同志来了解情况。根据我们的要求和教学需要,学校领导同意我们成立外语系,主任是曹亚军,副主任是刘心全,我是兼职党支部书记。组成核心组,提出措施,由学校校长、副校长同教务处对各系主任、辅导员及全体学生进行动员,而且学校规定如果英语四级不通过,不发学位证书;我们系也对老师提出要求。当年英语四、六级统考一次性通过率翻了一番,我们系得到学校的表扬和奖励。

当时我在教学上也是严格要求自己,认真备课,教书又育人。教务处的老师来听课,说我"覆盖全教室"和学生互动,教学效果好。平时我除了写例句外,从不站在讲台上照本宣科,都是下来在学生中边走边讲。如果有的学生精神有点不集中,我马上叫他回答问题或与我对话。我对学生因材施教,针对成绩好的学生,我指导他们阅读课外的外文书;对成绩较差的学生,就给他们课外辅导、让他们听录音等,使他们能迎头赶上。有的学生学了一年就能通过大学英语四级考试,学了两年就能通过大学英语六级考试。有的学生毕业出国深造,我总是叮嘱他们学成回国,为祖国服务。我在课下会主动关心学生,帮助他们解决生活困难或其他困难。

同时,我也配合系里做一些工作。我认为要提高教学质量,就要稳定教师队伍。外语系一向是缺编单位,虽然每年都有补充,但与全校教学任务比,工作负担过重,待遇又偏低,同时出国的机会相对较多,所以我就只能从思想工作入手,主动关心大家,使各位同仁感到这里环境宽松、气氛和谐、心情舒畅。对年轻老师,我就检查他们的教案、随堂听课,帮他们顺利过教学关。遇到不公平的事,我会为他们说话。另外,帮一些教师解决孩子入托、调爱人来校、住房等问题。我组织大家一起编写教材,为教学需要和提职称做准备。向学校争取提高教师待遇。因为我是学校和湖北省的职称评审委员会的评审委员,也向学校反映,基础课老师任务重,教的又都是成熟的科学,不易出科研成果,应该在职称评定政策上向基础课倾斜。这些要求都得到学校领导和各职能部门的支持。这样教师队伍稳定了,提高教学质量有了保障,学生的外语成绩不仅超过国家要求的标准,而且在湖北省高校中居于前列。

这说明以人为本,充分调动人的积极性,会产生不可估量的效果,甚至可以创造奇迹。

我虽然只做了些分内的工作,可是学校和大家还是给了我很高的评价。我被评为优秀共产党员、优秀教师、最受学生欢迎的老师,湖北省优秀工会积极分子、全国优秀工会积极分子、"永芳杯"武汉地区好妈妈。

外国语学院局部和我们学校的总体一样与时俱进,有着奋发图强的昨天、灿烂辉煌的今天和前程似锦的明天。现坐落在东湖侧畔的是设备现代化、人才济济的地大(武汉)外国语学院,和其他院系一同为培养国家合格的国际型人才而努力奋斗。

作者简介:

姚今淑,女,汉族,祖籍天津,1935年11月出生,1960年9月参加工作,中共党员,教授。多次被评为优秀教师。编写了多本教材,包括《英汉常用地质学词汇》《简明英语语法》《英汉基础教材》等。1996年2月从地大(武汉)外语系退休。

白云山之恋

朱有光

从 1980 年 10 月开始,由我给恢复高考后的地球化学专业 1977 级、1978 级本科生合班讲授"地球化学找矿"。该课程由地球化学找矿的基础理论和地球化学找矿工作方法两部分组成,其中地球化学找矿工作方法有较强的实践性,室内教学的效果并不是很好,讲的人和听的人都觉得比较枯燥,也不容易掌握。为了增强感性认识,我曾在喻家山上开辟了一些现场教学点,根据喻家山上的地质、地形、地貌特征,指导学生在现场识别地表残积层、坡积层,残积层土壤剖面及水系沉积物的发育部位,指导学生在野外进行岩石、土壤、水系沉积物样品的采集方法训练等。这些现场教学的方法和内容对于学生加深对课堂教学内容的理解起到了一定的作用,应该说效果是好的,但仍然难以让学生建立起对地球化学找矿方法的系统理解和掌握,需要对教学方法作进一步的改进与提高。这让我想起了在湖北区测队"七二一"工人大学任教期间的经历和掌握的资料。

1975 年 5 月,在池际尚教授的带领下,我们参加了湖北区测队"七二一"工人大学的教学工作。张本仁老师主讲"地球化学",我主讲"地球化学找矿"。1976 年,我带领工农兵学员进行生产实习,任务是完成阳新白云山地区一幅 1∶5 万的水系沉积物地球化学测量样品的采集工作,使得我有幸成为教研室参加水系沉积物地球化学测量工作全过程的第一人。为了完成这一任务,我每天带领学员起早贪黑,翻山越岭采集样品。中午在农民家吃派饭(下乡工作的干部,用餐由当地干部指定农户接待),条件好的农民家能吃到白米饭,条件差的农民家只能吃红薯饭,工作辛劳,人瘦得像猴子一样。但是这一段经历给了我从事地球化学找矿工作全新的、全面的体验,也从中获得了宝贵的第一手资料。我觉得自己工作过的阳新白云山地区的地质、地形、地貌、矿化特征特别适合用于地球化学找矿课程的教学实践,可以考虑在此地区建立地球化学专业的教学实习基地。这一想法得到了"地球化学找矿"教学小组老师们的全力支持。大家对实地进行了考察,一致同意在此建立专业教学实习基地,并开始了筹备工作。要想使专业教学实习基地的建设和使用成为现实,必须得到地球化学教研室领导的同意。1983年冬,我们"地球化学找矿"课教学小组邀请时任教研室副主任的阮天健老师到阳新白云山地区考察(图1),通过现场踏勘,我们的建议得到了他的肯定和支持,从而加速了基地建设的准备工作,并编写了实习指导书。该基地于1984年春正式启动,由李泽九老师(当时他是15811班地球化学找矿课的主讲老师)首次实施。

图1　阮天健老师到阳新白云山地区考察

1985年春,我是15821班"地球化学找矿"课的主讲教师,负责带领该班同学到湖北阳新白云山地区开展为期10天的专业教学实习工作,首次有了带领学生实践的真实感受。

地球化学专业教学实习一般安排在每年4月20日至4月30日进行,师生们住在阳新县招待所。每天清晨,师生们乘坐卡车,扛着红旗开往盛开映山红的白云山脚下,按照每天的路线进行教学实践。首日的路线是地质地球化学和矿床地球化学的野外观察,后几日的路线是岩石地球化学测量、土壤地球化学测量及水系沉积物地球化学测量的采样布局,最后是地球化学样品的野外加工,并将样品带回学校,进行室内分析。一周左右的野外实践以及随后的数据处理、绘制地球化学异常图、编写实习报告等环节,使同学们加深了对地球化学找矿基本理论的理解,对该课程的内容有了系统、全新的认识,并且能够较好地掌握野外的操作技能。同学们普遍收获很大,印象深刻。同时,也为当年夏季毕业实习的野外工作打下了良好的基础。

实习最后一天的中午,在阳新县招待所安排聚餐,每桌 30 元的标准,摆了一桌子的菜,其中有甲鱼和全鸡,一派丰盛的景象。大家不知道如何对全鸡下手,当时没有时髦的刀具。15821 班性格泼辣的女同学姚晓梅就用双手将它撕成一块块,大家美美地吃了一顿。有些班级的同学晚上还开了联欢会和舞会,气氛热烈。

参加过阳新白云山专业教学实习的历届毕业生,每次相聚或回校的时候,都念念不忘这段经历。1988 年毕业的李院兵同学,当时被分配到湖北第七地质队(宜昌),刚参加工作就承担起 1:20 万全国区域化探扫面任务,他说他对于这项工作信心满满,用在阳新学会的那一套方法足以完成野外队的任务。

阳新白云山专业教学实习基地的成功实践对兄弟院校产生了一定的影响,随后中国地质大学(北京)和长春地质学院的地球化学专业也相继建立了专业教学实习基地。

为了留下一份阳新白云山专业教学实习的影像资料,1992 年 4 月下旬,由我策划、唐元骏老师执导、韩吟文老师旁白的录像片——《白云山的十天》录制完成。

为了总结阳新专业教学实习基地建设的成果,我和李泽九、谷晓明、蒋敬业、马振东等老师共同撰写了《地球化学与勘查专业建立专业教学实习环节的探索》,该文获得了湖北省普通高校 1993 年"优秀教学成果三等奖"(图2),我们创新的这项教学成果得到了上级部门的肯定。

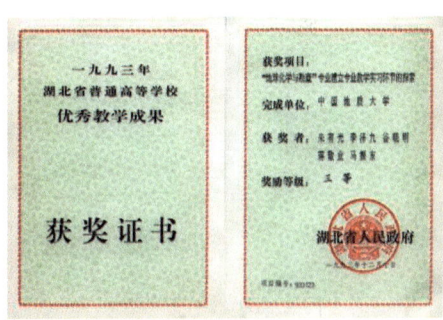

图 2　教学研究论文获湖北省普通高校 1993 年优秀教学成果三等奖

时间已过三十余载。虽然这一基地已经废弃,但30多年前白云山上生机勃勃的情景,使我们难以忘怀,它将成为我们教学生涯中永远的眷恋!

作者简介:

朱有光,男,浙江衢州人,1937年3月出生,中共党员。1960年9月参加工作,教授,曾任地球化学系主任,1997年从地学院退休。

我校第一个外籍硕士研究生

林敏

1991年的秋天,我校招收了第一个外籍硕士研究生。他的到来,给校园增添了一道"风景线"。由于他常爱戴一顶鲜红色的"旅行帽",衬托着那张黑黝黝的面孔,十分引人注目。每当他骑上一辆自行车在校园里转悠时,就会吸引许多人,特别是年轻学生的目光。在改革开放年代的校园里,突然出现这样一个十分罕见的人,大家不免会互相揣测着:此人是谁?他来自何方?干什么来的?

他叫凯茨尼亚(Kazzy),来自坦桑尼亚,满口流利的英语,只会说几句简单的汉语。他在北京语言学院(今北京语言大学)学了几个月的汉语后,就被派到我校攻读硕士学位。Kazzy研究的方向是地下水的开发与利用,分配到工程学院水文地质专业学习。经过院系领导研究决定,将培养Kazzy的任务交给了我。这项突如其来却又不得不接受的任务给我增添了不小的压力。怎么完成此任务,那时心里真是没底。

Kazzy是来我校的首个外籍硕士研究生,那时学校还没有制定相关的规章制度,也没有任何培养的经验可以借鉴。校领导只是提出:要在三年内让他安全、顺利地在期满时取得学位回国。对于这项只能成功不能失败的任务,我感到既新鲜又困难,只能积极开动脑筋,摸着石头过河了。

当年和Kazzy第一次见面的情景我至今还记忆犹新。那时,当我面对着一个高大、肤色黝黑的外国人时,内心是忐忑不安的。但我还是面带笑容,礼貌地欢迎他的到来。真没想到,他对我却十分冷漠,严肃且无语地与我握了一下手(图1)。显然,我们两人之间各自都存在着不同的"疑问"与"戒心"。面对这种情况,我意识到要想进入正常的学习状态,必须先消除我俩之间的隔阂,建立信任才行。因此,加强沟通,增进了解,建立感情显得尤为重要。我积极主动上门访问,关心他的生活。Kazzy 居然是一个十分善于交际的活跃分子。他的屋里常见来自各院校的朋友——有外国的,也有中国的;有男生,也有女生。到周末,他常开"房间舞会",许多来访者,随着响亮的音乐舞起来。我趁机也参与其中,接触他的朋友,互相聊天,在那里,我竟学会了自己曾经十分讨厌的"迪斯科"。此外,我又和他一起参加课外活动,教他学习中国的太极剑和太极拳。通过各种活动、不同方式的接触后,我们逐渐熟悉起来,互相谈学习、谈生活。从此,屋里不只有谈话声,也有了笑声。他终于收起了在我们初始见面时的那张呆板的面孔而对我笑面相待了(图2)。

图1 林敏与 Kazzy 初见

图2 Kazzy 的微笑

"科技中文"课程的开设是当务之急,是艰难却又必须迈出的一步。Kazzy 在北京语言学院学习几个月的汉语,仅仅能应对日常生活所需。我开始与他相处时,是用"中文+英文"进行沟通的,他对未来学习所需的中文(科技术语)一窍不通。为使将来的教学能正常进行,先开设"科技中文"课程,势在必行。但是,"科技中文"的内容选择要紧扣他的硕士课程来确定。

Kazzy 的硕士课程和国内硕士生所学的完全不同。他在坦桑尼亚学的是非地质专业,有数理化基础和较熟练的计算机应用能力。这样的学习背景决定了他的课程设置既要考虑他的研究方向所需,又要根据他既有的学习基础,扬长避短地确定。经过商量讨论,选定了四门主课:①水文地质基础和地下水动力学;②供水水文地质;③水文地质数值模拟;④计算机应用基础及程序设计。授课方式均为教员单独进行。实习、实验课,他和其他学生一起上。同时,我选定两位品学兼优的学生与Kazzy适时进行讨论、给予辅导(图3)。

在帮Kazzy确定论文题目和选择实习基地时也遇到不少困难,需要考虑的因素有很多:首先,要考虑他的地质基础薄弱,因而实习地的地质条件不能太复杂;确定的水源地既要已完成了调查、勘探、试验等各项地质工作,又能提供相应的地质基础资料为硕士论文所用,更重要的是该水源地允许外国籍的留学生前去实习,并有合适的居所供留学生使用。我通过多方联系,找校友帮忙,反复了解、筛选,最终选定了一个比较理想的地点——烟台市夹河水源地进行实习,并把论文题目选定为《烟台夹河地区人工回灌效果预测的数值模拟研究》,且同意了甲方的要求,把论文结果提供给他们参考使用。

"一揽子计划"确定后,课程就按部就班地进行着。通过三年的努力,Kazzy终于在1994年春完成了硕士学位论文的撰写。虽然他的论文是全英文的,但幸好在论文答辩时,他可用"中文+英文"进行阐述和回答问题,让答辩委员会的老师能够理解。最终答辩委员会经过讨论审核后,宣布"同意授予Kazzy硕士学位"。听到这个结论,我们都无比激动。我充满着喜悦的心情宣读了导师的评语(图4)。我终于向校、院领导交上了一份"及格"的答卷。

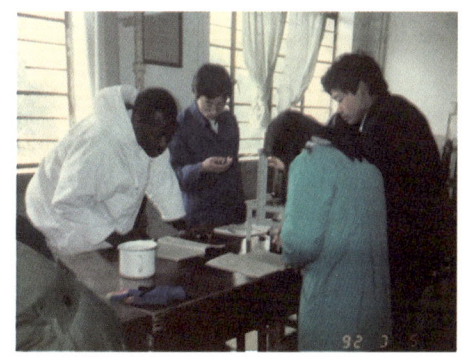

图3　Kazzy与同学们讨论并给予辅导　　　　图4　林敏宣读导师评语

Kazzy通过三年艰苦努力的学习,初步掌握了对一个水源地的调查、勘探、试验全过程的工作方法及数据的采集,并应用计算机模拟进行结果分析,为他回国工作奠定了基础。在答辩会的现场,他十分兴奋地对所有参与教学的师生表示感谢。

Kazzy要回国了,我和陪读的学生一同去欢送他并留下一张合影(图5)。从合影中,可以看到他那轻松、快乐的模样。三年里,他不仅学到了知识,获得了学位,而且还收获了一份来自瑞典姑娘的爱,可以说是学业、爱情双丰收了。我们衷心祝福他回国后事业有成,为中坦友谊作出贡献,也祝他未来生活幸福!

图 5　Kazzy 回国前与欢送学生的合影

作者简介:

　　林敏,女,汉族,祖籍福建,1936 年 6 月出生,1959 年 2 月参加工作,中共党员,教授。参加多项有关地下水资源评价及数值模拟科研项目,并获国家级、省部级科技进步奖奖项。积极参加国际水文地质方面的交流活动,是国际水文地质学家协会(IAH)会员。1995 年 8 月从工程学院退休。

　　注:文中所述是 1991—1994 年的一个历史事实。这种"培养模式"是由那个年代的特殊环境所决定的,不可复制。新时代面临一批又一批大量的外国留学生来到中国,我们将以崭新的培养模式去迎接他们的到来。

我们的地大越办越好

冯肇全

在我的记忆中，1966年6月，"文化大革命"爆发，学校停课，全体师生员工参加运动；1969年11月，学校大部分教员到江西峡江五七干校接受贫下中农再教育；1972年春季又到湖北沙洋五七干校劳动；1972年冬季大部分回到学校。

那时，听到要迁校的消息，学校党委组织了校址调查小组，先到湖南省石门县，后来又到湖北省江陵县等地寻找校址，最后，高元贵校长和校址调查小组成员经过深思熟虑、精密论证，决定在湖北省武汉市南望山麓建校，校名为武汉地质学院。后得到湖北省委、省政府的批准。这个校址选得很好，可以说是得天独厚。第一，湖北省委、省政府都在武昌，学校可直接接收到上级的指示。第二，武汉地质学院周边院校多，如武汉大学、武汉水利电力学院（今武汉大学）、武汉测绘学院（今武汉大学）、华中理工大学（今华中科技大学）、华中师范学院（今华中师范大学）等都在武昌，易于向兄弟院校学习办学经验，易于与兄弟院校进行学术交流。第三，校址在东湖之畔，有山有水，空气新鲜，视野开阔，有发展空间，风景宜人，是建校办学的好地方。第四，此处交通便利，四通八达，离武昌火车站不是太远。

1975年，地质矿产部部长孙大光同志在北京地质学院物探系学生餐厅给干部做迁校动员报告，号召北京地质学院的教职员工到武汉建校、教学。各教研室、各单位及时传达了孙大光部长报告的精神。光阴荏苒，不知不觉地到了1975年底，基础课部（又称基础课委员会，简称基委）党总支书记于志同志，希望我到武汉后，协助党总支做些党务工作。在迁校之初，据了解，基础课部党总支副书记柳明淑、钟和洁同志已申请调离北京地质学院，党总支干事刘振江同志已申请调到地质矿产部干部管理学院（简称地干院），党总支人事秘书杜展凯同志因病不能去武汉工作。

在要到武汉上课和协助党总支工作的关键时刻,教研室希望我上好课,同时做好党总支交给的工作。

1976年3月,我来到了华中农学院(简称华农,今华中农业大学)准备上课,因武汉地质学院的教室、住房等正在建设之中,临时借用华农部分教室、住房设施,作为一个教学、住房点。初来乍到,我对环境不熟悉,先来到华农的物理教研室的苏敦伦同志给我介绍了周围的情况。矿床教研室的徐国风教授对我说,上课要不断地总结经验,才能提高得快。我体会到同志之间的关心和友谊,弥足珍贵。

不久,我就给勘探系21753班上课,课程内容为静电学、直流电,共40学时。为了了解学生对我教学效果的反映,我找到了时任勘探系管教学的主任翟裕生教授。他说:"学生对你的教学反映不错,欢迎你下次再来勘探系上课。"翟教授的话,对我是很大的鼓舞。

1977年8月,我来到了位于武昌云架桥处的湖北教师进修学院(简称"进修",今湖北第二师范学院),这里也是武汉地质学院临时的教学、居住点之一。基础课部主任王述训老师就在此办公。高元贵校长不辞辛苦,还亲临"进修"教学第一线检查教学情况。当时,我给水文系51761班上运动学、力学课,共40学时。除此之外,教研室还分配我收集、整理示教仪器的工作。在"进修"上课的还有物理教研室的高秀恒老师。

岁月如梭,冬去春来,1978年的春天,我来到位于汉口航空路的武汉地质学校(简称地校)给地力系91771班上力学、静电学课,共40学时。这年的秋天,我同样在地校给地力系91771班和化分系31771班上电学磁学课,共40学时。此外,我还在地校给21753班等多个班上物理实验课。

位于汉口航空路的地校和位于汉口万松园路的中共湖北省委党校都是武汉地质学院临时的教学、居住点。基础课部党总支书记于志同志,也经常在那边工作。我协助基委党总支的工作,主要是人事调动、人事方面的请示汇报。有关基委人员的调入、调出的申请报告,要及时送交给学校在地校的人事科,有时向人事科的孙树科、乔明远同志汇报请示人事工作。有时,借到地校上课的机会,将申调报告交到人事科办理就行了。另外,我还做一些具体的工作,帮调回北京工作的老师做一些力所能及的实事,等等。

学校专门为上课的老师和做其他工作的员工准备好班车。班车在华中农学院、湖北教师进修学院、地校、湖北省委党校四个教学、居住点来回接送老师和学生等。老师们为了学校的教学,风雨无阻、早出晚归,斗酷暑、战严寒,默默地工作着。有一年的冬天,风雪交加,武汉长江大桥公路桥桥面结了冰,寒冷刺骨,老师和学生们毫无畏惧,不怕困难。司机刘汝民同志、余少成同志尽职尽责,提前到站等候老师的来临。他们不怕苦不怕累,全心全意为教学服务、为教职员工和学生服务的精神,得到了大家的好评。

在武汉地质学院建校的艰难时期,华中农学院、湖北教师进修学院、地校、湖北省委党校等兄弟院校伸出了援助之手,为我们的教学、居住提供了方便,我们由衷地感谢他们。

转眼之间,时间来到了 1978 年。在南望山麓,建校工作在校党委的领导下,在行政和基建处的努力下,建筑工人夜以继日,基委楼、教学楼、地勘楼、水文楼、物探楼、图书馆楼等如雨后春笋,拔地而起。楼房周围都有矮树围绕,楼前花团锦簇。一排排教职工住房和学生宿舍,错落有致,环境优美。除此之外,还有校医室、体育馆、大操场、露天影院、化石林园、行政办公大楼……这些景点和高楼,像璀璨夺目的珍珠,镶嵌在宽阔的有许多鲜花的校园里,多姿多彩,非常美丽。现在的教学、住房条件和专业设置,真是今非昔比了。

学生在校党委领导和教师的谆谆教诲下,经过不懈努力和刻苦学习,大批地毕业了,他们走向社会,为社会主义建设作出了应有的贡献,创造了辉煌。

2009 年的金秋时节,地大(武汉)的领导发来请柬,邀请在地大(北京)的离退休教职员工回校参观、聚会。大家喜出望外,奔走相告。由原基础课部部分教职员工和一些单位成员,组成了一个 20 来人的观光团,由地大(武汉)在京老干处刘翔同志带领,于 2009 年 11 月 3 日,高高兴兴地向武汉出发,在武昌火车站,受到地大(武汉)同志们的热烈欢迎。

接着,地大(武汉)的领导,设宴款待我们观光团成员。校党委书记郝翔同志对我们说,热烈欢迎我们的老领导、老教师、老教授、老同志回学校参观。郝书记接着说,你们是建校、艰苦教学的功臣,学校不会忘记你们无私的、巨大的贡献。郝书记的讲话,获得了与会者雷鸣般的掌声。

第二天,张锦高校长在百忙之中抽出时间给我们观光团成员介绍学校的发展情况和取得的优秀成绩。

在分组活动时，接待我们物理教员的是原来我教过的21753班的学生——张玉香同学，她现在是数理学院的党总支部书记了，进步很快啊！她向我介绍，21753班毕业时一共留校五个同学。张军、焦养泉当上了教授，李正元、郭金南已是行政骨干了，其他同学也为社会主义建设作出了贡献。

在数理学院举行的座谈会上，我了解到当时的新教员，现已成为教学骨干。物理实验室的仪器、设备有所更新，实验内容有所增加。数理学院招收的物理学专业、数学专业的学生数量也年年攀升。昔日和我们一起教学的，现在留在地大（武汉）的老教师如黄择言、张国雄、张待勉等个个身体健康。

当我参观原基委楼的物理实验室时，触景生情，好像昨天还在这里上课一样。当我到教学楼参观我曾经上过课的教室时，我感慨万千，黑板、讲台、门、窗都很熟悉。

学校派来给我们摄影的同志带我们穿过地大隧道，来到了学校北区的东湖之畔，那里有几栋崭新的高大建筑，有教学楼、计算机楼、学生宿舍等。学校的面积增加了，高楼增多了，设置专业也增多了，毕业的学生越来越多，对社会主义建设的贡献也越来越大。这显示了我们学校勃勃生机的景象，彰显地大（武汉）越办越好。如今，我们的国家已进入新时代。我坚信，地大（武汉）在习近平新时代中国特色社会主义思想的指引下将为国家培养出更多更好的社会主义建设人才，再创辉煌。

作者简介：

冯肇全，男，汉族，祖籍广西，1937年2月出生，1960年7月参加工作，中共党员，地大（武汉）物理教研室教授。多次被评为优秀教师。1997年3月从数理系退休。

我从"熟悉教材"中得到了欣喜

杜淑兰

1979年3月,我从北京矿业学院[今中国矿业大学(北京)]附中调往武汉地质学院附中。其实,所谓的"武汉地质学院附中"还是虚拟的,连建校地址都还未定,我被暂时安排在院办。接着,胡国安、周志华来了,附中校长邓柴胡来了,教导主任侯超伦也来了,我们就成了"元老"。

武汉地质学院附中说起来也有近40年的历史了,我见证了它的成长、发展。

一所学校,要想提高教学科研成果,使学生掌握与获得该年龄段应掌握的知识与能力,除了有一个坚强的领导班子外,勇于钻研、勇于创新的教师队伍也尤为重要。

在35年的教学生涯中,我一刻也没忘记"吃透教材",从而滋润自己,提高自己,丰富自己!日积月累,我也慢慢地得到了认可、褒奖、赞许。渐渐地在教学工作中游刃有余,乃至成为颇受欢迎的老师。

那一年,我接受了初中阶段的语文教学任务,我不断地分析研究教材,从而觉得:对于初中学生来说,要掌握好写人、记事、写物的记叙文、说明文,随着年纪增长,再加入夹叙夹议,掌握好简单的议论文的写法。学生到了初三,我就从一事一议教学生练习写作。有时,我也教学生夹叙夹议,或者写些简单的议论文。

中考前两个月,我集中让学生练习叙议结合的文章,帮助学生审题,比如写《难忘的一件事》,"难忘"即是题眼,在叙述一件事中,一定要突出这件事为什么"难忘",这件事就是议论文的成分了。中考前两周,我们的最后一次作文是《生活的启迪》。我让学生写一件生活中的事、人,以及给自己的启示、教育,我给予了指导并讲评。中考的脚步近了,我心里反而更加踏实了,因为教材中学生该掌握的,基本上反复练过了。中考后的一天,家长和学生不时地来看我,原来,中考的作文题是《生活教育了我》。他们抑制不住地说:"杜老师真棒!竟然猜到作文题目了!"

这个好消息不胫而走,家长们的赞许,我听了一点也不意外,什么"神呀""棒呀"只不过是了解教材,吃透教材而已。当然,从中我也得到了欣喜!

另外,我也非常重视教材中文章结构的研究。比如,初三语文中有一篇课文是"总—分—总"的结构,课后习题还提醒学生掌握。我就安排了一次作文课,让学生掌握这种结构特点。我让学生写一篇作文《参观学校的实验楼》。我让学生按下面的方法写:①先总写物理、化学、生物、实验楼的位置。②分别写实验室,物理实验室、化学实验室、生物实验室,它们为并列关系。③实验楼的功效和自己的心情、感想。我们参观实验楼之后,写了作文,效果不错。后来,我们又写了一篇《我的卧室》,还出了一部《优秀作文选》呢!

功夫不负有心人!中考送考那天,打铃前5分钟,我聚集了两个班学生,又提醒了一下"总—分—总"结构的那个练习,之后学生们踏进了考场。

我和家长们在考场外慢慢地等待着,煎熬着……

"铃……"语文考试结束了,只见学生吴元元欢蹦乱跳地过来了,她急不可耐地说:"杜老师,你太伟大了!""那道总—分—总结构的题,考了!"

"11分到手!"她继续说着……"当我看到那道题时,我都要喊'杜老师万岁'啦!"她按捺不住地说着。家长也群情激奋。我被簇拥着,夸奖着……是啊!这么一场重要的考试,11分该有多重呀!哪里是什么"伟大"呀!只不过是"熟悉教材"而已!

从此,我更加在研究教材上下功夫。因此,我进一步得到学生的认可、夸奖。我也越来越成为他们心目中的好老师,我从中更加感觉到"吃透教材"的甜头,心中也涌出阵阵欣喜。

岁月在流逝,我已退休二十几年了。我为附中的进步而高兴。后浪推前浪,一辈更比一辈强!

作者简介：

　　杜淑兰,女,汉族,祖籍北京,1940年9月出生,1961年8月参加工作,高级教师。曾获武汉市中学优秀班主任、优秀教师等荣誉。1995年10月从附中退休。

基层医院的医生应该是全科医生

罗先凤

我是1963年武汉医学院（今华中科技大学同济医学院）医疗系毕业后被分配到北京地质学院校医院内科工作的，六十岁退休。三十多年的实践告诉我，基层医院的大夫不能截然分科，应该是一个全科大夫。校医院和大医院一样，上班时间也是三班倒。正常班：上午，8:00—11:30；下午，2:00—5:30。中班：11:30—14:00，17:30—21:00。夜班：晚21:00—次日8:00。但不同的是，大医院的中班、夜班是分科值班，校医院中班、夜班因人少只能安排一个大夫和一个护士值班，而且放射科和化验室不值夜班。中班病人少，夜班病人多，尤其是外科病人，胆结石、胆囊炎、急性阑尾炎、急性胃穿孔、肠梗阻等病人一般是夜班急诊。我就碰到许多这样的病人，下面举几个典型的病例。

1964年春，我值完夜班，刚从食堂买早点回来。有一位体育老师弯腰捧腹、大汗淋漓地来到校医院，对我说肚子好痛，而且面色苍白。我和护士忙把病人扶到诊断床上，量血压，相当低，病人已经处于休克状态。解开病人的上衣，整个腹部的肌肉非常紧，压诊时病人喊痛，肚皮相当硬。临床称为"板样腹"，出现这种现象多半是胃穿孔，但最后要经放射科X线腹部透视，如果膈下有游离气体存在，就可以确诊。放射科大夫还未上班，我们把病人及时转到北京医科大学附属第三医院。病人检查确诊后立即做手术。病好后，李老师回到学校，特来医院对我说："三院的大夫说，基层医院转院及时，救了你的命。"特感谢我，我说："大夫是治病救人的，不要客气。"

1969年，北京地质学院的教职工到江西仁和镇的五七干校劳动锻炼。由于五七干校的房子没有建好，只有集体宿舍，男教职工带大男孩住，女教职工带大女孩住。不到3岁的小孩由母亲带着住农民家里。我和一位外科大夫(他爱人搞化验工作),一位护士(她爸爸年岁高不能住集体宿舍),我们三家住在胡姓村民家中,胡家到干校总部大约十里路。

有一天,一位农民找到外科大夫说他父亲生病了,请他去看病。外科大夫看了,病人咳嗽、发烧。马上找到我,说他听诊不行,你是内科大夫,去听听吧! 我去之后,量体温,体温很高,听诊肺部,右侧肺部湿罗音明显,叩诊浊音语颤增强,可以诊断是急性肺炎。外科大夫问:"怎么办?"我说:"请护士到干校把青霉素的皮试针配好,50%葡萄糖40毫升,50毫升大针管,拿来静脉注射。"青霉素皮试呈阴性,可以注射青霉素。护士打了第一针,以后几针都是我打的。病人体温降下来了,咳嗽减轻了。之后三天,我继续给病人进行肌肉注射,病人体温完全正常,也不咳嗽了,病好了,家属非常感谢我们医护三人。

五七干校"干打垒"房子建好了,住在农村的教职工全部搬回干校。我们有个小医务室,每天只有正常班、中班两班制。一天中午我值班,一位家长带一个小女孩专门找我看病。女孩九岁,精神很不好,量体温,体温在40℃～41℃,自诉右上腹疼痛。找我之前是一位外科大夫(医务室副主任)看的,诊断是肝炎,按肝炎治疗了九天,高烧一直不退,疼痛也未减轻。我听了家长讲的情况之后,觉得不像肝炎,一般无黄胆型肝炎是不发烧的,急性黄胆型肝炎发烧,但病孩又没有黄胆体征。我考虑病孩的病在肺部,马上听诊右侧胸部,呼吸音全部消失,叩诊全部浊音,说明女孩右侧胸腔里涨满了胸水,已经涨到锁骨下第二肋间,而且急性胸膜炎胸痛是很严重的。检查完,我对家长说:"你的孩子不是肝炎,是胸膜炎,要抽胸水,对症治疗,我们干校没有条件治,需马上转到县医院。"而且我对家长说住院不是一两天能回来的,你回家准备好生活用品,我去车库找师傅派车。师傅听我说了情况,立即派车。病孩治好,回到干校,家长特来医务室对我说:"县医院大夫说,再不来治,病孩就要产生败血症,就没救了。"四十多年了,病孩和家长对我特别感激,感谢我救了孩子的命,我说:"这是大夫的职责,应该的。"

我们1975年迁校武汉,由于新校址没有选定,老师、职员、学生分三处办学。第一处是武汉地质学校,第二处是华中农学院,第三处是湖北教师进修学院。教员、职员、学生也分三处,我和一位放射科医生被分配到武汉地质学校,我们两人在武汉地质学校的一个小医务室里工作。有一天,武汉地质学校工厂一个工人师傅的家属右腹痛得很厉害,找学校的大夫,大夫见是急腹症,马上转诊到同济医院。同济医院的大夫检查后说,不是急性阑尾炎,而且病人也不痛了,没有住院就回来了。可是没过多久,病人又痛起来,再去同济医院,大夫检查后说没事,又回来了。如此反复去了好几次。当病人再次痛的时候,这位工人师傅带她来医务室找我。我让病人躺在诊断床上,右下腹没有急性阑尾炎的体征,我考虑病人是不是妇科的急腹症。继续向右下腹盆腔进行检查,发现盆腔里有一个长形小包块,我就对工人师傅说,马上去同济医院,如果他们还没有检查出来,你们就对医院大夫说,基层医务室大夫发现右下腹盆腔里有一个长形包块。同济医院大夫听了之后检查盆腔也发现了包块,马上请妇科大夫会诊,检查后,说是妇科的急腹症(卵巢囊肿蒂扭转),马上做手术,取出的就是一个长形小包块。解决了病人的长期痛苦,家属特别感谢我,说我是个神大夫,我不好意思,其实并不是有什么神本领,只是考虑的方面要多一些,仔细、耐心一些而已。

大约是20世纪80年代一天,南望山下武汉地质学院校医院,我值夜班。凌晨3:00左右,我听见医院大门外有一个低沉的声音说:"大夫救命!"我马上叫醒护士,说外面有病人,然后打开大门见病人靠在墙角有气无力地说:"大夫,我肚子很痛。"我们把病人扶到诊断床上,病人面色苍白,血压低,初步诊断是腹部剧烈疼痛引起的休克。解开病人上衣,见腹部膨胀,叩诊腹部有鼓音。临床检查后,考虑病人可能是急性肠梗阻,夜班没有放射科、化验室同志加班。随后病人家属拿了一小杯病人的水样大便,呈粉红色,说明肠子开始坏死了。我决定把病人转到他们的对口医院。他死活不走,说家里小孩没人管,要求打止痛针。我告诉他:"急腹症,止痛针绝对不能打,你不懂,你再怎么吵,我是不会打的。"我叫他爱人回去把对门邻居的门叫开,把孩子托付给人家照顾一下。他爱人听了马上行动,安排好孩子,夫妻俩上了车,到医院就做了手术。病好后回到学校,家属特来医院对我说:"医院大夫说'你们基层医院大夫医疗水平高,转院及时'。我对大夫说,'我爱人和大夫吵架,不来,要打止痛针'。大夫说'如果不来,不到两个小时,肠子全部黑了,病人就没有救'。"我听了之后感到很欣慰,对家属说:"治病救人是我应该做的。"

此外,心脏病、肝炎、眼病、肿瘤病、儿科病以及心电图确诊的病例也很多,在此不再赘述,我通常都能诊断清楚所有病例,合理治疗。

我的这些亲身经历，充分说明：一个基层医生，应该是医学基础扎实，医疗技术掌握全面的全科医生。碰到病人，首先要正确诊断，有条件治疗时及时治疗，没有条件治疗时，马上转到上级医院及时治疗，以免延误病情，造成更大损失和可怕后果。

作者简介：

罗先凤，女，汉族，祖籍湖北，1937年3月出生，1963年12月参加工作，副主任医师。长期从事基层医疗工作，熟练掌握心电图诊断技术，对内、外、妇、儿等多科疾病的诊断治疗具有丰富的经验。1997年4月退休。

一副对联

吕新媛

  1992年11月7日是中国地质大学40周年校庆日,北京、武汉两个校区分别举行了隆重的庆祝活动。地大(武汉)地质系荣幸地请到了马杏垣先生光临大会,还有当年同年级的越南留学生武能乐同学也回来与我们共度校庆。

  校庆活动安排了3天,从7日到9日,内容丰富多彩,人人喜气洋洋。第一天就出现了惊喜的场面。这天一早一副红彤彤的对联从地勘楼六层构造教研室的窗口飘扬而下,直至一层窗下。上云:

  四十春秋教学科研求解土石山川岩矿地古构造问鼎中华大地

  八千弟子理论实践奋战北南西东填图测试找矿造福炎黄子孙

  顿时,那一泻千里的气势,引得人人惊叹!那文辞精练、平仄对韵、独具民族特色的文字,招人喜爱。那内涵丰富,字字千钧的话语,更是让地学之子们感同身受,激动万分。那硕大的一个个汉字墨宝,让书法爱好者流连忘返。欣赏的人群中有羡慕者、思考者、感念者、受鼓舞者等。

笔者与对联合影

  时间过去快三十年了,两条红彤彤的对联仍让人记忆犹新。

对联的作者是傅昭仁同志，近日我与他交流得知，当年他在校庆 40 周年时给构造教研室的成果展览室写了一副对联（门联）：

    伸展推覆各抒己见

    褶皱断裂满纸文章

地质系办公室负责人看后，受到启发，于是蓝翔同志就请傅老师为地质系办公室写一副对联（门联），又请游振东老师过目。于是就有了前文图片中所呈现的那副对联。

谢谢地质系，谢谢傅昭仁同志！

作者简介：

  吕新媛，女，汉族，祖籍山西，1935 年 4 月出生，1959 年 2 月参加工作，区域地质教研室副教授。1995 年退休。

黄卷青灯觅新知

游振东

1975年秋,我随学校教职工乘中华人民共和国铁道部(简称铁道部)安排的专列,从北京来到武汉。从那时起至2000年退休回京,我在武汉整整工作了25个春秋,投入了从中年至老年的碌碌半生。可喜的是,国家的改革开放,为我后半生为祖国地质事业与地质教育事业作贡献提供了宽阔的平台。

迁校前后

1972年,我们刚从干校回到北京,就听到学校要迁出北京的消息,也知道学校领导正在选址。可是,真正要走,还是在1975年,才确实知道要迁到武汉。党委书记王焕在全校动员大会上描述:我们现在所在的地方是五道口,到了那边是四道口。

当年对于迁校,大家是有抵触情绪的。后来既已决定,大家也只好服从。不过校领导做了很细致的安排:双职工家庭有困难的可以缓迁,单职工家庭一方在外地者,可以调入武汉。我们是双职工家庭,子女也都大了,学校在学九楼办了一个寄读班,把留京的孩子们管起来,免了后顾之忧。一开始,我们将户口本都上交了,后来据说经领导考虑,将来老有所归不好办,所以就还给大家,户口还留北京。那年因为河南南部发大水,镇平水库被冲垮,京汉铁路断了。不久修复之后,铁道部第一趟专列,就把全校教职工一夜拉到武汉,大家从此开始投入了武汉地质学院建校的工作和生活中。

到了武汉,我们被分配到武昌华中农学院(今华中农业大学)居住。我们地质系的办公室却在武昌司门口附近的湖北教师进修学院(今湖北第二师范学院），许多单身来汉工作的老师也住在那里，教学用的岩石标本也放在那里。给工农兵学员上课，则在汉口那边的地校，办一点事情都得坐公交车来回跑。

迁校，牵动家家户户，校领导都很关心。我们到华农不久，高元贵校长还专门来看望。华农环境不错，宿舍的南面就是南湖，西北面就是运动场，校园环境幽静，有利于备课。我们在那里住了两年，后来南望山新校舍建成，才搬了回去。

1975年迁校后，受湖北省地质局之托，池际尚教授在湖北省南部的蒲圻县羊楼洞镇，利用原地质调查队的旧址，办起了"七二一"工人大学。池先生在羊楼洞常驻，上课是单科独进，教员随叫随到，讲完就回武汉。1976年夏天，我在那里讲了几次不用显微镜观测的变质岩石学。回校不久，唐山地震就发生了。因怕不安全，我就把孩子们接到武汉，跟着我们住在华农，直至北京地质附中开学才回北京。

1977年，南望山的宿舍楼逐步完工。我们于当年春天就搬进眷属楼10号楼3层安下家来。不久，地勘楼、图书馆和体育馆也相继落成。武汉地质学院开始招收新生（全国恢复高考）。

改革开放带来科学的春天

1978年党的十一届三中全会召开，举国迎来了科技的春天。在马杏垣教授等人的努力下，原北京地质学院办起了武汉地质学院北京研究生部，开始了两地办学的新局面。从1969年至1978年，我们差不多有十年没有上过讲台。好在1956—1966年，有10年教学经验的积累，我对于从晶体光学到岩石学的全套教学内容依然熟记于心，按说上课不成问题。不过，这10年国际上地质科学却有长足的进步，比如地质学方面新兴的板块构造理论，在矿物学方面微区技术的运用等都是新的进展，我必须迎头赶上。

为了弥补设备短缺之不足，1980年初，联合国教育、科学及文化组织（后文简称教科文组织）资助我校购买一台日本的电子探针，同时培训人员，武汉、北京南北两方都开办教师英语口语学习班。我有幸进入北京学习班，班上同学约10人，教师是教科文组织派来的Waldolf。学习班主要练习人际交往、日常科技用语等。学习班为期数周即告结束，虽然时间短，但是教会我们用英语进行口头交流，所以我们对学校的这种关怀感激不尽。

在加利福尼亚大学伯克利分校做访问学者

1983年12月—1984年4月,我有幸作为访问学者到美国加利福尼亚大学伯克利分校工作、学习4个月。我从来没有出过国,这是第一次。我走的时候大约是12月初,那天正好郝诒纯教授也因公出差去美国,她看到我买的行李箱没有捆带子,到航站楼后,就替我买了一条捆上了,保证了行李安全。郝先生是我的老师,在北京大学4年,那时她是系主任孙云铸教授的秘书。孙先生讲古生物,实验课就是郝先生上的。她对我此行的细致关怀,使我终生难忘。

我之所以选择加利福尼亚大学伯克利分校,一是因为莫宣学老师刚从加利福尼亚大学伯克利分校回来,对那里情况比较了解。另外,加州大学的Francis Turner和Rudy Wenk都是变质岩石学大家,而且在显微结构方面研究成果丰硕。Francis Turner就是池先生回国前的博士后导师。当我1983年冬到加利福尼亚大学伯克利分校时,他早已退休,但作为荣誉退休教授,每天上午11点还来系里上班。他知道我是从池先生身边过来的,对我很热情,使我深受感动的是他手边依然保存着池先生当年岩石学学习的记录本。

我的指导老师Rudy Wenk是个瑞士人,主要从事变质岩以及人造岩石组构和超微结构等方面的研究。他的教学任务很重,既要担任本科生的教学工作,又要给研究生上课。过了圣诞节和1984年新年,乘有几日空闲,他组织了一次野外地质考察,开车到南加州棕榈泉附近考察一处糜棱岩和韧性剪切带。然后向西过Mohavi沙漠,经拉斯维加斯再返回伯克利。我们后来合作写成一篇论文,在美国一个学术刊物发表。伯克利加州大学附近的山上有国际知名的劳伦斯实验室,Rudy Wenk就是在那里对采集的很多样品做的电镜观测等研究工作。

加州的海岸山脉是著名的蓝片岩产地。我早就想利用这次机会,给教研室带回标准的蓝片岩作教学用(我们用的蓝片岩老标本采自陕南)。Rudy Wenk没有时间,后来是实验室的技师John带我到旧金山市北面的Tiberon半岛,采集了标准蓝片岩,带回来磨成教学薄片,供实验课用。

在加利福尼亚大学伯克利分校的一个重要收获是1977年在伦敦地质学会杂志上发表了《区域变质作用的压力-温度-时间轨迹》一文。该文使我认识到变质作用是一个动态过程,变质岩中不同期次矿物共生的消长转化,记录了变质温度、压力随时间而演变的历史,即所谓变质作用的 P-t-t 轨迹。这启发我们怎样去深入研究变质作用的过程,从而反演出区域大地构造的历史。

从东秦岭到大别—苏鲁

1984 年回国以后,我们很快就接到地质矿产部组织的秦巴造山带的项目(1985—1989 年),因为和构造教研室索书田教授长期合作,自然结成课题组。我们的任务是对秦岭群造山带根部进行岩石学和构造学研究。经过 4 年的野外及室内研究,在索书田、钟增球、韩郁菁、陈能松等老师的合作下,部分成果以学术论文《秦岭杂岩的变质历史与构造演化》的形式,先在长春国际会议上进行交流,后被国际刊物 *Metamorphic Geology* 录用(1993 年刊出)。主要成果《造山带核部杂岩变质过程与构造解析》于 1991 在中国地质大学出版社出版。

1986 年,我们科研组有幸申请到国家自然科学基金面上项目"大别山前寒武纪变质地体岩石学与构造学",将研究视野东移进入大别山,这也为后续参加中科院地球物理及地质研究所主持的自然科学基金重点项目打下基础。总之,从 1985 年至 2000 年,几乎年年都转战在秦岭—桐柏—大别山地区,也涉及苏鲁;1989 年始,还与地矿部宜昌所合作,开展两广边境云开山区的变质岩岩石学研究。由于这些项目的资助研究,我们对于造山带核部杂岩的变质演化有了更深入的岩石学和构造学方面的认知,得以在国内外一些知名刊物上发表文章和交流,并参加国内外重要的地质学术会议。

改革开放给了我们开展学科建设的良机。不少年轻教师得到经费可以出国进修,这就是"走出去";得益于国际学术交流,我和团队同事曾多次出国考察。例如应意大利佛罗伦萨大学地质系的邀请,邱家骧教授和我于 1989 年访问意大利。我们分别在佛罗伦萨大学和都灵大学地质系做了学术演讲;并考察维苏威火山、庞贝古城和西阿尔卑斯的高压超高压变质带,收获颇丰;钟增球教授和我于 1993 年应加州大学戴维斯分校地质系 Howard Day 教授邀请,考察了加州东部锡拉·内华达西麓的蛇绿岩带,看到了基性岩墙群等一些独特地质现象。

改革开放同时也为开展国际学术交流创造了良好条件,这就是"请进来"。在项目执行中,我先后邀请了美国加州大学戴维斯分校的 Howard Day 教授讲加州西部内华达山脉蛇绿岩地质;意大利佛罗伦萨大学地质学系 Botoloti 教授讲混杂岩(我校档案馆有录音保存);英国曼彻斯特大学地质系的Bowes教授与Hopgood博士联名在我校《地球科学》发表大别山混合岩方面的学术论文。还有英国伦敦大学的Roger Mason博士讲挪威Sulitelma的蛇绿岩,他后来还受聘多年在我校任教。这些学者的研究工作,为提高我们的学术研究水平,起到良好的作用。

得益于科研项目的资助,我们团队有条件进行研究生的培养。结合科研项目的执行,25年间,我们共培养变质地质学方向博士研究生9名、硕士研究生9名。许多有意义的矿物是在指导研究生工作中发现的;一些新方法、新方向、新思路是研究生在学位论文工作中提出的。比较突出的是王江海,他在博士论文中运用非平衡态热力学,从耗散结构理论角度阐明鄂东北混合岩形成的动力学机制,获得岩石学界广泛关注。研究生中后来有许多人成为国内变质岩石学研究的骨干。

由于科研工作不断吸收国内外研究成果,我们更新了教学内容,提高了教学水平。集中体现为变质岩石学教科书的编写:由王方正、桑隆康、钟增球和我合作编写的《变质岩岩石学教程》于1988年在中国地质大学出版社出版;王仁民(北京大学)、富公勤(成都地质学院)和我合作编写的高等学校教学参考书《变质岩石学》于1989年由地质出版社出版,该书于1992年获地矿部高等地质学校优秀教材一等奖。从1985年起,我还在京汉两地为研究生开设"变质岩成因"课程(40学时),在岩石学学科建设上也有所投入。1991年荣获李四光地球科学(教学)奖,同时获全国教育系统劳动模范称号(图1)。

图1 全国教育系统劳动模范奖章

1996年8月4—14日,第30届国际地质大会在北京召开,在杨巍然、韩郁菁、张泽明等老师的共同努力下,我们研究团队以《东秦岭大别高压超高压变质带》(英文版)一书作为大会献礼。我有幸与希腊地质学家Augustithis共同担任混合岩化作用及其形成机理小组的主持人。会后我还协助北京大学钱祥麟教授共同担任大会论文集第17卷《前寒武纪地质学和变质岩石学》的编辑工作。该论文集于1999年5月由地质出版社出版。

退休以后

2000年,我正忙于大别—苏鲁超高压变质作用的研究,教育部通知70岁以上的教师不能再招收研究生。我那时正患老年性膝关节炎,已不能胜任野外作业,便退休回到北京。

退休以后,我仍然继续原来未了的研究工作。恰逢张泽明博士在地质研究所工作,于是我自愿以客座研究员的身份参与中国大陆科学钻探工程(CCSD),从论证到施工一路参与,还到东海CCSD工地,现场参与室内岩芯薄片的鉴定工作。在钻遇的变质超镁铁岩中,发现超高压特征矿物:钛斜硅镁石。证实江苏东海变质杂岩曾经卷入超高压变质。我还积极参加有关学术会议,发表学术论文。那年我80岁。

耄耋之年仍不服老。只要力所能及,我都喜欢参加野外考察活动。2009年夏,地大(北京)搞区域地质调查的同志,在内蒙古锡林郭勒盟进行野外工作,对一些重点变质地层构造进行研究。我有幸应邀参与部分野外作业和少量的岩石薄片鉴定工作(图2)。特别是与谭应佳、杨巍然两位区域地质教研室老战友,野外又合作,更是其乐陶陶。通过这些活动,我对地质的认知也有所提高。

图2　2009年夏与杨巍然、谭应佳在内蒙古锡林郭勒盟野外工作

退休后,我还多次先后参加在美国、日本、新加坡、澳大利亚等地召开的学术会议,最后一次是2008年在德国波恩Goldschmidt参加地球化学学术年会。特

别值得提及的是:2002年,我应邀参加了在台湾成功大学召开的第三届海峡两岸祁连山及邻区地学研讨会。在那次会后,东道主台湾成功大学组织大家到台中,考察台湾1999年"921"大地震遗迹,最后还到宝岛最南端的鹅銮鼻灯塔,欣赏一望无际的祖国南海风光,此行值得我一生回忆。

退休在家,时间充裕,我常担任一些英文翻译、校对等工作。一来借以锻炼脑子,不至过早衰退;二则看看别人的文章,学习一些新知识。我自愿担任地大(北京)《地学前缘》的英文校对工作;应出版社的邀约担任《地球科学大辞典》的部分条目英文注记的校对工作。为此,多次得到校离退休教职工党委(离退休工作处)的表彰。

退休以后,在生活上经常得到校领导特别是离退休工作处的亲切关怀,为此我十分感恩。2016年温家宝总理出版了《地质笔记》,次年秋我有幸得到一册,并参加了《地质笔记》的座谈会,这种精神上的鼓励,使我奋进。我带过的研究生们,虽然平时联系不多,但也彼此相互关怀。2017年底,他们和钟增球老师等相聚北京,为我90岁诞辰庆生,还在我校《地球科学》(英文版)刊登聚会照片(图3),这份沉重的厚礼,更令我难以忘怀。

图3 《地球科学》英文版 2018年27卷5期扉页

回顾 1975—2000 年,迁校给我后 25 年教学科研生涯提供了机遇。虽然黄卷青灯,条件比较艰苦,但总体是在逐步改善。虽科研经费不高,申请的第一个国家自然科学基金面上项目"大别山前寒武纪变质地体岩石学与构造学"的经费才 8 万元,但是大家能以学科发展为重,艰苦奋斗,还是出了不少成果,培养了 14 名硕士、博士研究生。我们的团队也逐渐被同行所认可,在学术上有了一定的话语权。

在池际尚院士等老一辈教师给北京地质学院岩石学学科打下的坚实基础之上,我们在岩石学学科建设方面,承前启后,长期努力工作,特别是在年轻师资力量的培养方面不断地进行探索和总结。1993 年的成果"以师资队伍建设为核心创建一流岩石学课程",获得国家级教学成果一等奖。

可喜的是,我退休之后,岩石学学科建设没有停步。特别是英国 Roger Mason 博士 1996 年起多年受聘到我校从事变质岩石学的双语教学工作和本科英语教学工作。师生间建立了良好友谊,大家叫他"梅老师"。他还曾获得我国政府授予外国专家的最高奖——友谊奖。他多次参加北戴河和周口店教学实习,并有科研著作发表。2007 年,他与桑隆康教授合编的《变质地质学》英文版教材,在中国地质大学出版社出版,为变质岩石学学科建设打开了新局面。

"长江后浪推前浪",科学是不断发展的。今天,我们学校正朝着"双一流"的目标前进,相信我们的后继者,必能攻坚克难,勇攀高峰,取得更优异的成绩。期待着地大更加辉煌的明天。谨以《浣溪沙》词一首,作为结语:

耄耋犹殷中国梦(调寄浣溪沙)

黄卷青灯觅新知,千红万紫总相宜,不甘白发唱黄鸡*。

耄耋犹殷中国梦,深知海内存知己,加瓦添砖应及时。

附抄录苏东坡《浣溪沙·游蕲水清泉寺》:"山下兰芽短浸溪,松间沙路净无泥,潇潇暮雨子规啼。谁道人生无再少?门前流水尚能西!休将白发唱黄鸡。"

我的退休生活

陈崇希

我退休 10 多年了,虽然离开了教学一线,但是仍然继续做科研、写教材、发论文。有了更多富余时间,我的日常生活也是丰富多彩,快乐而充实。这样的退休生活我十分满意!

退休后我发挥余热,编著了三部教材(图 1):与林敏、成建梅合作编著《地下水动力学(第五版)》,377 页,66 万字,2011 年由地质出版社出版;与唐仲华、胡立堂合著《地下水流数值模拟理论方法及模型设计(第二版)》,348 页,57 万字,2014 年由地质出版社出版;与成建梅合作编著《地下水溶质运移理论及水质模型(第二版)》,35 万字,2021 年由科学出版社出版。发表学术论文 18 篇。2006—2010 年提出国家自然科学基金申请书的主题内容 3 份——"地下水向自流井流动机理及模拟研究""地下水溶质运移的'渗流-管流耦合模型'的建立与模拟研究""基于孔隙介质水力学模型的达西-非达西流基本方程试探研究",因基金委规定退休人员不能申请项目,由我的原博士研究生申请,我是主要参加者。2018 年,我又思索出一个更基础性的自然科学基金申请项目。与以前一样,拟让我原来的学生申请,我作为主要参加者。但被告知,当前的政策是退休者可申请自然科学基金项目。2019 年我申请的国家自然科学基金项目"地下水井流经典的 Dupuit 稳定流模型及 Theis 不稳定流模型的改进——具入渗补给条件及其拓展探索"得到批准,该项目的研究期限是 2020 年 1 月—2023 年 12 月。

倾力科研报告、讲课、项目鉴定和咨询。我为中国水利水电科学研究院水资源研究所(两次)、中国地质调查局大连会议、中国科学院寒区旱区环境与工程研究所、水利部黑河中游项目鉴定、中国科学院国际会议、中国科学院地理科学与

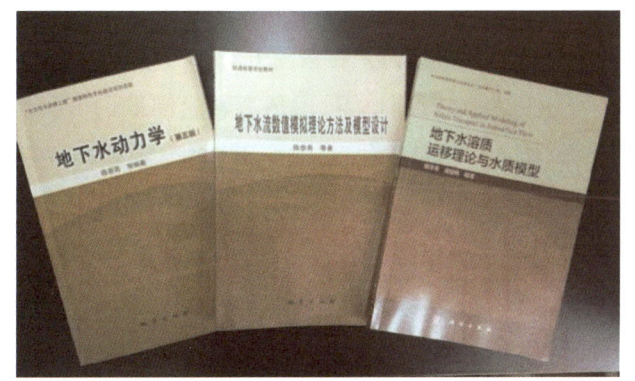

图 1 退休后编著的三部教材

资源研究所、中国地质大学(武汉)石油系、中国地质大学(武汉)环境学院、北京师范大学培训班、北京石油大学、中国地质环境监测院(两次)、中国地质大学(北京)环境学院研究生、中国地质研究学院水文地质环境地质研究所、沉降模拟技术组、中国地质调查局水环部等单位/会议/项目鉴定作讲座、科学报告或提供咨询服务等,并为我国央企在刚果(金)买铜钴矿出谋划策。此矿区水文地质条件复杂,矿坑涌水量预测需做地下水流数值模拟研究。我作为该项目的顾问,历时一年多,刚刚完成任务。此外,我还为校外水文地质工作者提供电话咨询、邮件咨询或来访咨询服务,并经常为某高校的"地下水动力学"课程的授课教师答疑等(图 2)。

图 2 2006 年 7 月 1 日,水利部黑河中游项目鉴定会

退休后,我学会了木兰拳和太极拳。这两项成为我 70 多岁这一年龄阶段的主要运动方式。如今以配乐行走为主要运动方式。

我喜欢唱歌,工作阶段无时间练习,退休后自学唱歌,有所提高。在学校离退休工作处、侨联等单位举办的各种活动中,我演唱《牧歌》《在那遥远的地方》《赞歌》《草原之夜》《我爱你中国》《我的太阳》《沁园春·雪》《怀念战友》《草原恋》《今夜无人入睡》《教我如何不想她》《那就是我》等歌曲。我也走出校门,到"泰康燕园"与老人们联欢演唱(图3)。

至今,我基本保持每天唱歌、弹琴半小时至 1 小时。我计划 2022 年校庆 70 周年,出一张 CD 或 VCD。

1992 年,北京地质学院成立(也即我们入大学)40 周年纪念日,我在同学会上跳了蒙古族鄂尔多斯舞蹈。

2012 年,校庆(即我们入大学)60 周年纪念日,我在同学会上跳了踢踏舞。

图3　2018 年 6 月 28 日离退休教职工党委庆祝"七一"联欢会上,笔者演唱《怀念战友》和《我的太阳》

刚退休时,除了整理教学、科研、影集和歌曲等资料外,还有许多时间,我想做一点好事。当时,人们开始注重营养,于是我想做包括主要食品的各种营养素含量的一个大表格,以方便查找。从搜集资料到制作成表,这项工作前后花了几个月的时间。最后,涉及的食品种类,包括水果 29 种、蔬菜 33 种、五谷 25 种、水产17种、肉蛋13种、其他12种。营养素包括维生素A、维生素B1、维生素B2、维生素B6、维生素B12、维生素C、维生素D、维生素E、维生素K、维生素P、生物素、胡萝卜素、叶酸、泛酸、钙、钾、镁、磷、钠、锌、铁、铜、硒等。另外,还包括60岁以上老人每日的摄入量。一共做了6张满满的大表,打印出来,分发给同学会的老同学们。

退休后,我仍然坚持实事求是、讲真话的原则,开展批评与自我批评,弘扬正气,优化学术环境。我发现《地下水动力学》教材中存在严重错误,如"山东龙口地下水开采-海水入侵模型"中的水文地质模型设计存在若干问题,如"我国地面沉降模拟现状及需要解决的问题"则存在另一方面的问题。考虑我与撰写这些文献的作者是小同行,有责任提出疑问,辨明是非。对此,我撰写了5篇争鸣稿件,已刊出3篇。总体上说,问题得到了一定的澄清,社会效果是好的。

另外,对于几本行业引领性的文献,对其中一些问题也存在不同见解,我便与作者直接沟通。中国地质调查局有关水文地质方面的新编规范,我也向该规范的编订者提出了本人的意见。最近我见到自然资源部发布的《矿坑涌水量预测计算规程》征求意见稿,便找到撰稿负责人,电话沟通数小时。诸如此类,还有不少。我认为,这首先是责任,同时也是权利。我殷切期望学术界学术争鸣成为常态。

回望我所走过的人生历程,有一种理念一直贯穿着我做人、做事、做学问的方方面面,那就是正直做人、追求真理、严谨求实、锲而不舍。

现在的学习和生活条件比我们当初有了很大的改善。但是,在当前科技和经济繁荣的同时,社会道德包括学术道德和工作作风等,也面临着挑战。我们迫切需要传输给年轻人的,正是正直做人、追求真理、严谨求实和锲而不舍的思想和作风。年轻人要有责任感、使命感,要为提高全民族的素质而从自己做起、从小事做起。

面对自然,面对社会,我想:科学上追求真理,行动上实事求是。这是我们不断完善自己所应该遵循的原则。

——引自"严谨求实 锲而不舍"《支点——百名教授谈人生》,中国地质大学出版社,2002年,第28页。

作者简介：

陈崇希，男，1933年10月生，浙江温州人，1956年毕业于北京地质学院水文地质及工程地质专业，毕业后留校任教，2004年从环境学院退休。教授，博士生导师，曾任地大（武汉）环境地质研究所所长，重点学科群的学术带头人及首席科学家。主持国家重点科技攻关项目专题3项，国家自然科学基金项目4项，地质行业基金、博士点基金等科研项目共计39项。国务院政府特殊津贴获得者。"地下水流模拟系统PGMS（2.0版）"，获中华人民共和国版权局计算机软件著作权登记证书。出版教材、专著15部，发表学术论文100多篇，其中17篇进入SCI检索。

缅怀恩师池际尚院士组歌

邱家骧

山东蒙阴金刚石（钻石）歌

（一）

青年勤学入清华，国难入党报国家。
留学美国攻地质，成果创新众人夸。
得知祖国已解放，毅然回归兴中华。
杏坛桃李芳四海，中外盛名誉奇葩。

（二）

国家急需金刚石，导师①指航山东寻。
翻山涉水精神健，忍饥挨斗工不停。
蒙阴终见金伯利，岩脉岩管喜成群。
都唱沂蒙风光好，今以钻矿更闻名。

（三）

宝石之王金刚石②，稀罕珍贵天下闻。
硬度最大金光闪，我国晋朝已命名。
英国女王加冕时，钻饰冠杖最傲人。
折射率高反光强，晶莹剔透耀眼明。
色散特大光灿烂，七彩瞬变更辉煌。

（四）

钻石与煤同成分，两者全是碳组成。
不仅颜色不一样，坚硬程度大径庭。

煤炭燃烧温度低,钻石千度烧才行。
金伯利岩产钻石,地幔深处才能生。
深源万钧亿年压,烈火金刚始炼成。
火山爆发出地表,金伯利岩钻石寻。

（五）

尖端工业高科技,离开钻石事难行。
钢铁宝石硬度大,全靠钻石切磨成。
找矿采油打钻孔,金刚钻头快又深。
塑料橡胶用钻刀,切速千倍大提升。
应用钻石拉丝模,钨丝光滑细且匀。
钻石镜头半导体,光电工业焕然新。

注：①池际尚院士，教授，于1959年指导北京地质学院岩矿专业部分师生从事金伯利岩金刚石原生矿的寻找与研究工作。历经艰险，终于找到山东金伯利岩金刚石矿。②金刚石（diamand），琢磨过者称钻石，意为"最硬"，硬度10，比水晶硬1000倍，折射率最高，色散最强，金刚光泽，金光灿烂，晶莹似火，有"宝石之王"的美称。

纪念恩师池际尚院士（纪念池际尚先生百年诞辰）

（一）

生于忧患，安陆①世家；德高望重，巾帼奇葩。成绩优异，求学清华②；七七抗战，南下长沙光荣入党，又进联大；改学地质，挺险勘查留校任教，品学双佳；荣获马奖③，师生誉夸。

（二）

赴美留学，喜得基金；勤奋苦学，硕博连升。花岗岩化，变质变形；深入研究，广受好评。名校名师，学术先进；高温高压，论著创新。神州解放，报国赤诚；清华任聘④，一代精英。

（三）

建国之初，资源极求；开发矿业，缺才堪忧。成立地院⑤，教学为首；地质岩矿，找矿寻油。教书育人，院系主管；室内野外，双臻不苟。热心助人，甘当孺牛；桃李芬芳，芳溢五洲。

(四)

务实求新,科学研究;横越祁连,地矿丰收。区调填图,质量上游;花岗地质,学界一流。山东钴矿,国家奖酬⑥;华北找磷,化肥不愁。玄武岩石,部级成果;岩浆岩学,全国领头。

(五)

科教兴国,浩气如虹;霜凌雪辱,无悔无忧。少壮志远,晚节劲道;道德学术,教师楷模。全国劳模,三八旗手;民盟政协,国是深谋。成果丰硕,功成名就;恩师伟业,万古芳流。

注:①出生于湖北省安陆县(今安陆市)。②成绩优异考入清华大学物理系。③第一届马以思奖学金。④1950年回国任清华大学地质系副教授。⑤1952年全国院系调整,成立北京地质学院,任教授、系主任、副校长、院士。⑥1978年获全国科学大会奖。

作者简介:

邱家骧,男,汉族,祖籍湖北,1931年出生,1953年9月参加工作,教授,国务院政府特殊津贴获得者。2000年地学院退休,2020年6月于北京去世。

后 记

  历史的长河承载着无数记忆的浪花,川流不息,奔腾到海。"打捞"起那些淹没在时间长河中的点滴片段,不禁让人浮想联翩。遥想20世纪60年代末,首都部分高校受命搬离,其中就有北京地质学院。

  1975年8月,北京地质学院的大多数教职工满怀无限的眷念挥别北京,乘上南下的专列,举家迁往武汉,从此开启了武汉地质学院建设的新篇章。1987年11月,中国地质大学宣告成立,形成京汉两地办学的格局。

  转瞬间,迁校已经50年。这50年的发展与变化记录了一代又一代地大人奋斗与拼搏的历史,谱写出一曲又一曲可歌可泣的动人乐章。从北京到武汉,第一代地大人一步一个脚印,挥洒着热血和汗水,在荒凉的土地上为中国地质大学的壮丽辉煌奠定了牢不可摧的坚实基础。

  时光荏苒,光阴如梭。到退休之年,南迁的人员回到北京安度晚年,这个群体被称为"老有所归"者。据老同志们回忆,当初乘火车去武汉的教职工接近1000人。退休后,这其中有一部分人留在武汉,没有回京;还有一部分人员陆续调回地大(北京)工作或调出地大,也不在回京人员之列。据统计,"老有所归"人员共有280人,其中男141人、女139人。院士4人、教授187人、副教授19人、其他人员18人。由此可见,回京人员都是学校建设的骨干力量,他们既是地质事业的开拓者,也是提携后人的领路人,他们用实实在在的行动诠释了地质人艰苦奋斗,求真务实的奉献精神。

  20世纪80年代末期,为了照顾好回京人员的晚年生活,学校开始派遣在职人员到京做回京的离退休人员服务与管理工作。从80年代至今,离退休人员活动场地和工作人员办公环境不断改善,其间为回京老同志服务的队伍已经换了几茬,他们是:刘瑞安、李荫增、秦奕麟、王学敏、姚金素、赵秀鸾、刘翔、王新钢。

回京离退休人员由地大(北京)离退休工作处代为管理,参加其组织的文体等大型活动。涉及医疗、工资待遇、生活照料等问题,以地大(武汉)离退休工作处北京离退休人员管理办公室工作人员为主体协调解决。

长期以来,学校党委和行政对住京离退休职工给予高度的重视和关怀,分管领导每年定期到北京看望住京的离退休教职工,向他们介绍学校的发展和建设情况,认真听取老同志的意见和建议。对住京离退休职工的愿望和要求,在政策允许的范围内,尽力满足。

本文在查询《中国地质大学史》等文件资料、广泛咨询相关当事人的前提下,落笔而成。文中力求记录真实、准确,供读者了解历史真貌。在此,向为本文提供素材的老师表示衷心的感谢!

刘翔

二〇二二年六月